Doris & Sven Richter

Der Geist in den Bäumen spricht …

Doris & Sven Richter

Der Geist in den Bäumen spricht ...

Ganzheitliches Heilen mit Baum-Elixieren

Fotografien von Bruno Blum

JOY-Edition

Die Deutsche Bibliothek – CIP-Einheitsaufnahme

Richter, Doris:
Der Geist in den Bäumen spricht . . . : ganzheitliches
Heilen mit Baum-Elixieren / Doris & Sven Richter.
Fotogr. von Bruno Blum. –
3. Auflage – Steinhausen : Joy-Ed., 1999
ISBN 3-9521289-1-0

Wichtiger Hinweis:
Baum-Elixiere sind keine Therapieform im klassisch-medizinischen Sinne, sondern eine spirituelle Entwicklungsmethode, die sich selbstverständlich auch auf die physisch-grobstoffliche Ebene positiv auswirken kann. Die in diesem Buch vorgestellten Informationen sind sorgfältig recherchiert und wurden nach bestem Wissen und Gewissen weitergegeben. Dennoch übernehmen die Autoren und der Verlag keine Haftung für Schäden irgendeiner Art, die direkt oder indirekt aus der Anwendung oder Verwertung der Angaben in diesem Buch entstehen. Bei Erkrankungen ersetzen dieses Buch und die Baumelixiere nicht den Arzt.

Die Autoren verzichten auf ihren Gewinnanteil aus dem Verkauf der Baum-Elixiere nach Richter und führen diese finanziellen Mittel verschiedenen Projekten zu, die sich für den Schutz und den Erhalt der Bäume unseres Planeten einsetzen.

Lektorat: Dr. Ute Hempen

3. Auflage 2003
ISBN 3-9521289-1-0

Zeichnungen: Mara Kuja, D-80805 München
Computergraphik Baumkreis: Thomas Brum, Zürich
Fotografien: Bruno Blum, CH-3770 Zweisimmen
Einband: Markus Nies-Lamott, Freiburg i. Br., unter Verwendung
eines Fotos der zefa visual media GmbH, Düsseldorf
Satz: CSF · ComputerSatz GmbH, Freiburg i. Br.
Druck und Bindung: Ebner & Spiegel, Ulm
Printed in Germany

Danksagung

Wir danken Mutter Erde und Vater Licht, deren geistige Kinder wir sind. Wir danken unseren wahren Vorbildern, die sich uns Menschenkindern in Menschengestalt zeigen, von denen es aber immer nur sehr wenige auf der Erde gibt, so daß wir sie auch in vergangenen Zeiten finden dürfen.

Wir danken unseren irdischen Müttern und unseren irdischen Vätern, die uns unsere irdische Hülle als Geschenk in die Wiege gegeben, uns geholfen haben, groß zu werden, und die uns losließen, so daß wir frei sind.

Bäume sind Heiligtümer.
Wer mit ihnen zu sprechen,
wer ihnen zuzuhören weiß,
der erfährt die Wahrheit.
Sie predigen nicht Lehren und Rezepte,
sie predigen,
um das Einzelne unbekümmert,
das Urgesetz des Lebens.

Hermann Hesse

Inhalt

V. SCHLUSS

I. Einführung

Leseempfehlung

Der Inhalt des Buches, das vor Ihnen liegt, ist wie ein Weg, der durch den Wald führt. Es ist der Weg, den wir als Entwicklung zur Spiritualität bezeichnen. Beginnen wir diesen Weg, widmen wir uns zunächst dem ersten Kapitel der Einführung und schreiten dann Kapitel für Kapitel weiter. Dadurch haben wir uns warm gelesen. Dann begegnen wir unserem ersten Baum. Wir wandeln von ihm zum zweiten, zum dritten usw., bis wir den letzten auf unserem Weg erreicht haben. So gelesen, wird dieses Buch wie ein Führer sein, der durch den Wald der spirituellen Wahrheiten leitet.

Am Ende haben wir viel gelernt. Für den neugierigen Leser gibt es zunächst auch die Möglichkeit, sich nur mit dem Geist eines bestimmten Baumes auseinanderzusetzen. Es kann dann jedoch geschehen, daß er dessen Botschaft nicht in seiner ganzen Größe versteht. Trotzdem vermag ihn die Zwiesprache mit jenem Geist tief in seinem Herzen zu erfrischen und ihm neue Kraft auf seinem Weg zu geben.

Wie der einzelne Baumgeist sich schriftlich äußert, damit der Leser ihn begreifen kann, hängt mit seiner unterschiedlichen Geistkraft zusammen. So gliedert der Geist der Tanne sich gerne auf, weil er die Wurzelkraft auf der Erde vertritt, während der Geist des Walnußbaumes ganz von der großen Kraft des allumfassenden Geistes zu berichten weiß. Jeder Baum erzählt in seiner ihm ureigenen Sprache. Es zeigt sich sein Kleid verschieden, wie auch seine geistige Eigenart.

Wünscht der Mensch sich mit dem Geist der Bäume über seine Medizin zu verbinden, so geschieht dies mit Hilfe der betreffenden Baum-Elixiere (siehe Kapitel zehn).

Das Heilen mit der grünen Medizin

Die grüne Medizin der Bäume ist eine Medizin für Körper, Seele und Geist. Sie wirkt von der geistigen Ebene hinunter auf die körperliche Ebene und verwandelt dadurch allmählich körperliche Belastungen. Die Seele des Menschen befindet sich in seiner Mitte, in seinem Zentrum, und im Lauf seiner irdischen Entwicklung schreitet der Mensch, je nachdem wie er seinen Weg geht, von der Mitte aus dem Zentrum heraus in die Peripherie, um dort Erfahrungen zu sammeln. Mit dem Zentrum verbindet ihn ein ätherisches Band, das ihm einen inneren Impuls gibt, sobald er sich zu weit von seinem inneren Zentrum entfernt. Hört er nicht auf diesen Impuls, entstehen im Laufe seiner weiteren Entfernung von der Mitte heraus in die Peripherie Disharmonien. Sie entstehen zuerst im geistigen Bereich und entwickeln sich dann weiter bis in den körperlichen Bereich hinein. Disharmonien, die sich zu Krankheiten entwickeln können, sind nur ein Zeichen dafür, daß der Mensch sich zu weit von seinem inneren Zentrum entfernt hat.

Das Wissen und das Gewissen des Menschen sind Kräfte, die ihn innehalten lassen, damit er nach innen horcht und erfaßt, ob er sich wieder vermehrt seinem inneren Zentrum zuwenden soll oder ob er noch weitere Erfahrungen in der Peripherie des irdischen Lebens machen darf.

Wird die innere Stimme überhört oder zu spät erhört, entwickelt sich der Mensch aus seiner Harmonie heraus in die Disharmonie. Medizin ist dann ein Mittel, um wieder zu seinem Zentrum zurückzufinden, ein Mittel, um die Krankheit zu heilen, die den Menschen, der sich entwickelt, auf seinen Weg zurückbringt. Medizin ist auch ein Mittel, um der inneren Stimme erneut lauschen zu können.

Die Medizin ist ein Mittler, und es gibt von ihr sehr viele verschiedene. Im Laufe der Jahrtausende hat der Mensch immer wieder Mittel entwickelt, um die Krankheit zu verwandeln. Jeder Mensch hat die Freiheit, seine Medizin

für sich zu wählen. Sie dient als ein Werkzeug zwischen dem, der leidet, und dem, der dem Leidenden helfen möchte durch die Medizin.

Im höheren Sinne wird der, der heilt, vom großen Geist eingesetzt und dient diesem als Werkzeug. Der zum Heilen Aufgerufene wiederum hält in seinen Händen ein Werkzeug, die Medizin, die er für den Leidenden oder den, der gesund werden möchte, auswählt. Ist der, der die Krankheit hatte, verwandelt durch die Medizin, hat er eine Erfahrung gemacht, die er weitergeben kann. Er wird selbst zu einem Helfenden. Auch in diesem Falle braucht er wieder ein Mittel, um zu helfen, ein Werkzeug, um zu handeln. Es könnte ebenfalls eine Medizin sein.

Alles im Leben kann als Medizin dienen. Auch ein gesprochenes Wort von Herz zu Herz kann Medizin sein. Wir können zwischen dem Heiler und dem, der heil werden soll, einen Mittler einsetzen, wir können aber auch ein einfaches Wort einsetzen, um zu heilen. Neben diesen beiden Methoden gibt es viele verschiedene Möglichkeiten und Mittel, die helfen können. Nicht das Werkzeug entscheidet, ob der, der krank ist, wieder gesund wird, sondern die Energie, die hinter dem Werkzeug liegt, entscheidet darüber, wie die Heilung verlaufen kann. Ist der Helfende sich im klaren darüber, daß auch er nur ein Werkzeug ist, gibt es eine Kraft, die helfen kann.

Je bewußter dem Heiler und dem, der geheilt wird, der Prozeß des Heilens ist, um so größer ist der Erfolg, zur Ganzheit zurückzukehren. Der Kranke wird verwandelt und kehrt auf seinen Weg zum Zentrum zurück. Der, der heilt, wird ebenfalls verwandelt und erfährt sich durch den andern. Das Mittel erhöht sich, denn es dient dem höheren Sinn.

Das Mittel, das Therapeutikum, das Heilmittel ist aus der Schöpfung der Natur heraus entstanden. Der Mensch hat es verwandelt und zum Einsatz gebracht. Da es nur ein Werkzeug und selbst nicht in der Lage ist zu handeln, braucht es eine handelnde Kraft hinter sich, damit es in der Welt der Gegensätze wirken kann. So wird es, obwohl passiv, zum Dienenden.

Die Medizin der Bäume ist ein sanftes Heilmittel, ein sanft wirkendes Werkzeug, das den Menschen verwandelt. Es verwandelt den, der die Krankheit oder die Disharmonie in sich trägt, und es verwandelt den, der hilft, dem höheren Ziel entgegen.

Auch das gesprochene Wort kann zum Heilmittel werden. Eine Geschichte zum Beispiel, die Geschichte über einen Baum und dessen Geist, kann so geschrieben sein, daß sie in der ersten Ebene einfach nur eine Geschichte ist. Je tiefer der Leser oder der Zuhörer hinter die Symbole sehen kann, um so tiefer kann das Wort als Medizin wirken. Jedesmal, wenn die Geschichte gelesen wird, beginnt für den Zuhörer, aber auch für den Vorleser ein Abenteuer. Das Wort kann einfach nur eine Botschaft sein, die oberflächlich aufgenommen wird. Es kann aber auch ein Spiegel sein, der in eine tiefere, verborgenere Ebene des Seins führt und eine weitere Möglichkeit bietet, Erkenntnisse zu sammeln. Inwieweit der, der hört, oder der, der vorliest, die Worte, die wie die Noten einer Musik erklingen, vordergründig oder ganz tiefgründig hören möchte, entscheidet er selbst.

Auf diese Weise wirkt die gesprochene Medizin. Dieses Buch, das vor Ihnen liegt, ist nicht nur ein Lesebuch, das Ihnen spirituelle Erfahrungen vermitteln kann. Durch den Kreis der Bäume ist es ebenfalls ein gehaltvolles Buch über Symbolik.

Jedes Wort in diesem Buch hat einen Hintergrund, z. B. steht Wasser symbolisch für das Gemüt. Die Perle bedeutet durchgemachtes Leid, das uns als Mensch zur Vollendung führt. Der Fisch ist in der Symbolik ein Geschenk des höheren Bewußtseins an den irdischen Menschen. Die weiße Feder steht für Leichtigkeit im Sein.

Jedes Symbol hat eine tiefe Bedeutung, die, im Text gelesen, uns den Weg schenkt, hinter die Dinge zu sehen, den Weg, den die Seele des Lesers erkennt. Ein Symbol ist eine dynamische Kraft, die uns Dinge, die vielleicht für den einen oder anderen verdichtet erscheinen, durchsichtig werden läßt. Unsere Seele spricht mit Hilfe der Symbolik, durch die wir Dinge erfassen können, die wir sonst in der ersten Beobachtung, im ersten Augenblick vielleicht nicht verstehen. Ein Symbol ist immer eine Botschaft. Besonders wenn man es nicht gewöhnt ist, benötigt man Geduld, um diese Botschaft auf einer tieferen Ebene seines Seins zu verstehen. Es gibt eine Sprache hinter der Sprache, die der Leser verstehen kann, wenn er genügend Geduld hat, sich dieser Ebene zu öffnen.

In unserem rationalen Zeitalter werden die Menschen nicht mehr darin geschult, die verborgenen Botschaften des Wortes, ob gesprochen oder geschrieben, zu verstehen. Wird der Mensch mit dieser Sprache wieder konfrontiert, so kann es zuerst zu einer Ungeduld kommen, denn was wir nicht gewohnt sind, lehnen wir zunächst einmal ab. Dadurch verschließen wir uns einem Bereich, der sehr viel Erfahrung für uns bereithält. Verstand und Seele des Menschen benutzen unterschiedliche Sprachen. In diesem Zeitalter des Erwachens ist es nötig, beide miteinander zu verbinden. Sie schließen einander nicht aus.

Das Symbol als Vermittler zwischen den Welten

Das Symbol ist ein uraltes Werkzeug für die Menschheit. Des Menschen Geist benutzt es als Verbindung zwischen geistiger und irdischer Welt.

Auf dem irdischen Plan erkennen wir wie in einem Spiegel den Geist, jedoch ist er in seiner Ganzheit geteilt und kann sich durch die Vielheit in allen Dingen grenzenlos manifestieren.

Geteilter Geist und doch in sich ganz, wohnt er auf der Erde in seiner Körperlichkeit und wandelt alles in der Stofflichkeit immer wieder aufs neue. Durch seine Sinne kann der Mensch die materiellen Dinge erfassen, begreifen und erfahren. Doch wie verbindet er sich mit dem darin wohnenden Geist, der immer auch die Verbindung zu seiner Ganzheit enthält?

Der Mensch schafft sich über seine geistigen Bildekräfte ein Band, mit dessen Hilfe er den Weg aus der Vielheit in die Einheit geht. Der Mensch verbindet sich, und seine Brücke ist das Symbol.

Um die materielle Welt zu beschreiben, haben wir eine klare Sprache als Werkzeug entwickelt. Um die geistige Welt zu beschreiben, dürfen wir die Sprache erkennen, die der Geist uns in allem vermittelt. Es ist die Sprache der Symbolik.

Das Symbol ist ein Gleichnis. Wenn wir es hören, erinnert es uns an etwas, das wir aus unserer erlebten Welt schon kennen. Es gibt uns als Wort eine irdische Bedeutung von etwas Gewohntem. Dadurch spüren wir den Boden unter unseren Füßen und gewinnen Vertrauen, die Verbindung zum nicht mit unseren irdischen Sinnen Faßbaren aufrecht zu erhalten.

Von dem Ufer der bekannten Seite unseres Lebens schreiten wir über diese Brücke zum anderen Ufer hinüber und erfahren, was hinter dem Spiegel der irdischen Welt verborgen ist. Durch das Gleichnis erfassen wir die ganze Welt hinter der materiellen oder irdischen Welt und erschaffen die Verbindung zweier Dimensionen, die doch nur die eine ist.

Dieses Erschaffen ist ein dynamischer Prozeß und gibt unserem geistigen Wesen immer mehr Ausdehnungsbereitschaft. Es gibt uns das, was wir mit geistigem Wachstum bezeichnen können. Denn haben wir in uns mit Hilfe des Symbols erst einmal bewußt eine Verbindung zur geistigen Welt geschaffen, ist unsere Neugier erwacht. Und da die Neugier eine starke Macht in uns Menschen ist, wird sie uns dazu anregen, weitere Gleichnisse zu erfassen, und uns veranlassen, über immer neue Brücken zu gehen.

Das Wort, das einen symbolischen Charakter in sich trägt, hat Flügel bekommen, sobald es außer der einen uns bekannten Welt noch eine andere, für uns neue Welt offenbart. Es wird zu einer dynamischen Kraft unseres Lebens und läßt unserem Geist, je mehr wir uns mit der Sprache des Lichtes verbinden, Flügel wachsen, gleich dem Symbol selbst.

Die Schwerkraft der irdischen Welt ist weiter vorhanden, doch die Leichtigkeit im Sein erfreut sich nun in ihr.

Die Sprache ist für uns Menschen nicht nur ein Werkzeug, das der Informationsübertragung dient. Sie ist auch eine Kunst. Das künstlerische Sein in der Sprache erfährt erst seine ganze Kraft, wenn das geflügelte Wort über die Symbolik zur Brücke geworden ist.

Wenn der Mensch seine Sprache kultiviert und zur Kunst werden läßt, erhebt sie sich über die irdische Ebene hinaus und berührt das Göttliche. Sie berührt auch das Göttliche im Menschen. Denn war es nicht der Sinn hinter dem Ganzen, dem Menschen auf dem irdischen Plan einen Spiegel zu schenken, der diesen göttlichen Funken durch den Geist in sich zum lodernden Feuer des Überirdischen werden läßt?

Das geistige Feuer vermag es, alle Gegensätze zu verwandeln und in die Einheit zurückzuführen. Der Mensch mit seinem inneren Feuer verpflichtete sich einst, die Verbindung durch das Feuer des Geistes zu erschaffen. Doch wie kann er dies ohne die Kunst des geflügelten Wortes, ohne diese mächtige Brücke, die wir als Werkzeug, als heilige Verpflichtung und als wertvolles Geschenk bekommen haben?

> *»... Am Anfang war das Wort, und das Wort war bei Gott,*
> *und Gott war das Wort.*
> *Dasselbe war im Anfang bei Gott.*
> *Alle Dinge sind durch dasselbe gemacht, und ohne dasselbe ist*
> *nichts gemacht, was gemacht ist.*
> *In Ihm war das Leben, und das Leben war das Licht der Menschen ...«*
> (Das Evangelium des Johannes, 1,1-4)

Das Symbol, das Gleichnis als Brücke zwischen den Welten, ist nichts anderes, als das, was der Flamme die Nahrung gibt. Es ist der Schlüssel, der die Tür zur Welt des Geistes öffnet. Er öffnet durch die Hand des Menschen die Tür jener einen Dimension, die alles ist.

Der Mensch benutzt die Sprache als Werkzeug auch, indem er Begriffe erschafft, die die Vielheit in der Welt erfassen. Jedes einzelne Ding in ihr erhält durch den Geist des Menschen einen Namen. Der Name des jeweiligen Dinges, das sich von anderen abgrenzt, steht spezifisch für das in ihm innewohnende Licht oder Feuer.

Die vier Elemente Erde, Wasser, Feuer und Luft wirken miteinander und bilden zusammen das jeweilige Ganze in der Welt der Vielfalt. Auch sie sind in sich wieder nur Worte, sind Namen für bestimmte Dinge, die sich voneinander scheinbar unterscheiden. Alles, was miteinander arbeitet, was sich verbindet, erschafft in sich durch die Reibung der Gegensätze ein Feuer, und durch das Feuer entsteht das Licht. Das Licht selbst ist die Manifestation des Geistes durch das Feuer.

Jeder Name ist ein geflügeltes Wort, ein Symbol oder Gleichnis, enthält er doch eine geheime Botschaft, die durch den Geist des Menschen, durch sein Licht beleuchtet, erkennbar werden läßt, was der Geist am anderen Ufer der Welt spricht.

Die Kunst der geflügelten Sprache ist eine unendliche Geschichte allen Seins. Sie ist eine dynamische Erfahrung, die nicht an Grenzen stößt, sondern ins Unendliche des Geistes im Menschen und in der Schöpfung vorzudringen vermag und Schätze bereithält, die mit irdischem Reichtum nicht gleichzusetzen sind. Sie ist der große Schatz des Bewußtseins, des Geistes an sich.

Jeder Mensch erhält am Anfang seines Lebens einen Namen. Er könnte sein Werkzeug sein, seine Brücke werden, um die begrenzte irdische Welt zu überschreiten, in die geistige Welt hinein zu gelangen und zwischen diesen scheinbaren Gegensätzen zu vermitteln.

Es gibt viele Möglichkeiten für den Menschen, sich selbst zu erkennen. Hört er seinem Inneren zu, erfährt er, welche Brücke als erste zu begehen ist und viele weitere Verbindungen in ihm erschafft.

Dem Menschen zum Bilde steht auch sein Bruder Baum. Er dient ihm zum Spiegel. Auch er hat durch den Menschen einen Namen erhalten, der ihn von seinen Geschwistern unterscheidet.

Haben wir unseren Baum, der uns als Spiegel dient, gefunden (Baum-Kreis), können wir mit Hilfe seines gesprochenen Wortes die Brücke zum großen Geist betreten. Das Feuer, das nun entsteht, verbrennt alle irdischen Schranken (Krankheit), die uns behindern, uns selbst zu erkennen. Wir brauchen dazu nur Vertrauen und ein wenig Geduld. Denn ist nicht der Weg das Ziel? Ist nicht das Leben an sich die Aufgabe, die uns erhält?

Der Baum in seiner irdischen Gestalt hat wie der Mensch die Elemente in sich als spielende Kinder miteinander verbunden. Die geistige Kraft, die in jeder seiner irdischen Zellen pulsiert, das Feuer in ihm leben läßt und das Leben im Licht und im Schatten preist, schenkt uns seine heilige Medizin. Sie dient uns als Mittel, unseren Weg ohne schmerzhafte Einschränkungen zu gehen, wenn der Geist in uns es sich wünscht.

Diese Medizin vermittelt zwischen unserer Ganzheit oder unserer Seelenkraft, die in sich vollendet ist, und unserem irdischen Kleide, in dem der Geist wohnt. Zwischen unserem Geist und unserem Körper lebt das Ich, das kultiviert durch das Leben zum Werkzeug Gottes zu werden vermag. Doch das Ich ringt mit uns, mit der Welt und dem Geist in ihr. Dies ist seine heilige Pflicht, denn wird der Mensch durch den Prozeß des Geschliffenwerdens nicht wie ein Stein zum Diamanten? Entsteht nicht so in ihm das Licht durch das sich erhaltene Feuer der Gegensätzlichkeit?

Wird die Macht des Ichs jedoch zu stark vom fehlgeleiteten Willen unterstützt, können Krankheiten entstehen. Der Geist der Bäume hat dem Menschen zu dienen. Durch sein Blatt hat er uns die Medizin als Vermittler zwischen Geist und Körperlichkeit geschenkt, um uns von nicht in unsere wahre Form passenden Verdichtungen zu befreien.

Seine Medizin singt in uns das Lied der Befreiung durch den erhabenen Geist. Sein Elixier fördert unser freies Leben unter der Herrschaft unseres Ichs, indem es das Ich vom Herrscher zum Herren kultiviert. Und der Herr dient dem Geiste an sich.

». . . mitten auf dem Platz und auf beiden Seiten des Stromes Bäume des Lebens, die tragen zwölfmal Früchte, jeden Monat bringen sie ihre Frucht, und die Blätter der Bäume dienen zur Heilung der Völker.«
(Offenbarung des Johannes 22,2)

Wenn der Mensch, der sein Ich kultiviert und mit Hilfe der Medizin der Bäume die Verdichtungen seines Körpers und Gemüts löst, dem Geist der Bäume für seine Hilfe dankt, erfährt er die ganze Kraft der Natur. Er erfaßt, daß der Geist in allem wohnt und der Baum sein Freund, sein immer begleitendes Licht durch die Zeit ist. In jeder Form hat er dem Menschen schon gedient, ihm überall zur Seite gestanden, und sein Geist hat ihn durch sein Holz bewacht. Hat der Mensch durch den Baum den Geist im Baum in seiner ganzen Macht als seinen ihm für alle Bedürfnisse dienenden Bruder erkannt, dann wird er ihn ehren. Wenn der Mensch seinen Bruder Baum mit seiner Liebe ehrt, wird der große Geist ihn durch den Menschen so berühren, daß die Trauer über das Mißverstehen und das nicht Erkanntwerden verwandelt wird. Erst dann kann der Mensch sein goldenes Herz aus dem Kerker des irdischen Herzens befreien.

Die Ehre, die einem Menschen gebührt, wird durch sein Werk bestimmt. Nicht anders ist es auch mit Gottes Werkzeug, dem Baum. Uns zu dienen, bis wir den Geist in allem, was lebt, zu erkennen vermögen und ihn zu ehren wissen, ist auch eine heilige Pflicht.

Die Aufgabe des Menschen schlummert im Grunde seines Herzens als Same in der Zeit. Gibt der Mensch ihm Wasser durch seine Kraft, erkennen zu wollen, beginnt der Same zu sterben, und es erhebt sich aus ihm das Licht. Das Licht verschafft uns Erkenntnis. Sie zu erlangen ist die Aufgabe eines jeden Menschen, sie drängt aus dem Inneren nach außen, ohne den Grund zu verlassen, auf dem sie wächst, wie der Sproß eines Baumes.

Der Ausbruch der Pflicht fördert das Licht, und Arbeit ist das Werkzeug. Wird es einst niedergelegt, weil seine letzte Pflicht beendet ist, ist das Werk vollendet. Solange das Werk des Menschen in seiner ganzen Größe noch nicht erfahrbar ist, um ihm als Zeugnis zu dienen, bedient sich der Mensch seiner Werkzeuge. Sie allein dienen ihm als Brücke zwischen Himmel und Erde, um zu vermitteln, bis der Mensch heil ist. In seiner Ganzheit braucht der Mensch dann kein einziges Werkzeug mehr, auch nicht die Medizin der Bäume, und erst dann ist der Geist der Bäume mit seinem Werk zufrieden, so wie wir.

Anweisung für das korrekte Einnehmen der Baum-Elixiere

Haben wir unser Spiegelbild in der Grundbeschreibung oder der Kurzcharakteristik eines Baumes erkannt und möchten diesen Zustand zur lichtvollen Seite unseres Wesens hin fördern, dann wählen wir das gleichnamige Baum-Elixier aus und verabreichen uns jeden zweiten Abend vor dem Schlafengehen fünf Tropfen in einem Schluck Wasser.

Die Dauer der Einnahme des ausgewählten Elixiers beträgt ca. vier Wochen. Danach macht man eine Pause von vier Wochen und wiederholt die oben beschriebene Einnahme noch einmal, wenn man sich mit der Kurzcharakteristik des Baumes immer noch deutlich identifizieren kann.

Das Baum-Elixier kann aber auch länger eingenommen werden. Bei Bedarf empfiehlt sich folgende Dosierung: 3 Monate, jeden 3. Tag, abends, ca. 5 Tropfen in einem Schluck Wasser vor dem Zubettgehen.

Das jeweilige Baum-Elixier verhilft dem Menschenherzen, sich erneut liebevoll zu öffnen, um zuversichtlich in die Welt zu schauen. Es vereint die Seele mit seiner körperlichen Form, so daß der Mensch sich in den vielen Spiegeln unserer schönen Welt wieder neu zu erkennen vermag.

Unser Herz ist das Zentrum in unserer ureigenen Welt. Viel Freude und viel Leid erfährt es in ihr. Und hat es die grüne Apotheke der Bäume einmal erfahren dürfen, dann ruft es immer wieder aufs neue nach dieser heiligen Medizin. Alle Geister, der Geist der Erde, der Geist des Wassers, der Geist des Feuers und der Geist der Luft sind in ihr enthalten, und weil sich die Geister zusammenschließen und eine Brücke bilden, anstatt eine Grenze zu ziehen, lassen sie das Licht in sich hinein. Der, der es in sich erfahren hat, kann es an uns weitergeben.

Nur eins sollten wir immer bedenken und sollte niemals vergessen sein: Auch Dankbarkeit wohnt in unserem Herzen und möchte sich aus ihm befreien. Sie wird das wahre Geschenk an unseren großen Bruder sein.

Mit Hilfe der Symbolik, die im nachfolgenden Fragebogen eingesetzt wird, erfährt der Leser seinen Baum-Spiegel.

Mit Hilfe des Textes über den betreffenden Baum erhält der Mensch über das geschriebene Wort seine ihn heilende Medizin. Wer hinter den Zeilen oder zwischen den Worten zu lesen vermag, versteht sich selbst, wenn er sich als Spiegel des Baumes sieht. Nicht immer wird er beim ersten Durchlesen schon die ganze Botschaft, die der Geist des Baumes ihm zu schenken wünscht, verstehen. Doch je öfter der Mensch sich mit dem Baum verbindet, desto klarer wird das Band zwischen Mensch und grüner Medizin. Das Baum-Elixier dient als irdische Medizin, ist jedoch selbst von feinstofflicher Art (ähnlich den Bach-Blüten oder einem Homöopathicum). Sie trägt das Arkanum, wie Paracelsus sagte, das Geheimnis des Geistes, in sich, und der Geist im Menschen wird es als Heilmittel empfangen. Ein dankbares Herz vermag die Zeit der Heilung der körperlichen Belastungen zu verkürzen!

Die Medizin der Bäume kann den Menschen auf seinem Weg immer begleiten. Sie wird niemals schaden, vorausgesetzt, sie wird eingenommen wie empfohlen.

Nach einer Einnahmeperiode sollte immer eine Zeit des Nichteinnehmens, die genauso lang dauert, folgen. Danach kann man dasselbe Baum-Elixier noch einmal wiederholen oder ein neues wählen.

Da die Symbolik, die dem Baum-Test zugrunde liegt, sehr tiefgründig ist, und Symbolik generell eine Wissenschaft des Geistes ist, ist es uns als Autoren nicht möglich, alle Schlüssel in ihrer Bedeutung zu beschreiben. Außerdem würde es den Rahmen dieses Buches sprengen. Zum Erlernen der Symbolsprache dienen die verschiedenen Seminare im ›Zentrum für Gesundheit und Bewußtsein‹.

Fragebogen

zur Ermittlung des passenden Baum-Elixiers

»Sechsmal mußt du dich entscheiden«,
spricht der Geist in den Bäumen,
»dann erkennst du durch das Wort meinen Spiegel in dir«.

Der Geist in den Bäumen fragt:

Wenn du in farbigem Licht baden dürftest, um dich vom Staub der Erde zu reinigen, welches Licht würdest du wählen?

grün ❑ gelb ❑ rot ❑ blau ❑

Wenn du das Gewand eines Tieres anlegen dürftest, um einmal wie dieses Tier zu sein, welches würdest du auswählen?

Luchs ❑ Gürteltier ❑ Dachs ❑ Opossum ❑

Wenn du dich mit einer Jahreszeit befreunden würdest, welche würdest du als Freund wählen?

Winter ❑ Sommer ❑ Herbst ❑ Frühling ❑

Wenn du Fortschritte machen wolltest, welchen Fortschritt wünschst du dir von meinem Geist?

❑ Fortschritte im physischen (körperlichen) Bereich
❑ Fortschritte im emotionalen (gefühlsmäßigen) Bereich
❑ Fortschritte im mentalen (geistigen) Bereich

Trage nun die angekreuzten Positionen in die entsprechenden Zeilen ein:

♥ Farbe	
♥ Tier	
♥ Jahreszeit	
♥ Fortschritt	

Wähle jetzt aus, welchem Element (Erde-, Feuer-, Wasser-, Luft-Element) du deine ausgewählten Begriffe als ganze Einheit zuordnen würdest.

Möglichst spontan ankreuzen:

Erde	
Wasser	
Feuer	
Luft	

Bitte betrachte nun den Baum-Kreis (S. 31).
Im Bereich des angekreuzten Elementes stehen sechs Begriffe. Welcher Begriff in dem ausgewählten Elemente-Bereich berührt dich am meisten?

Das eine, was mich anspricht, heißt: ____________________
und gehört zu Nr.:* ____________________

* Prüfe nun im nachfolgenden Register, zu welchem Baum deine Nummer gehört, und du hast den Baum gefunden, dessen Geist dich zur Zeit in deinem Leben begleitet.

Solltest du dich nicht entschließen können, deine ausgewählten Begriffe einem Element zuzuordnen (aus Zweifel etc.), dann wird dir Baum Nr. 3 als Elixier die erste Hilfe geben.

Eine persönliche, detaillierte Auswertung des Fragebogens, die die seelischen Bereiche den Menschen genau beleuchtet, ist über die Homepage der Joy-Edition im Internet möglich: http://www.joyedition.com

Register der Baum-Numerierungen

1	Kieferbaum	Baum-Elixier Nr. 1	(Pinus nigra)
2	Tannenbaum	Baum-Elixier Nr. 2	(Picea abies)
3	Eschenbaum	Baum-Elixier Nr. 3	(Fraxinus excelsior)
4	Mammutbaum	Baum-Elixier Nr. 4	(Metasequoia glyptostroboides)
5	Lindenbaum	Baum-Elixier Nr. 5	(Tilia platyphyllos)
6	Birkenbaum	Baum-Elixier Nr. 6	(Betula pendula)
7	Kastanienbaum	Baum-Elixier Nr. 7	(Aesculus hippocastanum)
8	Birnbaum	Baum-Elixier Nr. 8	(Pyrus)
9	Kirschbaum	Baum-Elixier Nr. 9	(Prunus avium)
10	Eichbaum	Baum-Elixier Nr. 10	(Quercus robur)
11	Buchenbaum	Baum-Elixier Nr. 11	(Fagus sylvatica)
12	Apfelbaum	Baum-Elixier Nr. 12	(Malus)
13	Weidenbaum	Baum-Elixier Nr. 13	(Salix alba)
14	Pappelbaum	Baum-Elixier Nr. 14	(Populus nigra)
15	Ahornbaum	Baum-Elixier Nr. 15	(Acer platanoides)
16	Lärchenbaum	Baum-Elixier Nr. 16	(Larix decidua)
17	Haselnußbaum	Baum-Elixier Nr. 17	(Corylus colurna)
18	Ulmenbaum	Baum-Elixier Nr. 18	(Ulmus glabra)
19	Ginkgobaum	Baum-Elixier Nr. 19	(Ginkgo biloba)
20	Mandelbaum	Baum-Elixier Nr. 20	(Prunus dulcis)
21	Akazienbaum	Baum-Elixier Nr. 21	(Acacia dealbata)
22	Eibenbaum	Baum-Elixier Nr. 22	(Taxus baccata)
23	Lebensbaum	Baum-Elixier Nr. 23	(Thuja occidentalis)
24	Erlenbaum	Baum-Elixier Nr. 24	(Alnus glutinosa)
25	Walnußbaum	Baum-Elixier Nr. 25	(Juglans regia)

Im Laufe der Zeit kann der Mensch immer wieder mit Hilfe des Baum-Kreises oder des Baumheilkunde-Therapeuten seine Baum-Elixiere finden und auf ihre Hilfe zurückgreifen.

Baum-Kreis

für das ganzheitliche Heilen mit Original-Baum-Elixieren (nach Richter)

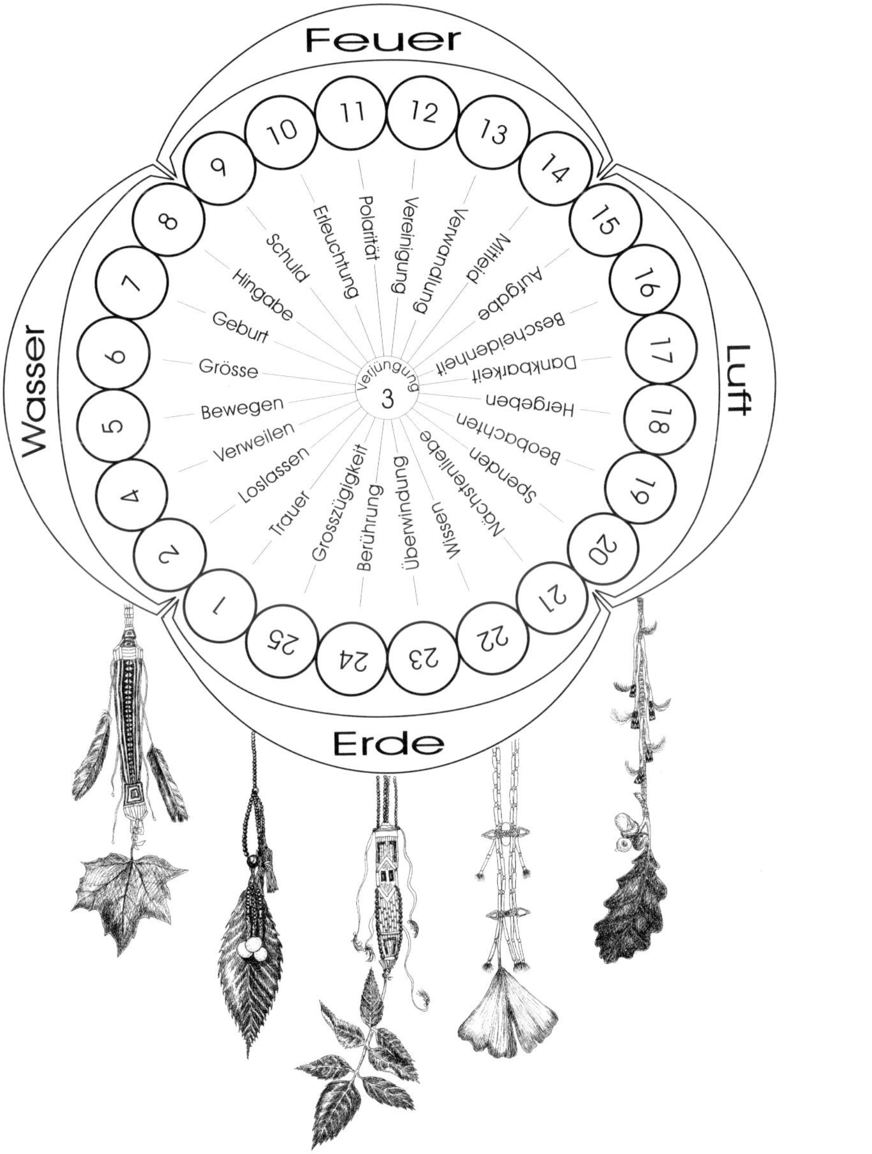

II. Kurzcharakteristik der Bäume

Diese Kurzcharakteristiken zeigen Ihnen, in welchem Zustand Sie sich jetzt befinden und in welchen Zustand Sie sich mit Hilfe der Baumheilkunde transformieren können.

1. Die Kiefer

☯

Zustand im Schatten

- empfindet das Leben als Überlebenskampf
- muß Schicksalsschläge verkraften
- entwickelt existenzielle Ängste

Zustand im Licht

- sammelt Erfahrung durch harte Zeiten
- starker Wille durchzuhalten
- gestärktes Vertrauen durch die Überwindung von Lebenskrisen

Trauer

Trauer, die durch irdische Grenzen entstanden ist und versenkt wurde, verwandelt sich durch die Gnade, Trauer wieder neu zu erleben und aufzuarbeiten.

2. *Die Tanne*

Zustand im Schatten

- läßt Altes, Vergangenes nicht los
- blockiert die geistige Wandelbarkeit
- richtet die Ansprüche nicht gezielt in die Welt

Zustand im Licht

- löst emotionelle Verstrickung dadurch, daß der Fluß des Lebens fließt
- ist flexibel im Leben und läßt sich dadurch bewegen
- setzt für die Mitmenschen deutliche Signale, wofür der Mensch sich entscheiden wird

Loslassen

Durch das Nach-innen-lauschen im Fluß des Lebens sein.

3. *Die Esche*

Zustand im Schatten

- fühlt sich tief im Herzen getrennt
- entwickelt Vorlieben, die ins Dunkle führen
- Verhärtung des Herzens durch Liebeskummer und Verlorensein

Zustand im Licht

- verbindet Gegensätze miteinander
- wendet sich von der negativen Seite ab, um die positive Seite in sich zu beleuchten
- findet in sich die Verbindung zu dem, was abgetrennt ist

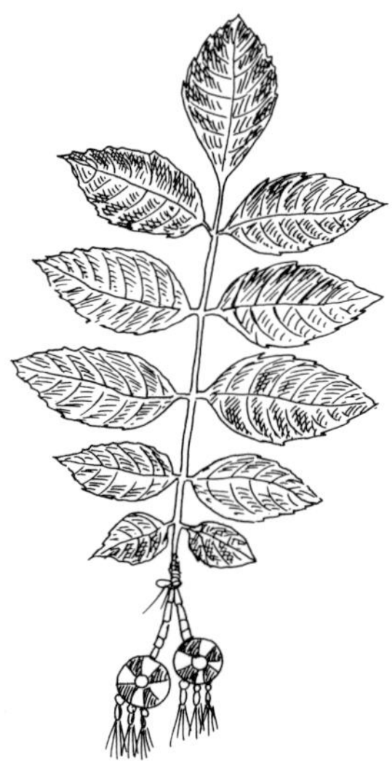

Verjüngung

Ein Verjüngungsbad für die vergessene energetische Schnur,
die uns mit dem großen Vater verbindet.

4. Der Mammutbaum

Zustand im Schatten

- Schattenseiten sind im See der Emotionen versenkt worden
- Unkenntnis über den eigenen Standpunkt
- glaubt daran, mehr zu geben als zu nehmen

Zustand im Licht

- führt den Menschen an tief verborgene Emotionen
- hilft, das Selbst im Menschen zu erfahren
- Ruhe verhilft dazu, unsinniges Opfern zu erfassen

Verweilen

Beschwerlichkeit und Müdigkeit vereinen sich, und es kehrt Ruhe ein, in der sich irdischer Mensch und Geist miteinander verbinden.

5. *Die Linde*

Zustand im Schatten

- wütend, weil die Verbindung zweier Gegensätze nicht gelingt
- wünscht sich Harmonie und wird dadurch einseitig
- bekämpft das negativ Erscheinende, und daraus entstehen Streit und Intoleranz

Zustand im Licht

- fördert das Vereinen von scheinbaren Gegensätzlichkeiten
- Harmoniestreben, ohne die Gesetze der Polarität zu vergessen
- Integration, denn der Mensch öffnet sich durch seine Vielseitigkeit und Toleranz

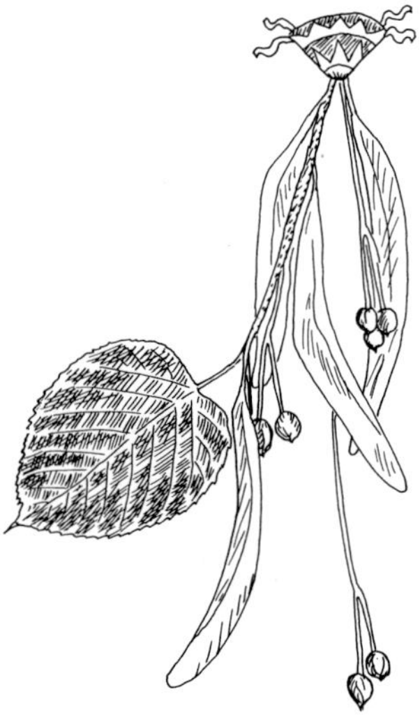

Bewegung

Rhythmus entsteht durch das Bewegen von einem Aspekt des Lebens zum anderen, und Musik erklingt.

6. *Die Birke*

Zustand im Schatten

- empfindet sich als Opfer anderer
- durch Egoismus werden andere manipuliert
- Geiz und Ehrgeiz

Zustand im Licht

- der Mensch lernt loszulassen
- lernt, auch den Willen anderer zu akzeptieren
- befreit sich und dadurch auch die anderen

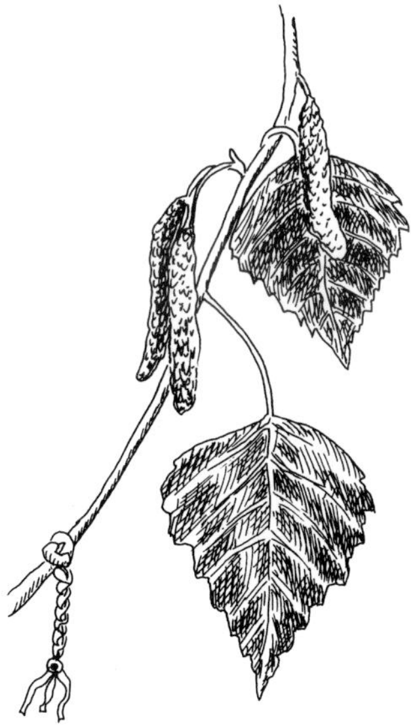

Größe

Scheinbares Opfern und Loslassen ist die Basis für den wahrhaften Gewinn.

7. Der Kastanienbaum

Zustand im Schatten

- fühlt sich von einem Mitmenschen fallengelassen
- Erschütterung oder Absturz
- Schicksalsschlag durch materiellen Verlust

Zustand im Licht

- hilft uns, durch die Erfahrung des Schmerzes aufrichtig zu sein
- fördert das geistige Erwachen durch das Fragen nach dem Warum
- löst Verhärtungen

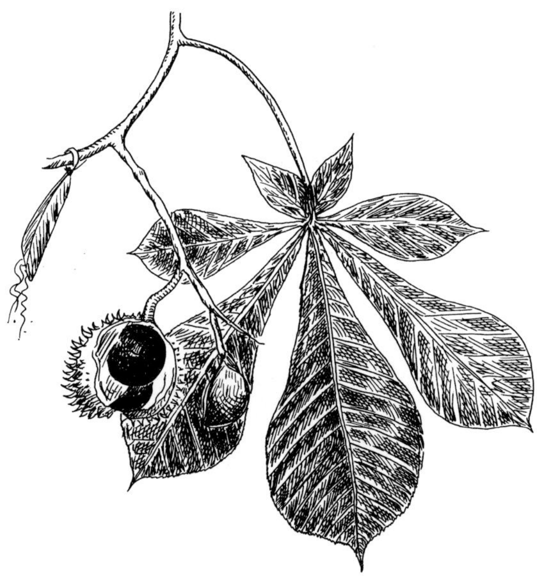

Geburt

Ist das menschliche Herz hinter einer harten Schale verborgen,
so schenkt uns die Gnade den Fall.

8. Der Birnbaum

Zustand im Schatten

- Mangel an Hingabe
- Widerstand durch Schmerz, weil dieser nicht in Erkenntnis verwandelt werden kann
- Minderwertigkeitsgefühle, besonders im intellektuellen Bereich

Zustand im Licht

- gibt uns die Kraft, aufzugeben
- Neuanfang, nach spät verarbeiteter Verletzung
- fördert es, die weibliche Kraft der Intuition zuzulassen

Hingabe

Wenn du mein Vorbild bist, bin ich deine Hoffnung.

9. *Der Kirschbaum*

Zustand im Schatten

- Gefühlsmangel durch verdrängte Emotionen
- Verletzungen durch andere werden in die Welt zurückgesendet
- Stagnation und Vergeßlichkeit

Zustand im Licht

- hilft, verborgene, versunkene Erinnerungen an Verletzungen loszulassen
- Schuldgefühle, die im Verborgenen schlummern, werden verwandelt
- fördert die Erinnerung an das Leben im Schatten

Schuld

Der Körper trägt schwer an den Seufzern der Welt,
doch der Geist verwandelt sich und läßt die Flügel wachsen.

10. Die Eiche

Zustand im Schatten

- erschöpft durch die Betriebsamkeit der irdischen Welt
- fühlt sich den Anforderungen nicht länger gewachsen
- mangelndes Selbstvertrauen, das die äußere Aktivität fördert

Zustand im Licht

- entwickelt in sich die Sehnsucht nach Ruhe
- sucht in sich eine andere Welt und findet die Dynamik der Ruhe
- verwandelt Getriebenheit in Verstehen durch Ruhe

Erleuchtung

Durch den passiven Zustand der Stille entwickelt sich die Dynamik der Ruhe, die Neues in uns gebären wird, wenn die Zeit dafür kommt.

11. Die Buche

Zustand im Schatten

- fühlt sich durch einen anderen in seinem Stolz verletzt
- sät im anderen Groll und Zwietracht, um die Verletzungen, die man scheinbar durch andere erhalten hat, weiterzugeben
- kann alte Wunden nicht wahrhaft vergessen, und es bleiben schmerzende Narben zurück

Zustand im Licht

- lernt, die Verletzung durch andere zu verarbeiten, und verwandelt sie dadurch in Erkenntnis
- der verletzte Stolz ist die Chance, den eigenen Schatten in sich zu erkennen und zu verwandeln
- lernt, sich und anderen zu verzeihen

Polarität

Tief im Kern des Schattens findet sich wieder das Licht.

12. Der Apfelbaum

Zustand im Schatten

- fühlt sich durch andere in seiner Entwicklung gehemmt
- fühlt sich von einem Menschen durch Streit getrennt
- hat Angst, das Loslassen als einen Beginn für eine neue Entwicklung positiv zu sehen

Zustand im Licht

- lernt, die Verhinderung als Chance zu erkennen und aus dem Stillstehen Erkenntnisse zu schöpfen
- lernt, trotz der Unterschiede eine Brücke zu schlagen
- Trennung enthält in seinem lichtvollen Kern, den Weg zur Einheit wieder neu zu gehen

Vereinigung

Das leidenschaftliche Suchen nach Vereinigung führt über die Trennung am Ende doch zum Ziel.

13. Die Weide

Zustand im Schatten

- verliert sich realitätsbezogen in der irdischen Ebene des Seins
- unterdrückt Emotionen, die dadurch gestaut werden
- Herzverhärtung durch erfahrenes Leid und Trauer durch Entwurzelung

Zustand im Licht

- verwandelt mangelndes Vertrauen in die geistige Kraft und in Zuversicht
- lernt durch das Ausdrücken der Gefühle, Brücken zu den Mitmenschen zu bauen
- öffnet sich der spirituellen Ebene im Leben

Verwandlung

Wandelt der Mensch im irdischen Kleide, so verwandelt sich sein Ich
und wird zum Selbst durch das Feuer im Leben,
welches materielle Hüllen verbrennt.

14. Die Pappel

Zustand im Schatten

- hat Ängste, die den Transformationsprozeß verhindern
- baut Verteidigungsmauern auf, um sich vor Veränderung zu schützen
- scheinbare Stärke durch erfahrenes Leid baut unser Ego auf

Zustand im Licht

- läßt die Verwandlung zu, weil man das Ziel hinter dem Schmerz der Verwandlung ins Auge faßt
- verhindert unnötiges Leid dadurch, daß der Anteil von Schmerz im Wachstumsprozeß akzeptiert wird
- Herzlichkeit und Mitgefühl werden durch das Akzeptieren des eigenen Leids erwachsen

Mitleid

Das Leid entwickelt das Mitleiden, welches das Helfen im Menschen gebären läßt.

15. Der Ahorn

Zustand im Schatten

- Realitätsstolz, verpflichtet sich den irdischen Aspekten seines Seins
- Vergeßlichkeit, besonders auch im übertragenen Sinne gemeint
- Mangel an Vertrauen an das innere, geistige Licht

Zustand im Licht

- erkennt seinen Ursprung in sich und findet damit auch seine ihm ureigenen Ziele wieder
- erinnert sich neu
- hilft die Aufgabe im Leben zu finden

Aufgabe

Lebt der Mensch nach seiner Mission (Weg),
verbindet er auch sein inneres Auge fest mit seiner Vision (Ziel).

16. Die Lärche

Zustand im Schatten

- entwickelt viele irdische Wünsche
- Übermaß im irdischen Leben bei innerer Bescheidenheit (Widersprüchlichkeit)
- Trägheit

Zustand im Licht

- Bescheidenheit
- verändert den Mangel an Vertrauen in die eigene Bestimmung, fühlt sich nicht mehr überflüssig
- Anpassungsfähigkeit im Geschehen des Lebens

Bescheidenheit

Das Übermaß aller Dinge läßt uns das Ziel unseres Weges vergessen.

17. Der Haselnußbaum

Zustand im Schatten

- sieht eher alles im Leben negativ
- Ängste, sinkt in seine dunklen Gefühle ab
- fühlt sich oft traurig, weil er die Undankbarkeit in der Welt als Belastung empfindet

Zustand im Licht

- erkennt Probleme als Chancen
- führt zu Ausgleich im Geben und Nehmen
- verwandelt Geiz und Ehrgeiz
- lernt wieder zu geben, aber besonders denjenigen, die das Herz für die Liebe offen haben

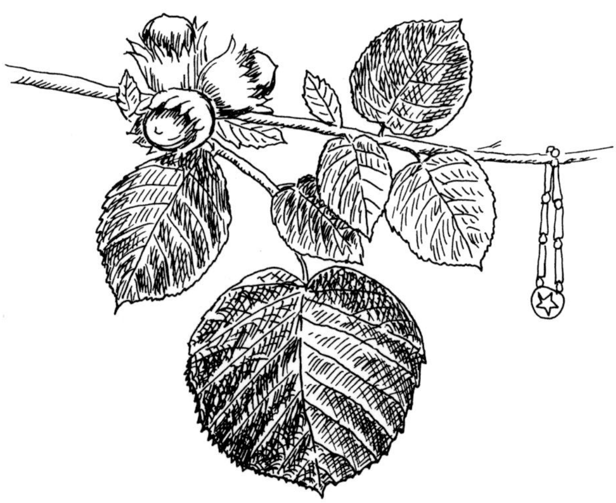

Dankbarkeit

Der innere Vater nimmt das Kind im Menschen an die Hand,
besonders in den schweren Zeiten.

18. Die Ulme

Zustand im Schatten

- alle dunklen Seiten des Lebens lassen in uns die Unruhe wachsen
- Unstetigkeit und Unruhe
- wenn wir etwas opfern müssen, wechseln wir auch von einem Zustand in den anderen, dies macht uns Angst
- Mangel an Mitgefühl durch die Härte des irdischen Lebens

Zustand im Licht

- zulassen
- Ruhe im Geschehen wachsen lassen und wissen, daß alles seine Zeit benötigt
- erkennen, daß im Opfernmüssen das neue Geschenk schon verborgen ist, dies läßt uns ruhig werden
- Geburt des spirituellen Herzens

Hergeben

Den Diener in sich gebären lassen läßt in uns eine Ruhe entstehen, die alle Fragen beantworten kann.

19. Der Ginkgo

Zustand im Schatten

- kontrolliert gerne das weltliche Geschehen
- fühlt sich getrieben als Sklave in der Zeit
- läßt sich wie ein Blatt im Wind hin und her treiben (Fremdbestimmung) und lernt nicht wirklich durch das irdische Geschehen

Zustand im Licht

- läßt los, um geschehen zu lassen
- lernt trotz der Geschehnisse, die ihn fordern, gleichzeitig zu beobachten
- lernt, hinter den Spiegel zu schauen

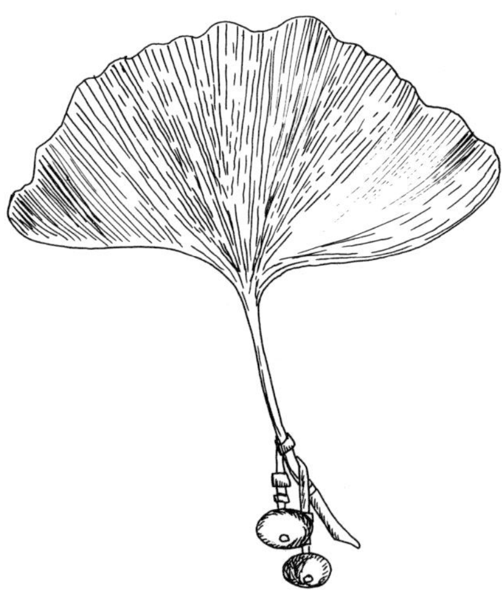

Beobachten

Durch Beobachtung eine Brücke bilden zwischen Wirklichkeit und Wahrheit.

20. Der Mandelbaum

☯

Zustand im Schatten

- Unglück durch mangelhaftes Insich-gehen
- übersieht die Zeichen, die ihn zur Einkehr mahnen
- Unheil, durch Verhärtung entstanden, durch unruhige Triebhaftigkeit

Zustand im Licht

- fühlt die innere Ruhe als großes Glück
- läßt Frieden, trotz Trauer durch Unheil, in das Herz einkehren (lernt aus den eigenen Fehlern)
- entwickelt in uns den Heiler durch die Ruhe in jeder Dimension des Lebens

Spenden

Diener zu sein heißt, aus dem großen Reservoir zu schöpfen,
zu nehmen und weiterzugeben, um Kanal zu sein.

21. Die Akazie

Zustand im Schatten

- fühlt sich müde, weiter zu dienen
- fühlt sich gealtert im Laufe der Zeit durch den dunklen Widerstand in der Welt
- wird im geistigen Bereich dadurch angegriffen, daß der Mensch durch das Licht den Zorn anderer erweckt
- nicht angenommen sein

Zustand im Licht

- Erneuerung
- Erkenntnis für die dunklen Dinge in der Welt entwickelt sich
- gibt den Menschen Schutz, die abzuwehren, die nicht reinen Herzens sind

Nächstenliebe

In der Dunkelheit das Licht sehen läßt das Christuslicht in uns wieder auferstehen.

22. Die Eibe

☯

Zustand im Schatten

- egoistische Stärke, die andere in der Liebe verletzt
- verneint die spirituelle Ebene in sich und im anderen
- gezeichnet durch das Schicksal wünscht der Mensch Vergeltung
- alter Zorn (um die verlorene Ehre) vergiftet das Leben (starkes Opfer-Täter-Prinzip)

Zustand im Licht

- öffnet ein vergiftetes Herz
- erkennt durch das Verzeihen die ureigene, große Weisheit in sich
- der Täter erkennt in sich das Opfer, und das Opfer erkennt in sich das Licht

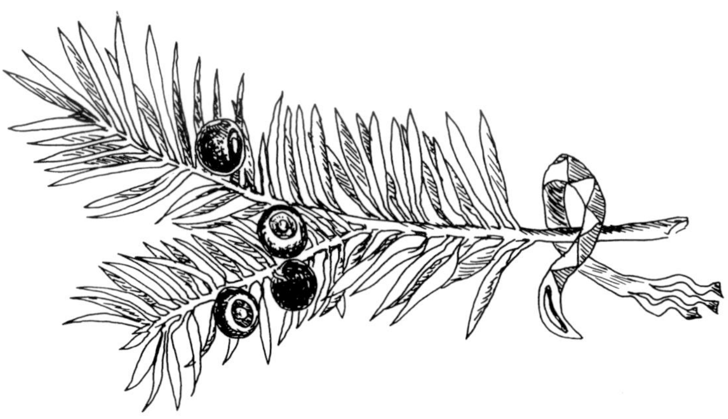

Wissen

Mit einem Schlüssel öffnen wir die Tür zu unserem Herzen und wenden uns vom Schatten ins Licht.

23. *Der Lebensbaum*

Zustand im Schatten

- steht vor einem großen, scheinbar unüberwindbaren Hindernis
- Überwindungsängste
- Reifungsprozesse werden durch Widerstände und Erinnerungen an Mißerfolge mit ganzer Kraft verhindert

Zustand im Licht

- hilft, die Hürde zu nehmen
- vertrauensvoll zu sich selbst finden
- wächst durch die Widerstände, die zu überwinden sind

Überwindung

Das Ziel im Visier läßt das Hindernis auf dem Weg überwindbar erscheinen, und der Sprung in eine neue und doch alte Welt gelingt.

24. Die Erle

Zustand im Schatten

- Liebeskummer
- Einsamkeit durch Verlust von jemandem, der sehr geliebt wurde
- im Herzen berührt werden, heißt auch Leid gebären durch die Trennung, die nach der Vereinigung entsteht
- Einzelgängertum, obwohl man mitten im Geschehen scheint

Zustand im Licht

- lernt, die Phasen des Alleinseins als Einweihungsweg zu nutzen
- studiert das Geheimnis des Lebens, durch die Stille, die durch Getrenntsein entsteht
- öffnet die große innere Kraft für die Allgemeinheit

Berührung

Ich bin der Spiegel in der Welt, und das Licht in mir erkennt den Geist.

25. Der Walnußbaum

Zustand im Schatten	Zustand im Licht
• Trauer durch Umwandlungsprozesse, die Verlust erfordern für das höhere Ziel • dem Helfer Zeit die Hände verwehren, Ungeduld • durch die Zeit Brücken wachsen lassen, die Gegensätze miteinander vereinen könnten	• Verlust verwandelt die irdischen Grenzen und läßt Großzügigkeit entstehen • Kultivierung von Geduld und Dankbarkeit • lernt zu trauern durch scheinbar sinnlosen Verlust, und diese Trauer leitet die Geburt ein

Großzügigkeit

Versöhnung ist Aufrichtigkeit.

III. Über den Baum, die Welt und das Leben

Kapitel 1

Der Geist in den Bäumen erzählt

Wenn wir das Musikinstrument Flöte wie einen Gegenstand betrachten, dessen Zweck und Nutzen wir nicht kennen, dann können wir aus der Erfahrung heraus sagen, daß dieser Gegenstand aus Holz ist. Dieses Wissen sagt uns auch, daß Holz ein Erzeugnis der Natur ist, das von einem Baum stammt, der nicht mehr zur lebenden Grünkraft zählt, sondern vergangen ist. Dadurch, daß wir mit der Natur zusammenleben, wissen wir, daß wir ein Stück Holz in den Händen halten. Innen ist das Holz hohl, und in seiner Länge weist es ein paar kreisrunde Löcher auf. An manchen Stellen ist es merkwürdig verformt. Mehr können wir jedoch nicht entschlüsseln. Auch wenn wir diesen Gegenstand unseren Brüdern und Schwestern reichen, die im selben Erfahrungsbereich aufgewachsen sind, werden wir zu den gleichen Schlußfolgerungen kommen.

Hat dieser Gegenstand unsere Aufmerksamkeit gebührend gefordert und kommen wir mit unserer Erforschung nicht weiter, werden wir ihn früher oder später beiseitelegen. Wir meinen ihn nun zu kennen, doch wir wissen nicht, was hinter seiner Fassade als Geheimnis verborgen liegt. Wissen ist ein Pflänzlein, das aus der Erfahrung heraus gedeiht. Wenn wir es mit der gebührender Aufmerksamkeit pflegen, dann kann es über sich hinauswachsen. Alles auf der Welt scheint seine Grenzen zu haben, und weil wir bald schmerzhaft auf sie stoßen, verläßt uns der Mut, hinter den Grenzen weiter zu schauen.

Eine Grenze ist etwas, was einen Raum scheinbar von einem anderen trennt. In dem Moment, in dem sich die Grenze auflösen würde, wäre die Ganzheit im Raume präsent. Die Grenze ist das Nadelöhr, das uns von einem Raum in den anderen führt. Wollen wir jedoch durch das Tor schreiten, so lassen wir scheinbar zurück, was wir uns durch unsere Erfahrung in diesem Leben in der materiellen Welt mühsam erarbeitet haben.

Nichts hält uns so gefangen wie die schwere Kette des Haltenwollens dessen, was wir so teuer im Schweiße unseres Angesichts erworben haben. Wir wissen nicht, daß das, was wir halten, nur der irdische Spiegel der Erfahrung ist, die wir so leicht wie eine Feder in uns tragen. Würden wir nur einen Moment der inneren Musik lauschen, die die Intuition geboren hat, so würden wir entspannt erkennen, daß wir nichts wirklich loslassen, was uns noch von Nutzen wäre.

Wir geben ab und treten ein. Wir betreten einen anderen Raum, der uns zunächst neu erscheint. Erforschen wir ihn, so beginnen wir uns scheinbar zu erinnern und erfahren neu. Wieder sind wir weiter gekommen, doch wissen wir nun?

Wissen birgt Erfahrung, und zu erfahren gibt es unendlich viel, denn im Raum vor der Grenze und hinter ihr ist alles möglich. Aber weil wir Individuen sind, ganz einfach geteilt im Ganzen, werden wir immer nur begrenztes Wissen in uns tragen. Schwer genug haben wir es mit unserem Schicksal, die Grenze eines Raumes zu passieren und den Raum, der hinter ihr liegt, zu akzeptieren. Aber wie schwer wird es sein, nicht nur die Trennung zu überwinden, sondern auch die Ganzheit zu finden?

Eine Dimension liegt neben der anderen, wie in einem Bienenhaus eine Wabe an die andere grenzt. Das Haus der Welt ist multidimensional. Und genauso wie ein Haus eine Einheit bildet, obwohl in ihm viele Zimmer sind und die Türen die Grenzen bilden, so ist das Haus der Welt eine in sich abgeschlossene Einheit.

In jedem Raum leuchtet ein anderes Licht. Jedes ist auf seine Art dem Ganzen dienlich. Wenn wir nur eines kennen, heißt das nicht, daß es das andere nicht gibt. Genauso wie die Räume in sich begrenzt sind, so ist auch der menschliche Geist begrenzt, denn er beurteilt aufgrund seiner Erfahrung, und wenn er sie einmal loslassen kann, ohne sie im Innern wirklich zu verlieren, dann wird die Grenze in seinem Herzen geöffnet sein.

Der hölzerne Gegenstand, dessen Ursprung einmal ein grüner Baum war, wurde beiseite gelegt. Das Wissen um dieses Ding war zu diesem Zeitpunkt begrenzt. Doch die Neugierde im wachsenden Menschen, der wachsam seiner Zeit voraus, ließ ihn nicht ruhen.

Er formte seine Hände um dieses wundersame Holz und begann mit ihm und sich zu experimentieren. So wurde der Mensch wieder zum Kinde, und fröhlich offen war sein Herz.

Da kam von einem anderen Raum, aus einer anderen Dimension, eine Idee und hat vollendet, was im einzelnen immer schon vorhanden war. Das Handeln im Außen und das intuitive Geschenk, das von innen kommt, verbinden die innere mit der äußeren Dimension. Außen und innen werden eins. Der Ex-perte und der in-tuitive Mensch sind in der Welt nicht wirklich voneinander zu trennen, und auch im Menschen sind sie derselbe Geist.

Nie werden wir es alle zur gleichen Zeit begreifen können, denn das Haus unserer Welt, in der wir leben, hat viele Zimmer. Je nachdem, in welchem Licht unser inneres Feuer brennt, sind auch die Räume, in denen wir zu leben wünschen, verschieden. Der Raum, in dem wir leben, kann in diesem Haus der vielen Zimmer niemals ein und derselbe sein.

Ein Schlüssel, mit dem man alle Grenzen öffnen kann, auch wenn man nicht über jede Schwelle kommt, ist der Schlüssel der Toleranz. Mit ihm finden wir Eingang in jeden Raum, durch jede Tür, die wir zu durchschreiten wünschen. Groß ist unsere Arbeit, die dann auf uns wartet, jedoch wird mit Bienenfleiß eines Tages das ganze Haus für uns überschaubar werden. Bis dahin ist es noch weit, und ohne den Schlüssel werden wir auf unserem Weg kaum weiterkommen.

Das Innere des Menschen ist wie das Haus der Welt, lichtvoll, trotz seiner Grenzen. Das Licht im Haus der Welt ist der Spiegel, der durch das Dach oder die Grenze der Welt sein wahres Wesen im Verborgenen hält.

Kapitel 2

Über seinen Freund, den Menschen

Wenn alle Bäume, die ihre Wurzeln fest in der Erde verankert haben, ein Lied singen, dann singen sie gemeinsam das Lied des Lebens. Jeder Baum hat in sich eine andere Stimme, doch ähneln sich einzelne Gruppen. Tannen und Fichten sind sich in ihrer Tonlage sehr ähnlich. Eine Kiefer und ihre Geschwister überall auf der Welt erkennen sich an ihrem Ton, doch findet man keinen Baum, der eins wäre mit dem anderen, wie es auch keinen Menschen gibt, der vollständig einem anderen gleicht. Jeder Baum schwingt und singt in seiner ihm eigenen Stimme, doch das Lied des Lebens ist für alle ein und dasselbe.

Ihr Ton erklingt aus verschiedenen Quellen und vereint sich zu einem Gesang. Dieses Verschmelzen vieler verschiedener Stimmen und Töne bringt wie ein Chor etwas Wunderbares zum inneren Ohr. Das Lied, das überall auf der Welt in Wellen erklingt, ist für alle und jeden zu erfahren. Aber anders als wir gewöhnt sind, erfassen wir diese transparente Erscheinung nur mit den Sinnen, die hinter unseren irdischen im Verborgenen sind.

Beginnen wir im Inneren unsere geheimen Sinne zu aktivieren, dann beginnen wir auch die eine oder andere Schwingung eines Tons oder einer Stimme eines grünen Bruders zu vernehmen, der wie wir aufrecht steht. Einmal erlauschen wir die eine und ein anderes Mal die andere Stimme eines uns lieb gewordenen Freundes unserer aufrechten Brüder, und im Lauf der Zeit, wenn unsere Füße immer dankbarer werden dafür, daß Mutter Erde uns hält, beginnt unser Wunsch zu wachsen, wie unsere stummen Brüder zu sein.

Wir wandeln hindurch zwischen den starken und mächtigen Stämmen. Wir berühren die harte und runzelige Haut. Wir schauen an ihre Füße und sehen dort, wo sie im Licht ihre Krone wiegen. Und manchesmal geschieht es, daß wir, müde vom Wandern auf der Erde, zwischen den Wurzeln eine kurze Ruhe finden. Dann gleiten wir hinüber in eine andere Welt, und da erklingt der Ton, zunächst wie von Tausenden von Geigen und als ob wir mit seiner Hilfe eine Brücke betreten, auf ihr voranschreiten zu einem unbekannten Ziel, beginnt der Chor anzuschwellen zu einer großartigen Musik.

Schon lange haben wir neben den Geigen auch anderes erfaßt. Doch als wir die Brücke überschritten hatten, gab es nichts mehr voneinander zu unterscheiden, was vorher vielleicht noch einzeln erklang. Was anfangs eine Melodie war, gereichte jetzt zu einer großartigen Ouvertüre und nichts, was Trennung war, erhielt hier seinen Platz.

Trunken vom Lied der Lieder sank der Erdenwanderer in diese ihm eigenartige Dimension an einer goldenen Wurzel nieder. Und als sich hier sein inneres Auge geschlossen hatte, wie sich vorher seine irdischen Lider gesenkt hatten, führte ihn das Lied seiner Freunde, der grünen Wächter über die Menschenkinder, zu einem wundersamen Ort.

Zwischen großen, mächtigen, goldenen Stämmen hindurch, deren Kronen sich dem höchsten Licht zuwandten, und über goldene Wurzeln hinweg waren die Schritte leicht zu einem kristallklaren Wasser. Am Rande des Ufers, dort, wo keine Brücke mehr zu einer anderen Seite führen konnte, fiel des Wanderers Blick auf die Mitte der Mitte, genauso wie seine weisen Brüder es ihm rieten.

Während die wundersame, alles durchdringende Musik weiter sein innerstes Ohr betörte und alles in ihm nach diesem Rhythmus schwang, erschien der große Geist aller Bäume und auch der Menschenkinder vor ihm und stieg aus der universellen Mitte hervor.

Lange schien es zu sein, nach irdischen Zeiten bemessen, während der Blick sich vereinte. Doch auch während dies geschah, verklang nie die Musik.

Der Geist der Bäume und dessen Vater, der Vater eurer wahren Brüder, läßt alles entstehen, was euch Nahrung gibt. Nichts könntet ihr finden, was euch wahrhaft nährte, und kein Tropfen Wasser wäre rein genug, um euch die Kraft zu geben, auf Mutter Erde zu bestehen.

Alles was auf der Erde geschieht, gibt uns Hinweise, auf ihr zu wachsen, und nun ist die Zeit gekommen, wo euer tolles Spiel uns so handeln läßt, daß ihr uns erkennt. Aber bevor das, was im Spiel begann, zu traurigem Ausgang führt, bitten wir euch, in euren Brüdern das Gesicht zu erkennen.

Schaut ihr in die Augen eurer Brüder, dann beginnt ihr euch auf den Weg zu machen, um das innere Auge in uns zu sehen, denn in allen meinen Söhnen und Töchtern, wie verschieden sie sich auch in Freundschaft die Hände reichen mögen, werdet ihr euren Geist als aufrecht erkennen. So reichen sich denn die Brüder die Hände, und während sie wahrhaft auferstehen, sich vereinigen und das gleiche Ziel in sich erkennen, beginnt das Lied der Bäume eine neue Strophe zu singen. Sie handelt vom brüderlichen und schwesterlichen Frieden auf der Erde und bringt Wachstum und erneutes Gedeihen nach einer langen Zeit in Dunkelheit.

Licht war und ist für alle da, doch wenn ihr der Musik nicht wahrhaft lauschen könnt, dann ist auch das Licht wie hinter einem Nebel verborgen. Ohne das Innere der Geigen erklingt auch kein Ton. Ohne das Innere einer Flöte gebiert sich keine Schwingung, und ohne die geistige Dimension, die die Wellen des Liedes auf sich nimmt und weiter schenkt, bleibt alles Irdische in seiner Starrheit tot und ungeboren.

Fangt endlich an, unserem wunderbaren Lied in euch zu lauschen, indem ihr euch mit uns, euren wahren Brüdern, vereint. Wenn wir zusammenstehen, Seite an Seite, im selben Ringen gegen den Widerstand von Raum und Zeit, dann wird die wahre Nahrung uns alle stärken. Diese Speise nährt uns im geistigen, wie die irdische Nahrung unsere materielle Hülle zusammenhält. Das, was wir euch gegeben haben, all die lange Zeit hindurch, hat euch wachsen und stark werden lassen, so daß ihr aufrecht wurdet wie wir.

Nun entwickelt sich die Ebene der Absorption der geistigen Energie, die euch auch innen vollständig aufrecht werden läßt. Wir nähren euch, wie wir euch irdisch genährt haben, aber werdet euch ab jetzt bewußt, daß wir euch noch viel mehr als Geschenk zu geben haben. Nehmt es mit beiden Händen dankbar an, und laßt es in euch wirken und durch euch wachsen.

Euer Herz wird sich öffnen und mit ihm die Herzen unserer grünen Geschwister, und unser aller Vater wird sich durch unsere gemeinsam erwachsene Freude nähren. Gleichwie der Rhythmus in der Musik erklingt und unsere Herzen durch seine Höhen und Tiefen öffnet, so läßt uns auf der irdischen Bühne des großen Weltentheaters nichts einseitig sein.

Lassen wir uns beschenken und werden selbst zum Schenkenden. Laßt uns genährt werden vom großen, alles verströmenden Vater, der auch die Mutter ist. Gebt das zum Dank, was in Liebe aus eurem Herzen heraus gewachsen ist. Sind wir in unseren Herzen als Brüder und Schwestern durch das Wissen und das Gewahrsein über die Grünkraft miteinander in zarten und auch starken Banden vereint, dann helfen wir uns dort immer gegenseitig, wo es vonnöten ist. Liebt den Körper, der in vielen Variationen auf der Erde zu finden ist, doch besonders liebt den Geist, denn dieser kann euch wahrhaft zur Offenbarung werden.

Nehmt meine Musik, die Essenz, in euch auf, und laßt sie erklingen, haltet sie nicht, verschenkt sie, wenn euer inneres Ohr sie erlauscht hat, und gebt sie weiter. Denn das Lied der Liebe wird für jedes Ohr zur Bestimmung werden.

Kapitel 3

Die verlorenen Tränen

Weißt du, wie viele Tränen der Geist in den Bäumen verloren hat um seinen Bruder Mensch? Jede dieser Tränen hat sich im dichten Mantel der Erde, ihrem Gestein, manifestiert, und der Mensch fand sie als Diamant wieder.

Zuerst war sie von den Schichten umhüllt, durch die Zeit verdichtet, und ihr innerer Glanz war mit euren bloßen Augen nicht einmal zu erahnen. Doch bei tieferer Betrachtung hatte mein suchender Bruder im rastlosen Menschenherz erfaßt, daß hinter den Schichten der Erde, die auch die Geschichten der Zeit geschrieben hatte, daß hinter diesen ein leuchtender Kern verborgen sein mußte. So begann der Mensch den Stein, den er gefunden, mit Vorsicht zu bearbeiten, und er befreite den Kern, wie das Licht, das verborgen schien, Hülle um Hülle. Als dann unsere Träne, die einst unser trauriges Herz wegen euch verloren hatte, steinern, aber doch befreit, die Verbindung zum Lichte neu erfuhr, hielt sie der Menschensohn im Glanz der Sonne leuchtend dem Licht entgegen und erkannte in ihm, im Stein, der unsere Träne war, alle Farben des Lichtes. Wie freudige Kinder begrüßten sie sein inneres Auge und leuchteten von dort aus erneut hinaus in das Licht.

So fand unsere Trauer, die sich einst gelöst hatte durch das Getrenntsein von allem, was Geist hatte in sich, den Weg zu den geistigen Tiefen des fast verloren geglaubten Menschensohnes. Durch unsere zu Stein gewordenen Tränen liebten die Menschen uns aufs neue. Zunächst schätzten sie unseren irdischen Wert. Der Teil von uns, der gefallen und zu Stein geworden war, der befreit im Lichte leuchtete, wurde den Menschen zu kostbarem Gut, wissend, welchen Schatz sie in Wahrheit in den Händen hielten.

Viele Tränen, die wir einst geweint, fanden durch die Suche des Menschen den Weg zurück vom Dunkel ins Licht. Lange Zeit verging, während Menschenaugen die Kinder des Lichtes durch den Stein immer wieder zu betrachten wünschten.

Die Zeiten wandelten sich, und so tat es auch der Sinn im Menschen. Irgendwann lauschte der Mensch mit seinem inneren Ohr, wenn auch zunächst erst verhalten, der Botschaft des traurigen Wassers, das durch den Stein hindurch das Lied der Liebe sang. Ganz leise und scheinbar weit entfernt erklangen die wundersamen Töne einer längst vergangenen Musik.

Wer zu lauschen begann, erkannte in sich auch längst verlorene Bilder wieder. Er sah einen großen, goldenen Baum im Garten Eden stehen, wo goldene Früchte in großer Fülle in den Ästen ihre Heimat hatten. Als die ersten Menschenkinder sich von diesem Baum nährten, war der Bund zwischen dem goldenen Bruder Baum und dem Menschenkinde geschlossen.

Das Geborenwerden fand so seinen Grund als Same in der Zeit, und aus Liebe zum Menschenkind fand auch der erste Same, der im Leib des Menschen getragen wurde, den Weg durch das Tor in Raum und Zeit.

Auch dieser goldene Same wurde gesetzt, und der Baum gebar seine Kinder. Sie lachten und freuten sich. Sie weinten und trauerten. Und während sie dies taten, immer wieder aufs neue, bauten sie Grenzen und auch die passenden Brücken und erschafften sich dabei immer wieder neu.

Des Baumes Freude war eine Stille. Des Baumes Trauer war ein Wasser, das zu Stein werden konnte, wurde sie in den Menschenherzen nicht erfaßt. Unendlich viele Samen unserer grünen Brüder, geboren in der Welt der Gegensätze, fielen auf irdischen Grund. Unendlich viele Menschenkinder wandelten auf der Erde, um den Geist in sich zu erkennen. Erst wenn sie einst den Geschichten unseres zu Stein gewordenen Wassers lauschen werden, haben sie uns erkannt. Dann werden sie unseren Vater, von dem wir alle geboren sind, in sich erkennen. Er gebar dem Menschensohn zum Freund den Bruder Baum, der seine goldene Wurzel im vom Menschensohn vergessenen Garten Eden geschaffen hatte.

Diamanten werdet ihr in der Erde immer wieder finden, haben wir doch unendlich viele Tränen um euch und mit euch geweint. Doch wird jedes menschliche Ohr die Musik des Einen durch uns erlauschen können, um zu erfahren, wie du und ich in der Welt der Gegensätze einst vom Schöpfer geboren wurden in die Welt. Erst wenn das universelle Lied in allen singt, werden wir uns an meiner goldenen Wurzel, alle miteinander vereint, wieder zusammenfinden. Wenn der Menschensohn dann dankbar meinen gespendeten goldenen Apfel in seinen Händen hält, wissen er und ich von vielen Geschichten zu berichten. Doch bis dahin laßt euch berichten von mir, der Schöpfung und eurem Licht durch das innere Schwingen des Tones aus einer längst verlorenen Träne, die durch das gefallene Sein zum Stein der Weisen wurde. Dein Herz vermag es zu verbinden – mich und dich.

Kapitel 4

Die Geburt der Flamme des Lebens in der Wiege der Polarität

Der Geist aller Bäume kennt wie kein anderer das Leid der Erde, das sich durch den Widerstand in ihr erhob und sich Form gab. Dieser Widerstand war vom ersten Tag an da. An diesem ersten Tag war er hart und mächtig, und das Licht, das ihn gebar, schien ein starker Gegner zu sein.

Licht und Widerstand waren zwei Dinge, und doch konnten sie voneinander nicht lassen. Es war eine Kraft zwischen ihnen, die sie auch unweigerlich miteinander verband. Die Verbindung bestand, und doch war etwas zwischen ihnen, was die vollständige Verschmelzung verhinderte. Es war ein magnetisches Aneinander-Gekettetsein und zugleich ein Gegensatz, der zwischen ihnen beiden wohnte. Genau da, wo das Gegensätzliche sein Lager fand, dort entstand auch ein mächtiges Feuer.

Auf der einen Seite war das Licht, auf der anderen die materielle Welt. Zwischen ihnen wirkte das Feuer, doch nur die eine Seite dieser schicksalshaften Verbindung, die das eine aus dem anderen hatte entstehen lassen und woraus die Polarität erwachsen war, konnte an ihm verbrennen.

Als sich das Licht von dem innersten Kern der Einheit nach außen zu bewegen begann, entstand die Materie, und dazwischen wohnt das Feuer. Seine Aufgabe ist es, zu verbinden und zugleich die beiden polaren Anteile bestehen zu lassen. Es hat zu verwandeln, was zu verwandeln ist. Alles, was sich zwischen beiden Polen im Feuer verwandeln durfte, empfand durch die entstandene große Hitze etwas, was wir Schmerz nennen.

Das Herz alles Irdischen entwickelt durch den Schmerz, der in ihm wohnt, das Leid. Alles was verdichtet ist, trägt wenig Licht in sich, und wenn das Licht die Verdichtung berührt, entsteht ihr gemeinsames Kind, das Feuer. Um sich zu ernähren braucht dieses Kind jeweils einen Teil von dem einen und dem anderen. Dadurch bleibt die Flamme seines Lebens erhalten.

Das Licht, das aus der Einheit kommt, spendet sich grenzenlos und gibt ohne Widerstand. Was aber verdichtet ist, kann nur geben, wenn es sich verwandelt, denn nur dadurch kann es sich aus der magnetischen Anziehungskraft, die in der Materie herrscht, befreien.

So blutet das Herz im Schmerz und im Leid durch den Widerstand gegen die Verwandlung. Erst wenn sich alles den Flammen gespendet hat und keine Nahrung mehr die Flamme speisen kann, erstirbt auch das Kind, welches sich nährte durch Licht und Materie. Ist es einmal erstorben, so ist auch das Außen gleichzeitig mit dem Widerstand vergangen. Was dann am Ende noch bleibt, ist die Erfahrung, die sich in der Einheit integriert und dort ihren Platz findet.

Erst wenn der Wunsch nach Erkenntnis sich wieder gebiert, beginnt das Spiel von neuem. Der Wunsch läßt etwas nach außen treten, sich scheinbar eigenständig manifestieren, aber es ist wiederum nur der äußere Spiegel des inneren Lichts. Dazwischen beginnt das Feuer seiner Aufgabe nachzukommen, verwandelt, nährt sich vom Licht und vom Schatten und beginnt erst zu ersterben, wenn sie die eine Quelle, die aus dem Schatten ihre Nahrung gespendet hat, jedoch nicht ohne Widerstand, versiegen läßt. Erst wenn die letzte Verdichtung im Schatten des Lichtes sich verzehren ließ, ist das, was wir Einheit nennen, wieder eins in sich.

KAPITEL 5

Der Baum der Erkenntnis spendet seine Früchte

Vor lang vergangenen Zeiten erhob sich durch unseren Geist eine Kraft aus dem Boden, die auch gleichzeitig die Form erschuf. Mächtig waren unsere grünen Vorväter, groß war ihr Stamm, und breit und füllig waren ihre Kronen. Ihre Blätter wehten im Wind, sie atmeten durch ihn, lebten und ließen sich fallen, nährten den Boden und bildeten sich aus der Kraft der Erde wieder neu. Ihr Leben war ein Leben in Frieden, denn sie konnten dort auf dem irdischen Mutterboden ihre Wurzeln schlagen, wo es für sie der richtige war. Das, was sich aus dem Samen durch die Erde empor zum Licht erhob, war frei und in sich ohne Begrenzung. Die ganze Erde stand ihren mächtigen Brüdern zur Verfügung, soweit sie den Boden für sie gab. Im Laufe der Zeit konnte sich eine große Vielfalt an Formen herauskristallisieren, und weil der Geist, da er auf der Erde wirkte, ebenfalls individualisiert in den mannigfaltigsten Kleidern seine jeweilige Wohnung nahm, konnte er sich genauso vielfältig in das Leben integrieren.

Rein und klar war die Luft der Erde, denn durch sie erfand sich in diesem Element alles wieder neu. Fruchtbar und nährend war auch die dünne Schale, die Mutter Erde an manchen Orten umgab, so daß die Grünkraft auch hier lebendig wirkte, verging und wieder neu geboren wurde. Rein war auch das Wasser, und jede Information, die es in sich trug, war für den, der sie erkennen sollte, so bereit wie ein offenes Buch.

Das Feuer als Vermittler zwischen den Welten, zwischen Geist und Materie, wirkte unaufhörlich, denn nichts blieb in seiner Entwicklung stehen, noch konnte es irgendwann den Weg durch das Tor zwischen irdischem Leben und irdischem Sterben verhindern. Das Feuer wirkte zwischen den kleinen Grenzen und von dort hinauf bis zu der größten, denn seine beiden Quellen, Licht und Materie, waren in einem immerwährenden Fluß.

Unsere Geister lebten in ihren vielfältigen Formen und in ihren wundersamen Gestalten so einheitlich in den vier Elementen, daß ihre Verbindung zu ihrem Ursprung kein Hindernis in sich gefangen hielt. Leuchtend und rein erhielten sie die Information aus dem Urgrund allen Seins, und sie waren wie durch eine ätherische Nabelschnur mit der Urmutter, die wie der Urvater in sich alles vereinte, vollständig verbunden.

Es war, als ob der Geist des Urbaumes aus seinem tiefsten Kern heraus den Wunsch nach Vielheit in das Außen vibrierte und seine Spiegel hierdurch entstehen lassen wollte. Sehr klar war die Reflexion des Geistes, der aus dem Urbaum seine Vielheit wünschte, und sehr klar waren somit auch seine Grünkraft reflektierenden Spiegel.

Nun geschah es aber in der Zeit, daß der Geist, der sich in der Materie spiegelte, begann, nicht mehr nur seinem Urvater zu lauschen, der auch die große Mutter war, sondern vielleicht mehr dem Wind, dem Wasser oder dem inneren irdischen Feuer. Es geschah sogar, daß er der dumpfen Stimme der Erde sein Ohr schenkte und daran immer mehr Gefallen fand.

Manches Mal vergaßen die Geister beim Zuhören in diese Ebene hinein die Geschichte um den Vater, der sich durch sie in der Materie vollendet zu reflektieren verstand. Je länger sie lauschten, die Geister in ihren grünen Kleidern, die doch nur die Vertreter der Einheit auf der Erde und die Kinder des Vaters waren, vergaßen sie ihren Ursprung und begannen sich immer mehr mit ihrer vermeintlichen Individualität zu identifizieren. Kurz bevor dies geschah und der Geist seinem Individuum in sich den Vorrang gab, schickte der große Geist, der auch der Vater war, die Menschenkinder auf diese Ebene in der Zeit. Aber auch sie begannen, wie der Geist in den Bäumen, dem zu lauschen, was der abgespaltene Geist in der Materie als seine Wahrheit betrachtete.

Da saßen die Menschenkinder als vollendete Reflexionen des großen Geistes unter dem Baum der Erkenntnis und lauschten den Elementen, die auf der Erde eine Familie waren, wurden berauscht von ihren individuellen Geschichten und vergaßen dabei ganz, wie diese Geister sich durch das Licht Form geben konnten und Gestalt bekamen, wirkten und vergingen, lebten, starben und wieder auferstanden. Die Vielfältigkeit im irdischen Geschehen ließ sie das Ganze hinter allem vergessen, und schon waren sie mitten im Geschehen.

Der Baum der Erkenntnis, der im Paradies auf der Erde seine Früchte trug, war wie sein Bruder Mensch so klar und so rein, doch auch er hatte seine Aufmerksamkeit zu lange den Geschichten der irdischen Ebene, die nur der materielle Spiegel war, geschenkt. Er hatte, wie sein Freund, der Mensch, der ihm ein perfekter Spiegel war, den Ort seiner Wiege vergessen. Als dann der Mensch seine Früchte aß, waren sie vom selben Geist wie er. Die Frucht war köstlich und gab dem Menschen viel, doch seine Neugier ließ ihn beginnen, sich auf den Weg zu machen, um neue, andere zu finden.

Sein großer, aufrechter Freund, der Baum, konnte ihm nicht folgen, denn fest waren seine Wurzeln in der Erde verankert, und die Vielheit der Welt, die sich dem Menschenkind zu offenbaren begann, war dem Geist des Baumes verschlossen. Er blieb an Ort und Stelle, und so blieb er auch kraftvoll zentriert. Sein inneres Ohr lauschte weiter der Musik der Sphären, auch wenn die lieblichen Lieder der Erde ihn ebenfalls betörten. Der Geist des Baumes blieb in seinem mächtigen Kleid, und seine Wurzeln standen im Paradies. Und obwohl er an diesem Ort fest verankert war, wanderte sein Herz und begleitete treu seinen irdischen Bruder, der auf zwei Beinen die Erde durchwanderte und mit seinen zwei Händen erntete, was immer sich für ihn ergab.

Die Menschenkinder vermehrten sich wie die grünen Brüder. Die grünen Brüder hatten immer Kontakt zu dem großen Baum, dem großen Bruder im Paradies, aber die Menschenkinder hatten dem Lied des Universums schon lange nicht mehr vollends gelauscht.

So schien es auch, daß ihr wahrer Vater sie verlassen hatte. Ihre Mutter war die Erde, mit der sie nun lange gebunden waren. Aber auch da entwikkelte sich die Trennung von ihr. Das Geben und Nehmen, was am Anfang durch den Menschensohn seinen kosmischen Rhythmus immer wieder neu erlebte, begann sich in ihm zu verändern. Mit dieser Veränderung verwandelte sich auch das Licht in seinem Herzen, und der Klang in ihm war schon lange ein anderer geworden.

Dankbarkeit und Freude, welche in beiden Herzen am Anfang im Paradies ihre Lieder gesungen hatten, waren im Menschensohne nun zu seinem Gegenteil verwandelt worden, doch nur und ausschließlich durch ihn, der sich im Individuum meinte zu erkennen, anstatt im Ursprung seine wahre Heimat zu begreifen.

Viele Tränen verloren die grünen Brüder für den Menschensohn und alle seine Kinder. Und noch heute könnt ihr die Tränen finden, die wir um euch geweint. Nehmt sie in eure warmen Hände und laßt das Licht, das sie durch ihre Liebe in der Zeit gespeichert haben, in eure traurigen Herzen fließen. Das wird eure Flamme, die zwischen Licht und irdischer Hülle ihrer Verpflichtung nachgeht, so wie es das Gesetz ist, die Kraft geben, das zu verbrennen, was in euren Herzen die dunkle Wurzel des Undanks ist.

Viel haben unsere grünen Brüder mit euch getrauert und mit euch gelitten, und das, was ihr uns getan habt, das habt ihr auch empfangen. Die sichtbaren und die unsichtbaren Tränen in der Zeit, die Menschenbruder und Bruder Baum und all ihre Kinder miteinander gemeinsam weinten, sind wie zu einem Meer der Tränen angewachsen. Doch wenn wir gemeinsam unseren Ursprung in uns empfangen dürfen, hier in Raum und Zeit, dann wird das Feuer der Liebe dieses bittere Wasser verwandeln. Alles kehrt zur Erde zurück, was von ihr kam, und das Gereinigte, die Essenz aus dem Leid, steigt zum Himmel empor, läßt los, was noch loszulassen ist, vereinigt sich mit dem Licht und kehrt zur Erde zurück, um diese neu und im wahren Licht zu befruchten.

Das Lied des großen Vaters, der auch die Mutter ist, wird bis in die tiefsten Ebenen der Erde hinein erklingen. Wasser, Feuer und Luft werden es ebenfalls in sich erfahren dürfen, und klar wird dann ihre Botschaft sein.

Wenn dann die Menschenkinder und ihre größeren Geschwister wieder neue Früchte tragen, werden sie im Wandel des Lebens das Paradies nicht mehr verlassen, denn sie lauschen dem Ursprung des Tones, und das Paradies wird überall sein. Zu dieser Zeit benötigt Bruder Mensch, der auch die Tochter ist, seinen Bruder Baum, der auch die Schwester ist, nicht eine Medizin mehr, um ganz zu werden in Körper, Seele und Geist. Doch solange wir gemeinsam hoffnungsfroh und geduldig mit dankbarem Herzen auf diesen Morgen warten, an dem wir uns erneut durch das Licht befreien, nehmt unsere grüne Medizin in euch auf und laßt sie von innen erklingen. Euer inneres Ohr beginnt sich durch sie zu erinnern, daß alles mit einem Ton, mit einem Klang, mit einem Wort begann.

So wurde das eine, was so rund wie eine Kugel war, zum Ei, befruchtete sich durch das Außen, das gleichzeitig das Innen war, und ließ die Vielfalt des Lebens in dem scheinbaren Außen durch die Kraft der beiden Gegensätze entstehen, die jedoch nur einer einzigen Quelle entsprangen.

Der Mensch in seiner Manifestation, geteilt durch die Polarität als Mann und Frau, ist und bleibt unser wahrer Bruder. Dies spricht zu uns der Geist des Baumes, der auch der Vater ist. Spürt durch unsere grüne Medizin, die euch wieder helfen wird, rund zu werden, daß der Klang des Lebens seine Quelle im Licht findet.

Habt ihr das einmal in euch erfahren, seid ihr schon, ohne daß ihr es vielleicht bemerkt, auf dem Weg zurück zum Paradies. Und wenn ihr durch den Rosenbogen, durch das Tor, die Schwelle zur anderen Dimension überschreitet, dann erkennt ihr, daß alles, auch du und ich, das Eine ist.

Kapitel 6

Dem Geiste folgen

Beginnen wir uns mit dem Geist in allen Dingen zu befassen, können wir noch nicht erfassen, begreifen, was daraus entstehen kann, wenn wir mit ihm bewußt unseren Weg weiter erfahren. Erst am Ende, wenn der Geist in der Materie und durch sie ein Partner auf unserem Weg ist und sich mit uns vereint hat, erfahren wir durch diese Vereinigung, was aus ihr entstanden ist. In dem Moment, wo wir dem Geist in uns die Hände reichen und ihn bitten, mit uns zu gehen, betreten wir, obwohl unsere Füße fest verankert in der Realität erscheinen, eine neue Dimension. Diese erscheint uns zwar neu, doch in Wahrheit tragen wir sie in uns vom Anbeginn der Zeit, tief verborgen im Inneren unseres Seins. Die Realität, das Außen, war für uns die sichere Welt, in der wir uns auf dem Weg der Erfahrungen des irdischen Lebens orientieren konnten.

Jeder Weg führt irgendwann zum Ziel, jeder Anfang hat sein Ende in der Welt. Haben wir genug mit den weltlichen Augen erfahren und mit den äußeren Ohren gelauscht, mit all unseren Sinnen erfaßt, was zu begreifen war, dann vereinen wir den Anfang und das Ende dieses Weges miteinander. Doch jetzt, wo wir uns am Ziel unserer Erfahrung glauben, erfassen wir, daß sich hinter ihm das Tor für einen neuen Weg öffnet, der ebenfalls ein Ende und einen Anfang in sich birgt.

Gerade wollten wir uns für Vollkommenheit und Erfahrung im irdischen Leben feiern und loben. Aber gerade in diesem Moment der Selbstgefälligkeit ruft uns unsere innere Stimme durch das Tor in eine neue Welt. Unser innerer Geist beginnt nun mit uns zu sprechen, und wir erfahren, daß erst ein Teil unserer Aufgabe getan ist, der andere Teil jedoch noch darauf wartet, in uns erfahren zu werden. Groß kann da unser Widerstand werden, groß unser Hader, Trotz und Widerspruch. Aber weil wir noch im Rhythmus der Zeit und im Lied des Lebens schwingen, gibt es nur eines von beiden, entweder den alten Weg aufs neue zu gehen oder den Weg des Geistes durch Dankbarkeit zu segnen.

Verbleiben wir in Hader, Trotz und Widerstand, dann erfahren wir nicht, was es heißt, nun abermals die Frucht vom Baum der Erkenntnis zu kosten, die uns der Geist durch seine goldenen Hände reicht. Schon einmal spendete uns diese Frucht vom Baum der Erkenntnis die Kraft, ja zu sagen zu unserem Weg, der Trennung hieß und doch zur Einheit führte. Wir nahmen sie an, schöpften aus ihr, und als diese Kraft in uns zu ersterben begann, fanden wir am Ende den Anfang, wo alles begann.

Nur wenn wir nach innen lauschen und den Lärm des Widerspruchs hinter uns lassen, kann der Geist uns anrufen und uns auf das aufmerksam machen, was er uns reichen möchte. Auch diesmal wird der entscheidende Moment des Annehmens, durch die Vereinigung mit dem Geist, die Frucht entstehen lassen. Halten wir die Frucht vom Baum der Erkenntnis dann stille in unseren Händen und nähren uns von ihr, so ist es geschehen, daß wir uns entschieden haben, dem Geist zu folgen auf dem Weg zu unserem scheinbar neuen Ziel.

Kapitel 7

Gottes spielende Kinder

Der Apfel ist nicht umsonst die Frucht, die uns vom Paradies erzählen könnte. Alles, was rund ist, liegt in ihm.

Hältst du den Apfel in deinen Händen und spürst in ihnen und durch sie seine Form, dann findest du weder Anfang noch Ende. Jedoch, was deine Hände spüren, außer des Apfels runder Form, ist eine Einladung nach innen. Entfernst du den hölzernen Teil (Karma), der wie das Tor als Tür das Außen vom Innen trennt, so trittst du hinein in eine Welt jenseits der Gegensätze. Schreitest du in ihr weiter voran, triffst du den Kern, von dem aus alle Gegensätze einst entstanden sind.

Die Gegensätze entwickelten sich, indem sie von innen nach außen traten, durch das Tor von innen in die äußere Welt. Dort draußen in der Welt der Polarität begannen sie in ihrer ganzen Kraft zu wirken. Die Gegensätze wanderten wie einzelne Gesellen, stets voneinander getrennt. Ihr Antrieb war die Kraft, die sie hatten, seit ihrer Wiege an. Durch das Wirken in der polaren Welt, die die Heimat der Gegensätze zu sein schien, war Kraft vonnöten, um zu bestehen. Doch wie jedes Reservoir sich einmal dem Ende neigen muß, war auch die Kraft in dieser irdischen Dimension kurz vor ihrem Ende. So ist es auch heute noch.

Die Kraft wirkt, wird alt und bevor sie zur Neige geht, wird sie sich neu gebären können. Geburt ist eindeutig ein Ergebnis der Vereinigung zweier Gegensätze. Nur durch die Verschmelzung kann die Frucht entstehen. Wenn sich zwei Gegensätze miteinander vereinen in der Welt, kommt es vorher zum Kampf, denn eine Verschmelzung kann nur stattfinden, wenn der eine Teil, wenn die eine Seite, die Hingabe entwickelt und der andere Teil, die andere Seite, die Zeugungskraft gestalten läßt.

Wer von beiden gibt sich hin und wer zeugt in diesem Duell, das in Wahrheit vom Ursprung her die Liebe ist?

Auseinandersetzung, die Macht in der Trennung, die Kraft, die durch Spaltung entsteht, ist in Wahrheit nichts anderes als ein anderer Ausdruck für die alles umfassende Liebesmacht. Sie allein hat einst ihre zwei Kinder, die wir die Gegensätze nennen, geboren und entlassen in die äußere Welt. Dort spielen sie nun miteinander, wie auf einer grünen Wiese. Aber so manchesmal scheint es den Kindern Gottes, daß aus dem Spiel der Gegensätze in ihnen ernst zu werden beginnt. Aus diesem Ernst, aus diesem Drama heraus entwickeln sich weitere Gegensätze, denn fruchtbar sind die Kinder Gottes und mehren sich nach dem höchsten Gebot.

Wurde das Drama auch so manchesmal im Laufe der Zeit der Gegensätze ernster für Gottes spielende Kinder, gab es denn dem Leben zum Trost, wie in jedem Theaterstück, eine Pause. In ihr erholten sich die Handelnden, um sich auf ihr Wirken im nächsten Akt bestens vorzubereiten. Durch diese schöpferische Pause in der Zeit wurden schmerzhafte Fehler, die hätten Fehltritte werden können, verhindert, so daß nur das geschah, was zum großen Theater des Lebens gehörte, um letztendlich alle Kinder der Gegensätze wieder miteinander zu vereinen.

Aus der Sicht, die der Geist im Paradies innehat, gehört alles der Vergangenheit an, was geschehen ist, geschieht und geschehen wird. Von unserer Sichtweise aus liegt das Geheimnis in der Zukunft, denn solange wir noch getrennt sind in der Welt der Gegensätze, liegt unser Heim wie ein Geheimnis tief in unserem Innern verborgen. Unsere wahre Heimat, unser wahres Heim liegt hinter der Grenze. Erst wenn wir durch das Tor schreiten, das das Außen vom Innen trennt, befinden wir uns auf dem Pfad zum Licht.

Das Diesseits hat ein Jenseits, doch das Paradies findet ihr in beiden Ebenen nicht. Erst, wenn ihr sie miteinander zu vereinen wünscht, beginnt sich ein Same der Erkenntnis in euch zu öffnen. Aus ihm entwickelt sich ein Sproß, der Hoffnung heißt. Laßt ihr ihn leben und gebt ihm, was ihm hilft zu gedeihen, wird einst aus ihm in euch der Baum der Erkenntnis sein. Der Baum in euch war immer vorhanden. Vom Ursprung, vom Anbeginn der Zeit hatte der goldene Same in euren Herzen einen Platz gefunden. Zum Öffnen bringt ihr ihn allein.

Kapitel 8

... ruhend an der Wurzel eines großen Baumes

Unendlich groß ist die Kraft der Schöpfung, aus der immer noch alles neu entsteht. Aus der Quelle der Unerschöpflichkeit ist der Mensch als der Sohn Gottes entstanden und auch sein Bruder Baum. Beide Geschöpfe haben sich in der grenzenlosen Vielfältigkeit auf der Erde niedergelassen, um anderen in Liebe zu dienen.

Der Baum hatte die Erkenntnis vom Anbeginn der Zeit, denn er hatte den Willen, der ohne das Ego nur zum Wachstum geboren war. Dieses Wachstum strebte immer und ausschließlich dem Lichte zu. Der Baum formte sich sein Kleid, und die vier Elemente des irdischen Lebens gaben ihm die Möglichkeit zu seinem standfesten Wirken. Der Mensch als sein Bruder hatte zu seinem Willen noch ein weiteres Geschenk erhalten. Er nannte es das Ich.

Ich bin, ich will, ich wünsche, ich werde sein. Dieses Ich, daß auch seine Persönlichkeit bestimmte, machte ihn beweglich in der Welt. Der Mensch konnte sich in ihr bewegen, ob er nun Sohn oder Tochter war, Mutter oder Vater, Greis oder Greisin, immer hatte er das große Glück und die Gnade zu handeln.

Gott hatte der Erde auch die Fische geschenkt, und es gab von ihnen solche, die sich dem Strom des Lebens hingaben und andere, die gegen das Wasser des Lebens, dem Strom entgegengesetzt, ihre Quelle, ihren Ursprung finden wollten. Alles war gegeben, alle Möglichkeiten waren offen für den Gottessohn, der auch die Tochter war, Möglichkeiten, die wiederum auch der Ursprung waren, um die Einheit in sich zu finden.

Jedem Weg flußaufwärts oder flußabwärts und dazwischen noch vielen anderen Verheißungen folgte der Mensch im Fluß seines Lebens, und alles diente doch nur dem einen Ziel. Auch das Ausruhen, wenn seine Persönlichkeit, vom Willen getrieben, erschöpft an der Wurzel eines großen Baumes ruhen durfte, diente dann dem höchsten Ziel. Dort traf er auch seinen großen Bruder, der ruhig und still stand.

Schon lange hatte er ihn erwartet. Zu dienen war ihm sein höchstes Ziel. Müde ließ der Mensch einmal dort seine Maske fallen, trennte sich für einen kurzen Augenblick nur von seiner ihm gottgeschenkten Persönlichkeit und wurde still wie er.

Da vernahm er, während seine äußeren Ohren noch das Rauschen des Flusses des Lebens hören konnten, auch mit seinem inneren Ohr die Stimme seines großen Bruders. Klar und mächtig sprach dieser zu ihm.

»Werde ruhig und gehe nach innen. Versuche auf einem geraden Weg die Tür zu deinem Herzen zu öffnen, hineinzutreten in das Innere deines Seins, und du wirst mich in ihm finden. Groß und golden mit einer starken Wurzel und einer mächtigen Krone will ich dir dann meine Türe öffnen. Du folgst dem Weg in mir hinauf, indem du die Stufen der Erkenntnis in meinem Inneren erklimmst, und am Ende wirst du wieder eine Tür finden, sie mit meiner Hilfe öffnen und einen Raum betreten, den du schon kennst. Dort findest du das große Buch des Wissens und der Wahrheit, die über allem stehen. Ein Licht wird diesen Raum erhellen, und die Seiten des goldenen Buches werden in ihren Zeilen klar für dich zu erfassen sein. Jedes Wort, das dort geschrieben steht, ist der manifestierte Atem des All-Einen, der über allem steht. Er steht auch über der Wahrheit, die wiederum dich geschaffen hat und dich über das Wissen und die Erfahrung zur Wahrheit zurückführt, damit du dich, deinerseits versöhnt, mit ihm vereinen kannst. Lang und beschwerlich war dein Weg allemal, aber viele Bäume hat der Schöpfer an alle Wege gesetzt, die ein Mensch zu gehen hat. Es stand dem Menschen frei, an einer seiner vielen Wurzeln zu ruhen, um seine Maske, seine ›persona‹, abzulegen und sich hinter allem Schein im großen, goldenen Baum der Erkenntnis, im Zentrum seines Seins, wiederzufinden.«

Wie lang und beschwerlich unser Weg sein muß, bestimmt der Mensch allein. Ist er blind und taub für die stillen oder unscheinbaren Zeichen Gottes, dann kann sein Pfad ein langer sein. Es ist sein Ich, sein freier Wille, der sich mit dem Wunsch nach Identität schmückt und dies bestimmt.

Das Paradies, das hier auf der Erde zu finden wäre, wenn wir unseren goldenen, grünen Brüdern mehr lauschen würden, wäre für uns in unserem

Innern leicht zu finden. Und wäre es erst einmal in uns entdeckt, dann würden wir in der Welt ein Abbild davon kreieren. Es wäre die Schöpfung, die sich durch uns gestalten ließe. Das Paradies wäre nicht mehr neben dem Diesseits, hinter einem Vorhang versteckt, sondern es wäre vereint im Hier und Jetzt. Der Mensch hätte mit seiner goldenen Hand, die geführt wurde von seinem großen Bruder, der Erkenntnis heißt, den großen, dunklen Vorhang auf der Bühne der Welt auf die Seite gezogen, ihn, der das Diesseits mit dem Jenseits verband.

Getrennt waren wir nie durch den Vorhang, den unser Ego gewebt hat, nur die Erkenntnis über die Dinge verbarg sich hinter ihm. Als der Tag kam, an dem wir durch die Worte, die im großen Buch der Wahrheit geschrieben stehen, erfahren durften, daß Grenzen Verbindungen sind, wünschten wir Licht in das Dunkel zu bringen und den Vorhang, der die eine Welt scheinbar nur von der anderen trennte, beiseite zu schieben. Nun erkannten wir die Wahrheit hinter der Wirklichkeit und sahen auch, wie sich alles miteinander verband.

Kapitel 9

Die grüne Medizin – das Geschenk unserer großen Brüder

Im Laufe seiner seelischen Entwicklung geht der Mensch durch viele Stadien seines Wesens hindurch. Immer formt sich dabei in seiner Gefühlswelt auch ein bestimmter Anteil von Liebe, aus der Mitmenschlichkeit, Mitgefühl, Mitleid und Liebe zum Schöpfer entströmt. Aus diesen vielen Schattierungen der Liebe wachsen Rosen empor, die das Licht anrufen, um sich schließlich alle miteinander zu vereinen und ein goldenes Ideal zu bilden.

Dieses goldene Ideal lag immer schon geborgen und verborgen in des Schöpfers Hand, nur war sein Spiegelbild für den Menschen, der es in sich trug, nicht oder nur begrenzt in seiner Welt der Reflexionen sichtbar. Auch fühlbar mit seinem Herzen war es nur in kurzen Augenblicken des Glücklichseins. Wollte es dann der Mensch erfassen, war es, kurz bevor er es begriff, davongeflogen wie ein scheuer Vogel.

Hinterlassen hatte er wie eine weiße, leichte Feder ein zartes Gefühl von Sehnsucht nach Freiheit. Es war wie der Duft einer Rose, die mit ihrem zarten Hauch vom verlorenen Paradies zu raunen schien. War er auch zart, dieser Hauch, vermochte er doch wie ein leichter Wind die Türe zum Herzen, die sich durch das Glücklichsein geöffnet hatte, in Bewegung zu versetzen. Immer wieder wurde es so dem Menschen bewußt, daß es Türen gab, die zu öffnen möglich waren.

So mancher Wind, der der göttliche Atem war, zerzauste das Haupt des Menschen, und mancher Sturm ließ ihn in seiner Wurzel erschüttern. Aber jedes Mal rüttelte dieser auch an der Tür zu seinem Herzen, dort, wo der Urgrund des Seins seine Wohnstatt hatte – und Liebe war sein Sinn. Erfahren wurde der Mensch dadurch als aufrechter Krieger in den Stürmen des

Lebens. Er setzte die Segel wie ein erfahrener Seemann, um sein Boot zu lenken, die Klippen zu umgehen und nicht auf Sand zu laufen. Der Wind war sein Freund, aber er war auch so manches Mal sein stummer Gegner. Doch immer, wenn er sich mit ihm verband, erfuhr er einen glücklichen Frieden. So kämpfte der Mensch sich durch die Wogen seines Gemütes. Mal waren sie niedrig, und sein Schiff dümpelte im Sonnenschein dahin, und mal waren die Wogen groß und mächtig und forderten ihn. Es lernte der Skipper auf seinem Boot in den Wassern des Lebens durch die vielen Erfahrungen, die er machte, Freundschaft zu schließen. Er wurde Freund mit allem, was ihm begegnete, mit aller Vielfalt in der Welt. Gleich wie sein großer Bruder, der Baum, sich im Sturm gegenüber dem Leben verneigte, so verneigte sich auch der Segler im Wind vor ihm, und weil er dies tat, konnte nichts seinen Mast entzweibrechen, so wie auch sein grüner Bruder nichts wahrhaft verlor.

Irgendwann kam der Seemann durch die Wellen des Wassers und mit der Hilfe des Windes in den Hafen, in dem einst seine Wiege stand. Als er sein Schiff verließ und die Erde erneut betrat, da durchschritt er einen Rosenbogen, der durch den Duft, den er verströmte, die Tür zu seinem Herzen öffnete. Mit seinen erleuchteten Sinnen erfaßte er nun eine andere Welt. Die Bäume, die in diesem Garten standen, in dem er sich nun befand, warfen keine Schatten mehr. Vor dem Licht, das golden war, mußte der Erfahrene sich nicht mehr schützen. Und weil in der Reflexion dieser Welt ihn kein Schatten mehr an seinen eigenen erinnerte, durfte er nun einsehen, wer er wirklich war.

Nun fand er sich denn wieder, nach seinem langen Weg durch die Höhen und Tiefen seines irdischen Lebens, an den Wurzeln seines großen, goldenen, mächtigen Bruders Baum. Als er dort seine Augen schloß, fand er sich noch einmal wieder in seinem irdischen Leben. Er sah, wie der Same gesetzt wurde, wie die Bäume wuchsen, sich im Wind bogen, wie sie brachen, auch und besonders durch rohe Menschenhand. Er sah ebenfalls, wie sie sich dem blauen Himmel entgegenstreckten, immer wieder aufs neue, und wie sie im Lichte ihre Blüten öffneten, um uns im weiteren ihre Früchte zu spenden.

Er sah Tausende ihrer Äste im Feuer verbrennen, um uns Wärme und Kraft zu geben. Er sah auch, wie ihre Stämme, durch Menschenhand gefallen, uns umhüllten und uns vor der Unbill der Natur schützten. Er sah die Bäume in Tausenden von Gegenständen, in denen sie sich immer wieder spendeten, zumindest mit ihrem Holz. Er sah die knorrigen Kiefern weit entfernt in der Höhe der blauen Berge, einsam und abgeschieden, und er hörte ihr Knirschen im Wind. Er sah die Tannen wie in einem grünen Meer von einer Seite zur anderen schwingen. Er sah die vielen grünen Freunde, die mit ihren Blättern den Frühling verkündeten und im Herbst den Winter. Unendlich war die Vielfalt der aufrechten, grünen Gestalten, die der Erde vom Lied der Liebe sangen und niemals aufhörten zu sein.

Kein Feuer, das der Mensch gelegt hatte, keine Axt und keine Säge und auch kein Gift, das von unten nach oben kam, konnten den Geist der Bäume davon abhalten, seine Mission immer wieder aufs neue in die Welt zu bringen. Er sollte dem Menschen ein großer, weiser Bruder sein. Er gab dem Menschen sein Holz mit Stamm und Wurzeln, und er gab von seiner Krone all seine Früchte. Er schenkte der Erde immer wieder seine Blätter, damit er auf ihr erneut erscheinen konnte, um dem Bruder zu dienen und ihm das zu geben, was seine wahre Erkenntnis vom Leben war.

Durch viel Freud und Leid ist Bruder Baum mit dem Menschen gegangen. Lange Zeit hat der Mensch ihn als solchen nicht erkannt. Doch im Laufe der Zeit, als die Türe seines Herzens sich mehr und mehr zu öffnen begann, fand er noch ein weiteres Geschenk, das sein großer, grüner Bruder schon immer als ein besonderes für seinen aufrechten Freund bereithielt.

Der Mensch fand es, als er anfing, seinem großen, grünen Bruder dankbar zu sein. Dieses Geschenk enthielt die Seele des Baumes. Es war die Medizin, die des Menschen Herz zu heilen vermochte. Sie ließ alle Narben vergessen und allen Schmerz und alles Leid, das den Rücken des Menschen verkümmern ließ wie den Stamm einer knorrigen Kiefer, gebeugt durch Schnee und eisigen Wind. Aber nicht nur Schmerz und Leid sollten durch seine Medizin vergehen, sondern die Essenz seiner grünen Blätter, die auch sein Herz waren, war wie ein weiser Lehrer, der die Welt als Spiegel zu sehen vermochte. Er lehrte den Schüler zu erkennen, was Wirklichkeit war und wie sie sich von der Wahrheit unterschied. Des weiteren vermochte die Essenz seiner grünen Medizin die Brücke zwischen Wahrheit und Wirklichkeit zu bilden.

So wurde im Menschensohn, der auch die Tochter war, das erfahrene Leid in seinem Herzen integriert, ohne noch weiter in ihm zu schmerzen, und vom Leid zum Glück wurde eine leichte Brücke gebaut. Sie war so schön in ihren Farben, wie nur der Regenbogen zu sein vermochte, erzählte sie uns doch immer wieder in unserem Leben vom Geist des Wassers, der alle Erfahrungen in sich trug. Wir schritten mit Hilfe der grünen Medizin über diese

Brücke, von einem Ort zum anderen, um sie miteinander zu verbinden. Wirklichkeit und Wahrheit wurden durch uns und die Essenz unseres grünen Bruders in uns eins. Regenbogenkrieger sind wir geworden, denn zunächst einmal war es, bevor die Vereinigung entstand, ein heftiges Reiben zwischen den beiden.

Doch ein geschickter Kampf mit einem goldenen Herzen, in dem es keine Waffen gibt, läßt jeden Krieg vergehen, der vor der Vereinigung steht, und die Gegensätze dürfen erkennen, daß sie als Botschafter für die Einheit wirken und sich in der Wahrheit miteinander verschmelzen und zu dem Einen werden.

Am Ende seines Traumes, an der Wurzel seines großen, goldenen Bruders, der in der Welt immer wieder der Grüne war, sah er, wie die Essenz der grünen Medizin viele Menschenherzen verwandelte. Sie wurden golden wie das Herz ihres goldenen Bruders Baum.

Als das Menschenherz dann wie das seines Bruders lichtvoll leuchtete, war alles verziehen, und die Schatten, die so manchesmal dem Licht seinen Weg versperrt hatten, waren nicht mehr zu sehen. Wie der Nebel sich hebt, durch die die Erde erwärmenden Sonnenstrahlen, vergingen alle Schatten.

Als Bruder Mensch, der auch die Schwester war, sich unter dem Baume erneut offenen Auges der Welt zuwandte, war sein Herz rein und voller Freude. Nichts konnte ihn mehr erschüttern, denn er erkannte die Gesetze, die in der Welt der Gegensätze herrschten. Er machte sich an seine Arbeit, zu vereinen, was sich vereinen wollte, und mit seinem goldenen Baum im Innern seines goldenen Herzens ließ er die aufrechte Schlange sein weiser Ratgeber sein. Mit seiner grünen Medizin im Beutel, an seinem Gürtel, schritt er voran, und als er die irdische Welt durch den Rosenbogen erneut betrat, vermochte er durch das Wissen seiner grünen, goldenen Brüder die Wunden zu lindern und die Narben zu heilen.

Kapitel 10

Der Schlüssel der Erfahrung

Zweifel ist eine Energie, die die Gegensätze kennt. Wie bei einer Münze gibt es zwei Seiten. Betrachtet der Mensch die ihm zugewandte Seite und studiert sie, so meint er, sie am Ende zu kennen. Hält man ihm jedoch dann die andere Seite vor, so zeigt sich ihm alles neu. Wieder hat er zu lernen, zu studieren, bis er alles kennt. Er hat erfahren und sich in Kenntnis gesetzt über beide Seiten, doch weiß er, wie ihre Verbindung miteinander ist. Hat er die eine Seite mit mehr Freude studiert, dann wird er sie bevorzugen und als die seine erkennen. So entstehen Vorlieben und Abneigungen. Sie entwickeln sich aus einem subjektiven Betrachten und Beurteilen. Dies bestimmt unser Gemüt, denn in ihm wohnen unsere Gefühle. So baut sich etwas auf, was am Ende durch den eben beschriebenen Vorgang entzweit.

Zweifel ist der Urgrund aller Unkenntnis, und diese gebiert in uns immer wieder die Angst. Angst, die Wirklichkeit nicht zu überblicken und dadurch die Wahrheit niemals erfassen zu können. Es gibt nur einen Weg, wie wir dem entgehen, nämlich wie ein neugieriges Kind immer wieder aufs neue zu betrachten, nichts auszuschließen und der inneren Stimme zu vertrauen. Diese kennt den Weg, den wir gehen dürfen, und sie führt uns weise und zeigt uns alle Seiten, die sich uns erschließen müssen, damit wir die Wahrheit sehen. Die Tür zu unserem Herzen bleibt in uns fest verschlossen, haben wir uns allzuoft der Macht des Beurteilenwollens hingegeben. Der Weg der Erfahrung, den wir bis zu einem bestimmten Punkt beschritten haben, liegt hinter uns. Er hat uns viel geschenkt. Und der Anteil des Weges, den wir noch nicht gegangen sind, wird unsere Augen für manches öffnen, was uns noch verschlossen ist.

Einiges, was wir kennen, was wir wiedererkennen, das freut uns zu sehen. Was uns jedoch mit einem neuen unbekannten Gesicht entgegenlacht, dem wünschen wir zunächst einmal zu entgehen. Ist es vollständig neu, paßt es vielleicht nicht in unser Bild, das wir uns von unserer Welt gemacht haben.

Und bevor es sich mit uns vereint, bevor es uns befruchten möchte, zeigen wir ihm die kalte Schulter.

Oft hat uns auf unserem Weg immer wieder die Größe gefehlt, zu verstehen, daß das Loslassen, besonders des Bildes, das man sich von der Welt gemacht hat, ein wichtiger Vorgang ist, um vom Geheimnis im großen Ganzen neu erfahren zu dürfen. Wenn dieser Moment kommt, sind wir im Zweifel, ob es sinnvoll und richtig ist, das Bild, das wir uns von der Welt gemacht haben, fallenzulassen und unseren Blick frei zu machen für die neue Chance, ein schöneres, größeres, wahrhaftiges Abbild zu sehen.

Die Welt in ihrer grenzenlosen Vielfalt zeigt sich dem Betrachter immer wieder neu. Der Grund, der hinter diesem Geschehen verborgen liegt, findet sich nicht darin, den Menschen in Zweifel zu stürzen, ihn auf seinem Weg unsicher zu machen, sondern ihn immer mehr in seiner Entwicklung zur Ganzheit erfahren zu lassen.

Erfahrung ist der Schlüssel, der Entwicklung bringt. Sie läßt uns erwachsen werden, und erst, wenn wir das sind, finden wir die Brücke, die wir brauchen, um die zwei Seiten der Medaille zu sehen. Dann können wir uns mit ihr als Sinnbild für den reichen Gewinn schmücken.

Zweifel, der uns und damit unseren Spiegel, die Welt, entzweigebrochen hat, ist erfahren worden. Aber wir konnten ihn loslassen und uns von ihm befreien, um die Ganzheit hinter dem Zweifel, der alles trennt, zu erfahren. Haben wir diese wichtige Stufe in uns einmal erreicht, dann erfassen wir auch unseres großen Bruders wahren Sinn. Er hat uns nicht nur immer wieder sein Kleid geschenkt, das sein Geist aus der Erde geformt hat, sondern er hat uns auch seinen inneren Sinn geschenkt. Der Sinn war, zu erkennen, daß das Außen in seiner Vielfalt, diese mit ihren jeweiligen Gegensätzen, nur ein Spiegel des Inneren war.

Der große Bruder Baum schenkte dem Menschen seine grüne Medizin, die als ätherische Substanz wirkte und als Elixier der Balsam für die Seele des müden Wanderers war.

Die Erde schenkt euch durch mich mein grünes Blatt. Der Geist des Wassers läßt es in ihm schwimmen. Der Geist der Sonne bringt beides zum Schwingen, und die Essenz von Licht und Dunkel im Wechsel miteinander führt es aus, daß der Geist des Baumes durch sein Blatt in das Wasser des Lebens Eintritt erhält.

Über eine Brücke wandert der Geist vom einen zum anderen und wartet dort, bis er gerufen wird. Er wird dann das befreien, was sich zu befreien wünscht, um dem Licht entgegenzuwachsen, ganz wie der Geist des Baumes es vom Anbeginn der Zeit in seinem grünen Kleide tat.

Das Baumelixier, die grüne Medizin als Geschenk des großen Baumes, schenkt seinem Bruder Mensch die Brücke zwischen Licht und Schatten, zwischen Wahrheit und Verhaftetsein, zwischen Geist und Materie. Die Brücke, die zwischen all den Gegensätzen zu finden ist, die der Mensch am Anfang seiner Wanderung als Grenze für sich erkannt hat, ist das Herz in allen Dingen, und in diesem liegt ein rundes Ei. Wird es beleuchtet durch die Liebe, dann bricht es eines Tages entzwei, und heraus kommt der weiße Vogel, der seine Heimat in der Freiheit kennt.

IV. Über den Baum, und in seinem Spiegel der Mensch

1. Die Kiefer

Die Kiefer erreicht ihr imposantes Aussehen erst, wenn sie alt geworden ist. Betrachtet man ihr Erscheinungsbild, kann man die vielen harten Zeiten, die sie über all die Jahre durchgemacht hat, erahnen. Wir spüren die eiskalten Wintertage, an denen die Sonne zwar da ist, aber wenig Kraft hat, um zu wärmen. Wir spüren den eiskalten Regen und den Wind, der die Zweige schüttelt und den Stamm zum Ächzen bringt. Mit stählernem Willen erkämpft sie sich Jahr für Jahr erneut das Leben.

Im Winter zieht sie ihre ganze Kraft zu ihren Wurzeln zurück, um sich an der Erde zu wärmen. In dieser Zeit geht sie eine starke Verbindung mit der Erde ein. Die Verbindung kann so stark werden, daß die Kiefer dabei vergißt, Baum zu sein, die Brücke zwischen Himmel und Erde.

Doch sobald die erste Wärme entsteht, die ihren Ursprung im Licht hat, erhebt sich die Lebenskraft aus den Wurzelbereichen nach oben und trennt sich wieder ein wenig von der Erde. Dies geschieht immer dann, wenn die Verschmelzung mit der Erde fast schon vollzogen worden wäre.

Es bedarf also in jedem Frühling einer Umorientierung, die die Energie des Baumes recht plötzlich empfindet, da die Kiefer durch die beginnende Verschmelzung ihre Identität fast verloren hat. Ist der Vorgang des Verschmelzens mit der Erde vollendet, läßt dies den Tod des Individuums eintreten.

Das Zentralnervensystem mit Gehirn und Rückenmark und das knöcherne System, das Skelett, gehören in den Wirkungskreis dieses Baumes.

Am Anfang des Lebens ist die wahre Idee des Lebens, nämlich die Ausrichtung zum Licht, der drängende Impuls jeder Zelle. Das Nervensystem ist das Verbindungsstück zwischen Seele, Geist und physischem Körper. Die Kraft des Wachstums im jugendlichen Alter schöpft aus dem Geist-Seele-Prinzip und gestaltet den physischen Körpers aus dem irdischen Prinzip.

Im Laufe des Lebens verlieren wir jedoch aus vielfältigen Gründen oft den Faden zum geistig-seelischen Prinzip und verbinden uns immer mehr mit

dem irdischen Leben. Dadurch verliert das Zentralnervensystem, als Funktionseinheit an den physischen Körper gekoppelt, die ursprüngliche Aufgabe, als Schaltstation zwischen Geist-Seele-Prinzip und materiellem Lebensprinzip zu wirken.

Beschäftigt sich der Mensch überwiegend mit irdischen Dingen, so beschäftigt er sich mit Materie. Materie ist verdichtete Energie und trägt wenig oder gar kein Licht in sich. Die Materie schluckt Lichtenergie. Der Mensch verliert bei jeder neuen materiellen Aufgabe, die er sich stellt, immer mehr von seinem ursprünglichen Licht, das er durch sein Zentralnervensystem bis in die irdische Ebene hineinleitet.

Das Nervensystem arbeitet mit Lichtenergie, die von einer Leitung zur anderen durch Zwischenstationen mit enormer Geschwindigkeit geführt wird. Das Licht ist der Antrieb, der über allen Funktionskreisen steht. Es reicht bis in jede einzelne Zelle des Körpers. Durch das Licht, das über die Nervenbahnen geleitet wird, erhält jede Zelle die Information, die es zum Leben braucht. Die Lichtqualität, die das Zentralnervensystem leitet, wird durch die sogenannten Chakren (Sanskrit: Lichtrad) reguliert.

Befindet sich der Mensch im seelisch-geistigen Gleichgewicht, so ist eine hinreichende Lichtversorgung gewährleistet. Beginnen jedoch die Chakren weniger Licht ins Zentralnervensystem zu leiten, so kommt es zwangsläufig zu Minderversorgungen mit diesem lebenserhaltenden Prinzip.

Je weniger Licht in den Organismus gelangt, desto eher kommt es zu Mangelerscheinungen in bestimmten Arealen. Zuerst sind Gebiete betroffen, die weniger lebensnotwendig sind. Je länger dieser Zustand der mangelhaften Lichtversorgung anhält, desto mehr werden auch lebenswichtige Gebiete betroffen.

Diese Entwicklung hängt jedoch immer von der Ausrichtung des einzelnen Menschen ab. Richtet sich der Mensch überwiegend nach dem geistig-seelischen Prinzip aus, so treten weniger Mangelzustände auf. Läßt er sich durch das Irdische leiten oder sogar verleiten, so werden durch die negativen Emotionszustände, die daraus entstehen, Mangelzustände wachsen. Nach jedem Erkennen der Fehlausrichtung gibt es einen neuen Anfang, der uns wieder auf die wahre Ausrichtung zurückführt.

Die Entwicklung der Wirbelsäule ist der Spiegel des Zentralnervensystems. In jungen Jahren ist das Ziel der Ausrichtung eine Gerade, weil die Verbin-

dung zum Geist-Seele-Prinzip ungestört ist und der irdische Anteil sich im klaren Anschluß zum geistig-seelischen Bereich befindet.

Nach jeder Fehlausrichtung kommt es durch den Lernprozeß wieder zu einem Neuanfang und damit zu einer erneuten Ausrichtung zum Licht. Doch je nachdem, in welchem Teil des Emotionalbereiches diese Fehlausrichtung stattgefunden hat, erkennt man in den betreffenden Arealen oder dazugehörenden Anteilen des Knochensystems im Körper Veränderungen, die vom gesunden, vollendeten Bild abweichen.

Der Mensch als Seele-Geist-Prinzip ist vollendet. Wenn er sich mit der Materie verbindet, verliert er den Anschluß an seinen vollendeten großen Bruder. Von der Erde aus betrachtet ist er sein Spiegel. In Wirklichkeit ist er jedoch das Original, das für uns auch sein höheres Selbst darstellt.

Sämtliche Störungen im Knochensystem sind also Anzeichen für Fehlausrichtungen. Die Zahnwurzeln gehören in dasselbe System, wobei der sichtbare Anteil des Zahnes nur der Spiegel der Zahnwurzel ist.

Im feinstofflichen Bereich hilft uns der Geist der Kiefer, unsere eingeschränkte Glaubenskraft, die durch das Versinken in die Materie entstanden ist, wieder zu erneuern. Oft läßt uns gerade dieses schrumpfende, intuitive Wissen um das höhere Prinzip Krankheiten entwickeln, die das Individuum aus dem scheinbar aktiven Leben reißt. So zwingen uns zum Beispiel Unfälle, das betriebsame Leben zu unterbrechen, um eine Neuorientierung zu erarbeiten.

Der Geist des Baumes hilft uns auch, Lebenskrisen zu überwinden, in denen wir das Gefühl haben, nicht mehr ›unseren Mann‹ stehen zu können. Sind wir sehr stark von der Auseinandersetzung mit der materiellen Welt absorbiert, entwickeln wir oft die Angst, den wahren Anschluß zu verlieren. Doch dies geschieht nicht bewußt. Den tieferen Sinn der Angst können wir in diesem Stadium nicht erkennen. Auch die Sinnlosigkeit des Lebens bei eingeschränkter Glaubenskraft kann uns die Freude am Leben nehmen. Ebenso entwickelt sich eine Angst vor verpaßten Chancen und Fehleinschätzungen, da wir unbewußt spüren, nicht mehr das wahre Leben hinter den Dingen erfassen zu können.

Das Mißverstehen als das Gegenteil von Erkenntnis beginnt in uns Raum einzunehmen, und die wahre Aufgabe sowie das Ziel im Leben werden unklar. Wer einer Aufgabe nachgehen wollte, beginnt aufzugeben. Diese

Desorientierung kann zu Ziellosigkeit im Leben führen. Es entsteht im Menschen auch hin und wieder die Sehnsucht nach Auflösung und dies nicht selten durch verdrängte Schuldgefühle.

Der Geist der Kiefer schenkt uns durch sein Elixier auch die Intuition zurück, die wir verloren haben und an deren Stelle sich schon etwas anderes verwurzelt hat: Realitätsstolz. Er führt das Ego hinters Licht.

Die Träne des Vergessens

Kalt ist es an manchen Orten dieser Welt, von denen die Sonne weit entfernt ist. Dort hat sie nicht die Kraft wie anderen Ortes, wenn sie die Materie in Schwingung versetzt. Deshalb bleibt der Boden dort kühl und manchmal über lange Zeit frostig. Es gibt jedoch auch Orte auf der Erde, an denen die Sonne der Erde näher ist, und doch läßt sich der Boden, das materielle Kleid von Mutter Erde, nicht wirklich zur Erwärmung bringen, da es in ihm an Reibung mangelt. Auch auf diesem Boden, auf diesem Teil des Kleides von Mutter Erde schlägt die Familie der Kiefern ihre Wurzeln. Doch der wahre Geist der Kiefer sucht sich seine Wohnstatt am liebsten dort, wo eine Herausforderung an das Leben sich ihm offenbaren wird. Wie die Kinder Gottes, die Menschenkinder auf der Welt, suchen sie auf der Erde die Herausforderung, die das Leben stellt. Kein Boden erscheint dem Geist der Kiefer hart genug, um es zu probieren. Dort, wo es gelingt, erhebt sie sich langsam und durch Widerstände gezeichnet in die Welt.

Fragen wir den Geist der Kiefer zu diesem Wachstum durch das Leben, so freut er sich und beginnt, uns gerne das zu erzählen, was die Welt scheinbar zusammenhält:

Schaue ich zurück im Buche der Geschichte und finde meinen Anfang in ihm, so bin ich erstaunt, daß es diesen gibt. Solange schon ist es her, daß ich ihn in mir vergessen habe. Deshalb weiß ich auch nichts von des Anfangs Ende oder aller Kiefern Ziel. Tief in mich versunken, beginne ich zu erfassen, daß wir, all die Kiefern und mein Geist in ihnen, alleins in der Wurzel der Erde sind.

Ist dieser erste Schritt der Erkenntnis erfolgt, so wandelt sich mein Denken, und ich bemerke auch, daß ich mich wie durch eine wundersame Hand gelenkt nach oben ausrichte. Es ist, als ob mein alter Bruder, der lange schon auf der Erde gewandert ist, den Kopf tief gesenkt, sich nun dem Lichte entgegenstreckt. Gar steif sind seine knorrigen Äste geworden, doch sein

Geist hebt sich über die irdischen Hindernisse hinweg. Sein Körper wirkt alt, steif und in sich ungelenk, doch das, was in ihm geschieht, verändert nicht nur ihn, sondern die Welt, in die er einst seine Wurzeln senkte.

Mein Geist kennt all die biegsamen, grünen Brüder, die auf der Erde wachsen. Doch wie kann ich mich im Wind biegen, wenn mein Boden, auf dem ich stehe, so hart und wenig komfortabel ist. Er zwang mich zu kämpfen, um auf ihm zu sein. Wenn der Schnee mich drückte und der eiskalte Wind so manches Jahr an mir zerrte, dann war ich nicht sicher, ob noch ein weiteres für mich im Buche des Lebens vorgesehen war. Aber weder Hader, Trotz noch Pein konnten den Meister des Lebens in mir zum Erlöschen bringen, denn die Kraft, die ich hatte, wuchs in mir zu einem starken Bein.

Muße gab es nicht, mir zu überlegen, wer diese Kraft in mir geboren hatte, noch, woher sie stammte. Ich lebte in der Unbill des Lebens und war mir dessen doch selten wirklich bewußt. Dort, wo ich stand, gab es nur die Freunde, die das gleiche Kleid trugen und vom selben Geist waren wie ich. Keiner von ihnen kannte die anderen Geschichten, die im Buche des Lebens geschrieben standen, und so spürten wir nur den harten Boden unter unseren Wurzeln, wußten aber nicht, wie hart und wenig einladend er wahrhaft für uns war. Wir probierten es, erschufen uns und versuchten es immer wieder aufs neue.

Langsam verging die Zeit, während wir erstanden, doch auch dies war nichts, worüber wir zu philosophieren wußten. Denn das, was ihr die Zeit nennt, war für uns immer wieder neu die Herausforderung des Lebens.

Doch einmal, das wissen alle Kiefern zu berichten, kam ein weiser, alter Kieferngeist zu jedem seiner Brüder, und als er ein goldenes Kreuz an jeder ihrer Wurzeln niederlegte, begann er zu erzählen, was hinter ihm geschrieben stand. Er las es aus dem goldenen Buche des Wissens, und als die Geschichte beendet war, löste sich aus jedem Kieferngeist eine Träne und benetzte die Erde. Dieser Tropfen der Trauer hatte gleichsam die Geschichte der Liebe gehört und sandte sie, indem er sich in die Erde versenkte, einem harten Teil von ihr zu. Was die Sonnenstrahlen begonnen hatten, führte nun das Leid um die verlorene Liebe zu Ende.

Der Boden, der vorher so hart war, begann sich durch die gefallene Träne der Kiefer zu erweichen, und so erfuhr der Geist aller mutigen, knorrigen Gesellen, daß sein langer Weg, der wahrhaft beschwerlich war, zu einem Ende führte. So manche der Kiefern hatte immer wieder aufs neue die

Herausforderung des harten Lebens angenommen, hatte ihre Aufgabe trotz manchem Widerstand, der bei weitem nicht der kleinste war, übernommen und das vollbracht, was niemand seiner feineren, weicheren Brüder auf der Erde geschafft hätte.

Groß ist der Dank in den Herzen seiner grünen, feinblättrigen Geschwister, und genauso groß sollte auch unser Dank gegenüber unseren knorrigen und harten, aber doch weichherzigen Brüdern sein.

Erzählst du ihnen die Geschichte vom goldenen Kreuz der Liebe, dann beginnen sie zu spüren, wo ihr Anfang war und ihr Ende ist. Doch das wichtigste, was sie in jeder Faser ihres Seins erfassen werden, ist, daß der Geist in allem auf der Erde ein und derselbe ist.

Triffst du einen Menschen, spricht der Geist aller Kiefern zu uns, der so knorrig erscheint wie ich, dann erzähle ihm die Geschichte, die einst in meinen Brüdern die tief versenkte Trauer löste, die nicht einmal ihnen selbst bekannt war. Es ist die Geschichte vom Kreuz und der Liebe, die der große Geist allen Kiefern als Geschenk gab.

Die Träne, die sich einst aus den Herzen meiner knorrigen, alten Brüder gelöst hatte, war zu Eis geworden. Doch das Feuer der Liebe, die durch den großen Geist in ihren Herzen neu entbrannt war, ließ sie schmelzen und noch warm dem Boden das geben, was nötig war, das zu verwandeln, was die Härte nicht wirklich loslassen konnte.

Wir Kiefern haben nichts von dem großen Geist gewußt, der in der Materie lebt. Doch nun, wo wir ihn in uns wieder erfahren haben, verwandelt sich auch das auf der Erde, was ohne Hoffnung ist. Denn erst, als wir erkannt haben, wer in unseren knorrigen Ästen wohnt, hat sich auch die Hoffnungslosigkeit in hohes Erwarten verwandelt. Wenn wir einmal wiedergeboren sein werden, dann sehen wir zurück auf ein schwieriges Dasein in den irdischen Wurzeln. Unser Leben war zwar auch hart auf so manchem unwirtlichen Gestein, wir hatten jedoch immer den Himmel über uns und konnten nun auch unseren Brüdern raten. Hebt den Kopf und vergeßt den sich immer tiefer versenkenden Blick in die irdische graue Ebene des materiellen Seins. Nährt euch und euren Geist mit der nicht greifbaren Energie, die über allem wacht, so kann euch wirklich nichts mehr knicken, wie auch unsere Äste immer wieder durch Eis, Schnee und starken Wind geknickt und gefallen sind. Auch dann, wenn du meinst, es ist schon zu Ende, wirst du

noch nicht gefallen sein. Denn der, der dich trotz deiner flachen Wurzeln hält, läßt dich Sieger über allem sein, was in sich das Gesetz der Trennung birgt.

2. Die Tanne

Richtet der Mensch sich zum Licht aus, sollte er sich stets seiner Wurzelkraft bewußt sein. Die Tanne holt sich durch die Ausrichtung zum Licht, jedoch ohne ihre Wurzel zu vergessen, die Kraft bis in jeden Ausläufer der Wurzel hinein.

Die Hauptenergie der Tanne befindet sich im Wurzelbereich, bis dort, wo der Stamm sich gerade nach oben ausrichtet. Von diesem Teil der Energie des Baumes ernährt sich ein großer Bereich der Erde um den Baum herum. Der Radius ist etwa so groß wie der breiteste Teil der Krone, die aus den herabhängenden Ästen gebildet wird. In diesem Areal existiert eine starke magnetische Kraft, die wiederum die Energie der Sonne anzieht. Deshalb besteht eine starke Wechselwirkung zwischen dem magnetischen Feld, das durch die Tanne gebildet wird, und der Energie der Sonnenkraft. Die Tannen ziehen Sonnenkraft an. Es zeigt sich also, daß durch gesunde Wurzelkraft auf der Erde Sonnenenergie die Erde berührt.

Die Energie der verschiedenen Tannen- und Fichtensorten, die auf der Erde ein Kollektiv darstellen, verbindet uns mit der Wurzelkraft, und in jeder Nadel, in jedem Stück Baumrinde strömt diese Energie hin und her und ist gleichzeitig überall.

Alles im Leben ist im Fluß. Es fließt in den Tannen genauso wie in den Menschen. Der Energiefluß in unserem physischen Bereich gewährleistet, daß die Sauerstoffversorgung im Zellzwischenraum und die Aufnahmekapazität von Sauerstoff in der Lunge sich in einem optimalen Zustand befinden. So spiegelt die Lunge das innere Milieu des Zellzwischenraumes wider.

Reinigen wir uns in unseren Zellzwischenräumen, so erreichen wir ebenfalls einen klärenden Effekt in unseren Lungen, und die Atmung paßt sich dem natürlichen Lebensrhythmus an. Betrachten wir die Wurzelenergie von der Erde aus, so wirkt diese auf der Erde als Original. Der Spiegel, in dem sich das Original erkennen kann, ist die Atmung über die Lunge. Diese

Koordination von Original, dem Zellzwischenraum und dem Spiegel Lunge, läßt uns in eine andere Ebene hineinschauen, die wiederum ebenso ein Original und den ihr zugehörigen Spiegel besitzt.

Wir können uns das mit einem Modell vor Augen halten:
Stellen wir uns zwei Pyramiden vor, die mit der Spitze aufeinander stehen. Dort, wo sich die beiden Pyramiden mit der Spitze berühren, entsteht das Nadelöhr. Erwacht der Mensch auf der Erde in seinem Selbst und beginnt nach seinem Ursprung zu fragen, erwacht auch das Christusbewußtsein in ihm, das in den zwei Pyramiden, die mit der Basis aufeinander standen, geschlafen hat. In diesem Moment gestaltet und formt sich der Mensch neu, und es entsteht das Gefühl des Erahnens, daß wir mit unserem Herzen, das im Nadelöhr verborgen liegt, den Weg in die andere Dimension betreten können.

Das Nadelöhr zwischen den beiden neu geordneten Pyramiden, die jetzt mit der Spitze aufeinanderstehen, läßt den Ort erkennen, wo wir unser Herzzentrum (Herzchakra) finden können. Die Liebe wohnt im Schnittpunkt zwischen den zwei Welten, die doch die eine ist.

Die Wurzelkraft gestaltet die Atmung. Durch den Sauerstoff in uns werden die Nährstoffe geführt. Die Nährstoffe folgen dem Sauerstoff, deshalb ist dieser ihr Führer, und die Nährstoffe können zu ihrem Ziel gelangen, wo sie verwandelt werden. Die Umwandlung erfolgt durch das Element Feuer. Bei diesem Prozeß entstehen Wärme und Reststoffe. Es bleiben Abfallprodukte und die Asche.

Beim Verbrennen entsteht Kohlendioxyd. Es ist wiederum der Führer für die Abfallstoffe. Sie werden aus dem Zellzwischenraum herausgelöst und gelangen in die ableitenden Bahnen. Dieses Geschehen spiegelt sich im Dickdarm wider. Hier werden die Abfallstoffe schließlich gesammelt und ausgeschieden. Kommt es zu einer mangelhaften Reinigung im Zellzwischenraum, so führt dies zu einer chronischen Vergiftung und einer Verschlackung des Bindegewebes.

Im Dickdarm, im Spiegel des Zellzwischenraumes, entsteht durch dieses Geschehen eine Störung der Ausscheidung. Die Organe Lunge und Dickdarm sind wie Geschwister, die ihren jeweiligen Spiegel haben. Wenn wir über beide Ebenen, über Original und Spiegel, vertraut werden, dann beginnen auch die Verbindungen zwischen Original und Spiegel unser Herzchakra zu entfalten. Es fließt zwischen unterer und oberer Pyramide, zwischen körperlicher und geistiger Dimension. Wenn die beiden Ebenen Dickdarm und Zellzwischenraum in der unteren Pyramide und Lunge und Zellzwischenraum in der oberen Pyramide gut miteinander kooperieren, entsteht ein Strömen. Dieses Fließen setzt Energie im Herzchakra frei. Wird unser Herz dadurch befreit, daß wir uns dem Fluß des Lebens wieder vermehrt öffnen, beginnen wir uns auch aus emotionalen Verstrickungen zu lösen.

Derzeit existiert großer Fortschritt in der modernen Welt. Aber wir Menschen sind oft nicht mehr in der Lage, mit den Elementen in Einklang zu leben. So wie wir in die Ebene der Analyse hineinsinken, genauso entfernen wir uns von dem Überblick über die kosmischen Zusammenhänge in der Natur.

Erst wenn die Menschen an der Liebe zu arbeiten beginnen, an oder mit der Liebe, verwandelt sich diese in universelle Liebe. Sie ist der Schlüssel für die höhere Dimension der Heilung, die sich zur Heilkunst verwandelt.

Sich aufgeben und sich erneuern

Geht ihr in das Innere meiner Wurzelkraft, spricht der Geist der Tanne, und laßt euch dort nieder, so könnt ihr, wenn ihr nach innen lauscht, ein Fließen vernehmen. Beginnt euer inneres Ohr diesem Rauschen zu lauschen, so beginnt euer Sein im Geistigen wie im Körperlichen im selben Laut mitzuschwingen. Gebt ihr euch in mir die Zeit, dann wird sich mein Rauschen mit eurem Rauschen vereinen, es wird dasselbe sein. Nun ist der erste Schritt getan. Langsam beginnt euer Geist sich aufzurichten und zu erahnen, wie fein und erlösend der Klang der inneren Musik in mir ist. Das Rauschen, das ihr vernehmt, ist durch das Aneinanderreiben von vielen, vielen Tropfen entstanden, die miteinander im Fließen dasselbe Ziel haben. Jeder Tropfen ist in sich einzeln, lebt sein eigenes Leben. Er kennt seine Grenze, die jedoch nicht starr, sondern flexibel ist. Durch diese Grenze fühlt er, was sein ist. Der Tropfen fließt, doch es ist nicht sein Eigen, welches die Richtung bestimmt. Sein Selbst wird gelenkt und sanft getrieben.

Sind wir still und lauschen, so erfahren wir das Leben, das wie ein großer Strom ist. Er ist die Ganzheit und das, was in ihm pulsiert, ist das individuelle Sein. Der Ton zeugt uns vom Leben, und lauschen wir ihm, beginnen wir zu begreifen, das alles in Wandlung ist. Nichts bleibt in ihm stehen. Wir beginnen, uns aus der Starre zu befreien, denn das, was wir innen erfahren, wirkt sich nach außen aus.

Wird unsere Begrenzung, die uns von dem anderen trennt, weich und fließend, so wird der Ton, der an unserer Grenze entsteht, durch die Reibung mit dem anderen hell und fein, klar und sauber. Der Ton, der in unserem Körper schwingt, wird rein, hell und klar wie ein fröhlicher Glockenton.

Ein wild reißender Fluß singt ein anderes Lied als ein ruhig dahinfließender, stiller Strom. Doch ob der Fluß laut oder leise ist, bestimmen die einzelnen Tropfen in ihm. Sie singen das Lied der sich auflösenden Grenzen, oder sie fluchen über das Schicksal, gezwungen zu sein. Natürlich gibt es dazwischen noch viele andere Variationen des Seins. Seht all die verschiedenen Flüsse, die Mutter Erde mit dem lebensspendenden Naß beglücken. Hört, jeder von ihnen singt ein anderes Lied, und doch handelt jedes vom Leben.

Lauscht ihr in die Mitte meines Seins, getragen von meiner Wurzel, meinen inneren Strömen, so hört ihr die Essenz aller Lieder, die im Wasser des Lebens gesungen werden. Hört ihr damit der Ganzheit zu, so werft ihr eine Begrenzung nach der anderen, die fest in euch verwurzelt war, wie alte Äste in das Feuer des Lebens. Die Flammen stimmen in das Lied des Lebens ein. Auch ihnen, den Flammen, die verbrennen, was nicht mehr nötig ist, könnt ihr lauschen mit eurem inneren Ohr.

Ein wahrer Meister hört viele Lieder, die ihre Quelle auf der Erde scheinbar an zwei verschiedenen Orten haben, aber er weiß, daß alles das Selbst ist.

Mein Geist, der Geist, der in den Tannen wohnt, läßt das Lied in eurem Wasser melodisch und schöner erklingen. Mein Geist erzählt euren Grenzen vom grenzenlosen Sein. Mein Geist erzählt dem Feuer von dem Lied, das durch Aufgeben erklingt. Mein Geist erzählt eurem Geist vom sich Aufgeben und sich Erneuern. Mein Geist singt euch von der Schönheit des irdischen Lebens, die durch die Hingabe an den Fluß des Lebens entsteht.

Habt ihr im Innern meiner Wurzel die Mitte gefunden und habt ihr mit Hilfe meines Geistes dem inneren Lied in euch und mir gelauscht, so wartet beim Hinaustreten am Fuße meines moosbewachsenen Grundes ein Schneeglöckchen. Es grüßt euch und sagt: »Nun seht mich als euren Spiegel. Ich bin das Zeichen für das Erwachen nach einem langen Schlaf, und weil ihr nun das Lied des Lebens in euch klingen hört, beginnt ihr zu erfassen, was diese Botschaft in sich birgt. Ab jetzt beginnen auf jedem Schritt im neuem und doch alten Leben die Spiegel das zu reflektieren, was innen ist.«

»Mein Geist ist weise«, spricht der Vater aller Tannen, »genauso wie euer Geist weise ist. Doch da ihr das Geheimnis des Wissens und der Reflexion im irdischen Sein noch nicht kennt, gebe ich euch die Kraft, wieder fähiger zu werden, zwischen Wahrheit und Wirklichkeit zu unterscheiden.

Nichts auf der Welt gibt uns mehr Kraft, voranzuschreiten, als das Wissen, daß Reflexionen die Früchte unseres Geistes durch den Spiegel sind. Erkennt, daß nicht der Spiegel die Reflexionen geboren hat, sondern der Geist, der sich durch ihn wiedererkennt. Benutzt den Spiegel wie ein Werkzeug und werdet Meister durch ihn, doch vergeßt nie, das er nichts ist ohne den Geist. Solltet ihr jedoch spüren, daß ihr vergeßt, was eure Wahrheit in euch ist, so setzt euch in die Mitte meiner Wurzel und lauscht innen meinem und eurem Wasser und findet das Licht im Feuer des Lebens.«

3. Die Esche

Für jeden Eschenbaum ist ein goldener Spiegel vorhanden, der in einer anderen Welt zu suchen ist. Wenn wir uns bemühen, den Eschengeist kennenzulernen, müssen wir uns auf den Weg zu seinem Spiegel machen, der in Wahrheit das Original ist. Das Original unseres Spiegels, der sich auf der Erde als Eschenbaum manifestiert, ist der Geist, der in der geistigen Welt die Wurzeln tief in der Wahrheit verankert hat. Versetzen wir uns im Geist in seine Wurzeln, so begeben wir uns gleichzeitig in ein mächtiges Haus, in dem es viele Räume gibt, die jedoch alle eins sind in ihm. Dieses Haus ist sein Herz, das sich auch im menschlichen Herzen widerspiegelt. Alle Seelenanteile sind in ihm Zuhause, doch schwärmen sie von dort immer wieder in die verschiedenen Räume aus, um ihrer Arbeit nachzugehen.

Diese Arbeit verrichten auch die Blutkörperchen in unserem irdischen Leib. Sie sind im Herzen des Körpers wahrhaft zuhause. Wenn sie auch nur kurz in ihm verweilen dürfen, um sich mit einer Energie aufzuladen, die wir Liebe nennen und die wir in unserem irdischen Herzen doch oft nur mangelhaft entfalten, so schwärmen auch sie wieder aus, um ihre Aufgabe zu vollbringen.

Das Blut und alles, was es mit sich führt, wenn es zum Herzen gelangt, kommt in den Genuß, kurz das Gefühl in sich zu erahnen, eine Herberge zu haben, in der es sich von den Strapazen des irdischen Lebens ausruhen darf. Doch weil das Leben ein Kreislauf ist, ist dieses Gefühl nur von kurzer Dauer. Dennoch führt das Blut die Information dieser Energie, die die kosmische Liebe widerspiegelt, mit sich fort in die entferntesten Teile des Körpers. Erst wenn die Energie fast schon verbraucht scheint und die Anteile des Blutes, unseres Lebenssaftes, schon fast vergessen hätten, wo ihre wahre Herberge ist, werden sie dieser wieder zugeführt. Dort können sie sich dann erneut von der kosmischen Energie durchschwingen lassen.

Wie bereits erläutert, hat dieses Haus viele Zimmer, und da wir Menschen Vorlieben haben, bewohnen wir nicht alle Zimmer gleichermaßen, sondern geben dem einen oder anderen Raum die Möglichkeit, sich in uns zu entfalten. Je nachdem, welchem Raum in uns wir mehr Platz bieten, ist auch die Schattierung der Energie, die wir Liebe nennen, eine verschiedene. So viele Menschen es gibt, so viele verschiedene Schattierungen der Liebe finden wir in den Herzen unserer Schwestern und Brüder.

Das menschliche Herz ist durch seinen goldenen Bruder, der im Haus der goldenen Weltenesche lebt, mit dem irdischen Herzen verbunden. So könnte das irdische Herz alle Schattierungen der Liebe reflektieren. Wenn diese Schattierungen im Gleichgewicht miteinander gelebt werden würden, könnte es sogar das universelle, reine Licht ausstrahlen.

Doch leider ist sich der irdische Anteil des Menschen oft nicht wahrhaft bewußt, daß sein weltliches Herz einen goldenen Bruder als Original in sich trägt. Der irdische Mensch bleibt oft kleinmütig und in seiner einmal gewählten Vorliebe für einen bestimmten Raum in seinem Herzen gefangen. Damit bleibt er auch einer bestimmten Schattierung in sich verhaftet. Die Vorliebe verhindert, daß der Mensch seine wahre Größe erkennt. Sie verachtet die Größe, was zu einer Trennung vom anderen führt. Aus diesem Abtrennen resultiert die Spaltung, die wiederum von der Größe getrennt ist, die hier die allumfassende Einheit darstellt.

Die Trennung verursacht Schmerz, den man in jedem Herzen findet. In diesem Schmerz wurzeln und aus ihm gebären sich die Vorlieben. Sie stehen wie Ersatzbefriedigungen für die wahre Liebe im Herzen eines jeden Menschen. Wenn wir die Vorliebe erkannt haben und sehen, welches Original sich im Spiegel der Vorlieben spiegelt, erkennen wir in ihm den ursächlichen Schmerz. Je dunkler die Schattierung der Vorliebe, desto mehr Erkenntnis über unser Selbst ist nötig. Die dunkle Vorliebe, die zur Sucht entartet ist, erfordert ein spirituelles Suchen, um Licht in das Dunkel zu führen, damit der Schatten sich im Selbst erkennt, sich mit ihm einigt, eins wird mit ihm und sich dann in ihm auflöst. Jeder Süchtige ist ein schmerzbeladener Wanderer. Wenn seine Suche nach dem Licht beginnt, ist er, obwohl er noch auf dem Weg ist, doch schon am Ziel.

Diese Botschaft kommt direkt aus dem goldenen Haus, in dem das Herz der Weltenesche ruht, und von dort aus gelangt sie als Geschenk aus der geistigen Welt in jedes irdische Herz eines sich auf der Suche Befindenden, der in seinem Rucksack die Sucht mit sich trägt. Die Esche schenkt sie mit ihrer Energie.

Im körperlichen Bereich, also im Spiegel der Seele, kommen die Blutkörperchen und alle anderen Teile des Blutes zu ihrer Herberge zurück, vergessen einen Moment die Trennung und spüren die Einheit in sich. Sie verlieren auch die Bedeutung von Sinn oder Unsinn in der Trennung. Sie erkennen ebenfalls, daß der scheinbare Unsinn, der in der Trennung liegt, nur den Weg zum Ziel spiegelt, hier auf der irdischen Ebene. Sie erkennen in dem Einssein, in dem sie mit der Liebe durchschwungen werden, daß der Weg und das Ziel eins sind.

Diese Erkenntnis, die vollständig passiv aufgenommen wird, ist die Neubelebung, die die Geister erneut auf ihren Weg zurückschickt. Der allumfassende Geist sendet seine Anteile in abgetrennter Form hinweg in die Peripherie, um die Liebe in das Dunkel auszusenden und um dort durch Licht oder Liebe zu verwandeln.

Die Vorlieben sind die heißgeliebten Kinder der irdischen Herzen. An diesen Vorlieben, egal welche Schattierungen sie vertreten, haben wir uns schon oft die Finger verbrannt. Viele nasse Tränen wurden geweint, um mit ihrem Wasser das Feuer zu löschen.

Erst wenn wir begreifen, daß die Vorlieben die Schatten unseres goldenen Herzens sind und wir uns von diesen Schatten abwenden, um uns unserem goldenen Herzen zuzuwenden, sterben unsere Vorlieben in uns, und die universelle Liebe beginnt sich in unserer Mitte zu entwickeln. Sterben unsere Vorlieben, so integrieren wir gleichzeitig unsere Erfahrungen, die wir durch die Schattierungen, die durch die Vorlieben entstanden sind, gewonnen haben. Keine Erfahrung geht also in uns wahrhaft verloren.

Die universelle Liebe gibt dann das wahre Licht an alle Anteile in uns weiter, die, müde vom Wandern, die Herberge aufsuchen, um sich dort für eine kurze Weile an der Quelle zu erfrischen. Geschieht dies, so erkennen wir den wahren Weg in uns, der das wahre Ziel in sich trägt, und werden eins.

Die Esche ist das Symbol für den Weltenbaum, weil die Welt das Herz symbolisiert, in dem sich Materie und Geist miteinander in Liebe verbinden. Ein Same entwickelt in der Erde dort seine Wurzeln, wo Erde und Geist sich in Liebe, ohne den Widerstand, der von der Materie kommt, miteinander vereinen. Wo eine Esche sich niederläßt auf der Erde, dort wohnt auch die Liebe in der Gestalt ihrer vielfältigen Schattierungsmöglichkeiten.

Es singt der Wind in seinen Blättern das Lied vom goldenen Herzen, das im Haus der goldenen Wurzeln der Weltenesche wohnt. Der Eschenbaum verliert durch seinen Bruder, den Wind, niemals die Erkenntnis über sein wahres Herz. Deshalb kennt er keine Vorlieben und läßt sich dort einpflanzen, von wo er seiner Aufgabe gerecht werden kann.

Im Lichte der Wahrheit

Geistige Energie oder der Geist selbst beginnt sich von der Materie anziehen zu lassen. Es ist so, als ob sich ein Pol mit dem anderen Pol verbindet. Durch die Anziehungskraft gibt es ein Aufeinanderzubewegen, und schließlich findet die Vereinigung statt. Geist und Materie sind für eine Zeit lang untrennbar miteinander vereint. Sie verbinden sich miteinander für einen Zeitabschnitt, den wir Leben nennen. Der Geist, der sich in die Materie versenkt hat, beginnt diese durch seine energetische Kraft oder Wirkung, die durch das Verbundensein entsteht, zu formen.

Die Materie formt sich und gibt sich eine Gestalt, die wie ein Kleid des Geistes ist. Er läßt sich nicht wirklich mit unseren irdischen Augen entdekken. Wir sind nicht in der Lage, ihn ausfindig zu machen, und deshalb ist er für so manchen von uns scheinbar nur eine Illusion. Wir heften unser Augenmerk auf die materielle Hülle und können, weil wir den Geist in ihr nicht erkennen, nicht wirklich erfahren, daß diese irdische Hülle, die durch die Kraft gestaltet wurde, die hinter der Materie steht, sich durch sie ausdrückt. Der Geist wohnt also unerkannt, weil mit den weltlichen Augen nicht erfaßt, in der Erde.

Wie ist das für einen Menschen, der seine Kraft in sich spürt, wenn sie von dem anderen, der sein Gegenüber ist, nicht erkannt wird? Er fühlt sich klein, unbedeutend, wird scheinbar verschlungen, und daraus entsteht Traurigkeit. Das Ziel, das hinter jedem Leben verborgen liegt, oder die Aufgaben scheinen sich zu verlieren. Der Geist wirkt in der Materie, doch da er scheinbar nicht mehr zielgerichtet ist, wirkt er auch ohne Aufgabe. Die Bewußtheit des Geistes wird absorbiert in der sie verschlingenden irdischen Ebene.

Wohin würde das führen, wenn der Geist, der sich einst aufgemacht hat, um in der Materie zu dienen, nicht eine Verbindung zur allumfassenden Geistkraft hätte? Die in die Materie gesenkte Energie würde sich verschluckt fühlen und sich in der Erde verlieren. Die irdische Ebene würde die Energie, die vollständig abgespalten ist, für sich verbrauchen. Sie würde sich für kurze Zeit energetisch aufladen und dann wieder in den vorherigen Zustand zurückentwickeln.

Nun ist jedoch der gefallene Geist in seinem materiellen Kleid weiterhin wie durch eine Nabelschnur verbunden. Dieses energetische Band verbindet den gefallenen Geist mit dem großen Geist. Bleibt dieser Geist, der sich in die Materie gesenkt hat, immer oder mehr oder weniger zielgerichtet und hat eine Aufgabe klar vor seinem inneren Auge fixiert, so wirkt er positiv im Negativen, oder anders ausgedrückt: Der Geist, der sich abspalten ließ und doch verbunden ist, gestaltet vollendet in der materiellen Welt.

Es gibt nun sehr viele verschiedene Möglichkeiten der Ablenkung, die den Geist in der Materie wie eine Krankheit befallen können. Sie können zu jeder beliebigen Zeit im Leben des Geistes in der Materie geschehen. Die Ablenkung können wir als Widerstand bezeichnen, der sich in einer enormen Vielfalt manifestieren kann.

Der Geist in der Materie ist wie ein Segelboot auf offenem, blauen Meer. Einmal weht der Wind von der einen Seite, einmal von der anderen. Dann wiederum entstehen Wellen, oder es scheint absolute Stille in den Elementen zu herrschen. Jedes Mal muß der, der das Boot lenkt, führt und bewohnt, sein Ziel vor Augen haben, um angemessen zu reagieren. Sein Ziel wird bestimmend sein für seine Tätigkeiten, die wiederum nur Ausdruck seines Geistes sind.

Hat der Geist seine Prüfung bestanden, hatte er sein Ziel immer im inneren Auge fixiert, wird er, bevor seine Kraft zur Neige geht, wiederum wie ein Magnet, diesmal nicht herab-, sondern hinaufgezogen. Er läuft in den großen Hafen ein, den er einmal verlassen hatte, um sich zu prüfen, um Licht zu spenden und um sich nicht zu vergessen. Dadurch verwandelte er auch, und all dies geschah nicht nach seinem eigenen Willen, der in der Materie ein wichtiger Führer war, sondern nach dem höchsten Willen.

Der Geist des Eschenbaumes läßt unsere energetische Schnur, die uns mit dem Allumfassenden verbindet, wie in einem Verjüngungswasser baden. Hat sich unser Geist auf dem Meer der Emotionen oder durch das Spiel der Elemente in uns verirren oder verführen lassen und ist nun auf der Suche, um sich erneut seiner Aufgabe oder seinem Ziel anzunähern, und fühlt sich dabei von Gott verlassen, so erquickt sich sein Geist, erfrischt sich und schöpft neue Kraft aus dem All-einen. Dies öffnet auch sein Herz, die Schaltstelle zwischen Geist und Materie, und der Geist belebt so die Materie wieder neu. Er läßt sich nicht absorbieren, und er läßt sich nicht verbrauchen, doch er dient in ihr und verwandelt in der Zeit. Diese Wirkung hat universellen Charakter und ist von bleibendem spirituellen Wert.

Ist das Herz geöffnet, dann ist die wahre Aufgabe erkannt, und das Tor zur anderen Dimension, das dritte Auge, beginnt dadurch wieder klar zu erkennen, was trotz materiellem Schleier die Wahrheit ist. Nun beginnen wir auch durch die Essenz des Eschenbaumes zu erfassen, daß der gefallene Geist, der nie wirklich abgetrennt ist, in der Erde nichts anderes als das Licht der Wahrheit ist. Ist unser höchstes Ziel erkannt, wissen wir auch im materiellen Kleide, daß wahres Leben im Licht der Wahrheit alle Materie regiert. Danken wir dem Geist des Eschenbaumes, daß er wie wir gefallen ist, denn so kann er uns dienen und wir ihm. Zusammen können wir dem großen Geist und der Materie ein vollendeter Diener sein.

Wenn wir wie ein Meister unser Segel im Wind einsetzen und das Meer unser Freund wird, beginnen wir auch in der Materie meisterhaft zu wirken. Das universelle Lied erklingt in unserem Herzen und wird selbst im dunkelsten Raume gehört, denn der Raum in der Materie ist eine Ebene, hinter der sich manch andere Ebene verbirgt.

Doch die Tiefe des Geistes in seiner Ganzheit zu erfahren und damit auch in seinem Spiegel in der tiefsten Tiefe zu wirken, ist ein anderes Kapitel unserer Odyssee, die im goldenen Buch der Wahrheit und des Wissens geschrieben steht. Tief sind die Wasser der Wahrheit, und nicht jeder kann sie ganz in sich erfassen. Der Geist des Eschenbaumes gibt uns jedoch das Geschenk der tiefen, inneren Wahrheit, ohne die wir in den dunklen Gewässern der Erde ertrinken würden.

Verbinde dich mit dem Eschenbaum, wie ein Segler im Wind sich mit der Sonne verbindet, und du wirst weder kentern, noch dein Ziel aus den Augen verlieren.

4. Der Mammutbaum

Verbindet man sich mit der Energie des Mammutbaumes, beginnt man langsam das irdische Fließen zu spüren. Es ist das Fließen von unten nach oben und von oben nach unten. Es fließt gleichzeitig aber auch seitlich von links nach rechts und von rechts nach links. Konzentriert man seine Aufmerksamkeit auf dieses Fließen in die eben beschriebenen Richtungen, so spürt man auch die Dynamik des Kreisens in dieser Energie. Dabei beginnt man alles gleichzeitig zu fühlen.

Wenn man sich auf das gleichmäßige Fließen konzentriert, so empfindet man das Ordnungsprinzip, durch das die kosmische Energie auf das Erdelement ordnend einwirkt. Dieses Ordnende braucht seine Zeit, und wenn man diese Zeit, die vergeht, ohne Widerstand verstreichen läßt, kehrt Ruhe ein, die die Ordnungsbildekräfte wachsen läßt.

Das stetige Anwachsen dieser Kraft breitet sich in der Wurzel aus und fördert auch die zuerst in sich verhaltene Energie des Ausbreitens in der Krone. Die Kraft der Ruhe läßt den Impuls des Ausbreitens in der Krone von selbst geschehen. Diese Ruhe, dieses von selbst Geschehenlassen, das weder einen Wunsch noch einen Drang, noch einen Druck in sich birgt, zeigt sich dann im Außen, in der Ordnung der Struktur. Es ist die Ruhe, die Ordnung entstehen läßt, und es ist die Ordnung, die Ruhe anzieht. Es ist die große Wurzel, die die große Krone gestaltet. Die Ruhe, die gleichzeitig die Ordnung in der Struktur ist, gibt dem Baum die enorme Kraft, sich aus der Erde zu erheben, und durch die Ruhe zeigt die Kraft, wie langlebig, wie beständig das Leben in der Ruhe ist.

Die Ruhe ist wie die große Mutter, die aus ihrem nicht enden wollenden Vorrat gibt. Der Vorrat ist das unbegrenzte Reservoir der Schöpfungskraft, die in der Materie versunken ist. Doch diese Kraft ist nicht etwa versunken oder unerreichbar, sondern eingebettet, um sich durch die Schöpfungskraft, die gleichzeitig im Außen wirkt, im Inneren zu erheben und sich zu gestalten.

Die Schöpfungskraft im Inneren der Mutter Erde und im äußeren Erscheinungsbild wirkt im Zusammentreffen weder euphorisch oder drängend noch zwanghaft, sondern sie wirkt nur und ausschließlich durch die Ruhe. Erreicht die Ruhe, die durch die Schöpferkraft im Inneren geboren wird und sich mit der Schöpferkraft im Außen vereinigt, ihre höchste Energie, ihr Maximum an Kraftentfaltung auf der Erde, so gebiert sie als materielles Zeichen für uns und alle anderen Geschöpfe der Erde den Baum, den wir Mammutbaum nennen.

Begegnen wir Menschen einem Mammutbaum und schauen während der Begrüßung in seine Krone, so schenkt der Baum uns maßlose Ruhe im Geiste, die uns öffnet für die Geheimnisse der Mutter Erde, die tief in ihrem Kern, im Schoße der Ruhe geborgen sind.

Setzen wir uns an die Wurzel des Baumes, nachdem wir ihn begrüßt haben, so schenkt er uns durch seine Wurzel die Ruhe im Irdischen. Sind wir nun sowohl im Geistigen als auch im Irdischen ruhig, so beginnen wir die Zwiesprache mit Gott und der Welt, die sich im Spiegel zwischen dem Menschen und dem Baum abspielt. Diese Kommunikation läßt die Erkenntnis für den gesamten See der Emotionen in unserem Inneren sich ausbreiten, in ihn hineintauchen und eins werden mit ihm.

Wir spüren die Stationen, die Freude sind, aber auch Trauer, Liebe und Schmerz, all die Emotionen, die noch in uns wirken und die wir benötigen, so wie wir jede Stufe unserer Treppe, die zur Ewigkeit führt, benötigen. Dieses Erklimmen, dieses Hinaufsteigen läßt uns, je mehr Stufen wir hinter uns lassen, die Ruhe in uns spüren. So glättet also die Energie des Mammutbaumes all die Wellen oder das aufgewühlte Wasser des Sees der Emotionen, den wir alle in uns tragen. Der Baum glättet den See nur und ausschließlich mit Ruhe, die, wenn sie im Irdischen wirkt, zur Erkenntnis führt.

Lausche in dich, während du am See deiner Gefühle die Ruhe als Geschenk des Baumes annimmst und sie in dich versinken läßt. Lausche in dich und spüre, welche Emotion aus der Tiefe des Sees heraufsteigt und an der Oberfläche des Wassers zu erkennen sein wird. Verbinde dich mit dem, was sich zeigen wird, in der Ruhe. So erkennst du, auf welcher Stufe der Treppe zur Erkenntnis du stehst. Gönne dir genau auf dieser Stufe die Ruhe, die du brauchst, um im Rhythmus der kosmischen Atmung in dir den Weg weiter zu gehen, ohne daß dich die Erschöpfung niederzwingt.

Verbindest du dich mit der Emotion, die aus der Tiefe des Sees emporsteigt, indem du sie anschaust, so sagst du ›Ja‹ zu ihr und verdrängst sie nicht, wie dies durch das ›Nein‹ schon geschehen ist in dir.

Das Jasagen durch das Anschauen läßt die Ruhe, die als Geschenk des Baumes an dich zu der Emotion auf der Oberfläche des Sees gelangt, mit der Emotion verschmelzen. Ja, sie läßt die Ruhe mit der Emotion sogar eins werden. Die Emotion versenkt sich in der Ruhe, so wie sich die Schöpfungskraft in Mutter Erde versenkt. Doch diesmal wird nicht die Emotion etwas gebären, sondern die Ruhe, in der die Emotion versunken ist, wenn die Schöpferkraft sie mit dem Finger der Liebe berührt.

Dies geschieht in dir, so wie die Geburt des Mammutbaumes als Same in der Erde den Anfang nahm. Doch bis du die Frucht erkennen kannst, die aus der Vereinigung mit deiner ehemals verdrängten Emotion und der Ruhe entstehen wird, erinnere dich der Ruhe.

Diese Erinnerung wach zu halten, kann nur durch Dankbarkeit geschehen. Es ist das Gewahrsein, daß wir reich beschenkt werden von der Natur und dem Schöpfer. So ist also die Dankbarkeit das Gegengeschenk, denn das Geben und Nehmen ist ein großes Ordnungsprinzip auf der Erde.

Es schenkt die Struktur, die die Wiege der Ruhe ist. Nehmen wir, ohne zu geben, so entwickelt sich die Emotion der Raffgier. Sie ist die Wurzel einer schnell anwachsenden Unstetigkeit, die zur absoluten Unruhe führt, dem Spiegel der absoluten Ruhe.

Ist die gesamte Aufmerksamkeit auf das Nehmen ausgerichtet, werden wir, je intensiver diese Aufmerksamkeit wird, das Geschenk des Gebens vollständig vergessen. Wenn wir uns mehr auf das Geben ausrichten, so kultivieren wir dadurch die Fähigkeit zu schenken, die wiederum unseren Schöpfer scheinbar aktiviert, damit wir aus dieser uns so entfernt erscheinenden Dimension lernen, uns zu nehmen, wie wir sind.

Das verschafft uns den Ausgleich, der im Geben und Nehmen seine höchste Kraft entfaltet. Diese Kraft heißt Ruhe finden im Karussell der Emotionen, das sich unendlich dreht.

Alle Belastungen, die durch Gier entstanden sind und sich bis in den physischen Körper hinabspiegeln, können durch das Geschenk des Baumes an uns verwandelt werden. Das An-sich-Raffen, der Geiz, die Sucht, das unmäßige Anhäufen im Materiellen, all das spiegelt sich besonders im ersten und zweiten Chakra, aber auch im fünften, und wirkt von dort aus auf die anderen mit ihnen verbundenen Energiezentren ein.

Lösen wir uns mit Hilfe des Baumes aus dem Verhaftetsein an so manche Dinge der Welt, so schenken wir dem Baum die Reflexion der Liebe, die wir durch den Schöpfer empfangen konnten. Das Geschenk des Baumes hilft uns, daß wir uns aus den Verstrickungen, die durch üble Gewohnheiten irgendwann geboren wurden, befreien können. Die Freude, die aus der Erkenntnis entwickelt wird, daß wir befreit werden, läßt uns Flügel wachsen, Flügel, deren Federn so leicht sind wie die Blätter eines Mammutbaums im Wind.

Nicht einmal der stärkste Wind zwingt uns auf die Erde nieder, wenn wir uns dieser Federn, die die Freiheit symbolisieren, bewußt geworden sind. So wie auch der Mammutbaum durch die Winde, die über die Erde brausen, nicht niedergezwungen und schon gar nicht aus seiner Ruhe gebracht wird, weiß auch der Wind wie das erwachte Kind auf der Erde, daß, solange wir schenken können und schenken wollen, uns nichts wirklich verloren geht. Besonders die Kraft geht nicht verloren, die ›Ja‹ sagt zum Leben und uns so groß werden läßt, wie der Mammutbaum es uns zeigt.

Lassen wir dem Baum die Möglichkeit, in seiner ganzen Größe zu wachsen, so wird sein einziger ihn vollständig ausfüllender Wunsch sein, uns das Geschenk der Ruhe zu geben. Es ist ein viel größeres Geschenk von ihm an uns, als jenes, das er uns mit seinem Holz, welches nur der irdische Körper, der Spiegel der Ruhe ist, geben könnte.

Mut entsteht aus der Stärke, sich selbst zu erkennen. Doch sich selbst zu erkennen ist nur in der Ruhe möglich. Gemütlichkeit ist der Spiegel der Ruhe, birgt in sich aber den Fallstrick, der durch Trägheit Gier entstehen läßt, jene Gier, die wiederum durch das Nehmen seinen Anfang findet. Mut gibt uns die Kraft, daß wir unsere eigene Stärke erkennen, die durch Licht entstanden ist, die Fähigkeit zu schenken, was andere und uns selbst bereichern wird.

Das Ich trägt sich durch den Wunsch

Lasse ich mich durch nichts, was sich im Spiegel des Lebens ereignet oder was ich in ihm sehe, von dem Wunsch ablenken, in die Tiefe vorzudringen, so verstreicht eine gewisse Zeit, in der wir beginnen, die Ruhe in der Betriebsamkeit des Lebens zu spüren.

Wir erkennen die Ruhe als das Gegenüber von der Betriebsamkeit in der Zeit, gleichzeitig ist es auch der Spiegel. Versinken wir in diese Ruhe und vergessen die Zeit, durchdringen wir das Wasser unterhalb dieser Grenze. Wir sinken hinab und spüren den Frieden, der durch das Loslassen des Erkennenwollen entsteht. Sind wir am Grunde des Sees angelangt und haben die spiegelnde Oberfläche, die das Geschehen reflektiert, losgelassen, spüren wir uns im Kern der Ruhe unseres Gemüts. In diesem Kern gestalten wir durch unsere Anwesenheit den Samen.

Doch was benötigt der Same, um in uns seinen Sproß zu bilden? Er braucht die Erinnerung an das, was wir wirklich sind. Der Wunsch, auf der Erde ein verwirklichter Mensch zu sein, ist geboren worden, als die Seele sich mit dem Menschenkind vereint hat. Erst wenn der wirkende Mensch in Wahrheit handelt auf der Erde, wird seine Wanderung ihr Ziel gefunden haben. Der sich verwandelnde Mensch wandert und wandert auf der Erde, und jeder Schritt in der Betriebsamkeit der Zeit läßt ihn vergessen, daß er in sich einen Wunsch trägt, den seine Seele in ihm gezeugt hat.

So geht er lange Zeit über die Erde, und die Frucht, mit der er schwanger ist, wächst in ihm, wenn auch unbemerkt. Die Müdigkeit wächst und mit ihr die Frucht, oder anders gesehen, es gestaltet sich die Frucht, und durch sie entsteht die Müdigkeit. Die Beschwernis läßt uns endlich halt machen. Beschwerlichkeit und Müdigkeit vereinen sich miteinander, und im Niedersetzen lassen wir das Leben für einen Moment ohne unser Zutun weiter geschehen, und Ruhe kehrt ein.

Tief in der Stille des Seins erkennen wir in uns das wahre Menschenbild, das unsere Seele respektiert. Seelenbild und Menschenbild vereinen sich im tiefsten Kern der Ruhe miteinander und beginnen etwas Neues im Menschen zu formen, dort jedoch kann, was Raum fordert und in sich nicht bescheiden ist, keinen Raum mehr finden.

Steigen wir auf und erreichen an der Oberfläche des Geschehens wieder die Betriebsamkeit der Welt, so fühlen wir nun, wenn wir uns mit ihr vereinen, die Ruhe in uns und auch die Frucht, die mit uns wachsen wird. Kein Hasten und kein Streben, kein Greifen und kein Suchen wird uns zurückverleiten in die Versuchung, die uns fesselt an die Welt.

5. Die Linde

Der Geist der Linde singt alle Lieder gleichzeitig. Jedoch ist kein menschliches Individuum fähig, die Vollständigkeit des Liedes, welches in sich alle Lieder enthält, zu empfangen.

Versuchen wir, die Ganzheit des Baumes zu erfahren. Die vier Elemente Erde, Wasser, Feuer und Luft wirken sehr gleichmäßig in der Linde. Dadurch empfängt sie das Ätherelement. Weil sie in sich so vollendet ist und auf der Erde ihre Wurzeln geschlagen hat, kann sie sich doch nicht ersparen, über das Lied der Menschen nachzusinnen, welches sie gewahr werden läßt, wie wenig Menschen die Sonne in sich zu erkennen vermögen.

Die Linde beginnt, sich den Menschenkindern zuzuneigen, sie in ihr Herz zu schließen und sie zu lieben, auf die Weise, wie wir Menschen die Liebe verstehen. Sie liebt es zu geben, wann immer der Wunsch des Nehmens im Menschen entsteht. Sie reicht nicht nur ihre physischen Blüten, sondern schenkt auch ohne Einschränkung den Impuls für inneres Wachstum im Menschen.

Auch wenn dieser Weg mit Leid gepflastert ist, um zum Wachstum zu gelangen, kennt die Linde das Gesetz der Pappel, daß bei der Transformation, die durch das Ego verhindert werden kann, durch Leid hindurch gegangen werden muß, und dies nicht aufgehalten werden kann. Ebenfalls kennt sie das Gesetz der Eiche, nämlich, daß die Unruhe der Welt uns Menschen in ihrer größten Kraft in die Ruhe bringt.

Die Linde wünscht in der Betriebsamkeit der Welt dort einen Platz zu finden, wo sie am Geschehen teilhaben kann, und beginnt, wie die Menschen zu hoffen, dort zu helfen, wo sie es kann. Diese Hoffnung wächst und gedeiht mit der Vielzahl ihrer Blätter.

Doch wie auf der Erde das Pendel an einem Taktzähler bewegt sich ihr Wunsch, der seine Wurzel in der Hoffnung entstehen ließ, auf die andere Seite. Auch die Linde trifft das eherne Gesetz der Polarität.

Symbolisch können wir die Farbe Rosa mit dem Energiefeld der Linde gleichsetzen. Sie wünscht in der Tiefe ihres Herzens im Herzen der Menschen Liebe leuchten zu sehen. Doch die Liebe auf der Erde, deren Wurzel, symbolisch gesehen, irdisch ist und damit der roten Farbe zugeordnet wird, fordert durch das Gesetz der Polarität den Gegenpol. Dieser Pol paßt wie ein Schlüssel zum Schloß. Erst wenn Schlüssel und Schloß miteinander verschmelzen und man weder das eine noch das andere in dieser Einheit erkennen kann, ist die Erfahrung integriert. Wie es im Menschen geschieht, so auch in der Linde, wie in dem Lindenbaum, so auch im Menschen. Es geschieht gleichzeitig. Es lebt der Baum durch den Menschen und der Mensch durch den Baum.

Wollen wir aufteilen, so finden wir in den herzförmigen Blättern das ewig wirkende, intuitiv Weibliche und in den länglich geformten Dolden das intellektuell Männliche.

Die Samenkugeln halten das Versprechen in sich. Es ist das Versprechen der Vollkommenheit, das wir seit der ersten Stufe auf der langen Treppe der Evolution in uns tragen und das wir auf der für uns letzten Stufe, die für uns die höchste ist, einlösen werden.

Während wir die Treppe Stufe um Stufe erklimmen und nach dem uns unbekannten Ziel emporstreben, erscheinen uns unsere Schritte auf den Stufen so unsicher, als wenn der Boden mit Erbsen übersät wäre. Und da diese rund sind, sind sie die Erinnerung an das Ziel der Vollendung durch die Evolution des Menschen und nicht nur des Menschen, sondern jeglicher Vollendung auf der Erde und im gesamten Kosmos.

Das universelle Versprechen der Vollendung im Kosmos, welches nicht nur der Mensch als ›Samenkugel‹ in sich trägt, sondern auch am Lindenbaum so eindeutig zu finden ist, erweckt im Menschen den Wunsch, Kugeln zu sammeln und in seinen Händen zu halten. Gleichzeitig erweckt es den Wunsch in ihm, der Melodie zu lauschen, die in seinem inneren Ohr erklingt, wenn er es wünscht.

So gibt das universelle Versprechen uns als Menschen, wie immer in der Polarität, die Wahl, die scheinbare Erbse unter unseren durch den langen Weg brennenden Sohlen mit beiden Händen aufzunehmen und ihre Melodie in unserem inneren Ohr ertönen zu lassen. Die freie Wahl erlaubt uns jedoch auch, sie weiterhin unter unseren Füßen zu spüren, weil wir das Gesetz des

Strebens nach Vollkommenheit, trotz vieler schon durchlebter und durchlittener Lektionen, noch nicht leben.

Wir werden unsere Hände nie zum Überlaufen füllen können, denn Vollkommenheit ist in sich voll, aber sie bleibt in sich als polarer Gegenpol bescheiden.

Je mehr wir auf unserem Weg Stufe um Stufe voranschreiten, desto mehr wird uns die Melodie der Vollkommenheit erfüllen und zu unserer eigenen Melodie werden, die jede Eigenheit in sich verliert. Deshalb ertönt die Ganzheit durch uns.

Die Wunschhaftigkeit hat ihre Wurzeln auf der Erde in den Emotionen. Sind wir in ihnen festgefahren, werden die Wünsche tendenziell rot reflektiert sein. Kommt mehr Licht dazu, das heißt, enthält der Wunsch noch einen großen Anteil Licht und damit Uneigennützigkeit, geht er ins orangegelbe über.

Fordert die Wunschhaftigkeit ihren Tribut, indem sie zu dominant wird, entstehen Belastungen in den weiblichen oder männlichen Anteilen des physischen Körpers und damit auch im weiblichen und männlichen Emotionalkörper. Diese Belastungen verhindern dann das subtile Wirken der Seelenenergie im Menschen.

Es muß aber nicht immer erst zu Gesundheitsstörungen kommen, die bis zur Krankheit führen können. Die Blockierungen spiegeln sich im gesamten Genitalbereich der Frau bzw. des Mannes, sowie in der linken oder der rechten Niere und deren Harnleiter und deren jeweiligen Blasenanteile. Bei der Frau dürfen wir die Brust im weiteren Sinne zum Genitalbereich zählen. Jedoch zeigen sich dort Störungen erst nach längerer Zeit, im Anschluß an die im Genitalbereich auftretenden Disharmonien.

Alle Knötchen oder knotenartigen Veränderungen im Körper zeigen an, daß die Melodie der Vollkommenheit einmal nicht toleriert und in einem bestimmten Punkt bis dahin nicht akzeptiert worden ist. Die Verweigerung zur Befruchtung durch den dazugehörigen Gegenpol war stark und wirkte bis dahin sogar fühlbar oder sichtbar als Gesundheitsstörung weiter.

Das, was die Blockierung verursacht hat, war unsere Wut über das Gesetz der Vollkommenheit, das uns durch seine immer schwingende Melodie, ob wir sie hören wollten oder nicht, an sie erinnert.

Beginnt das ewig Weibliche, das in ihr existierende wahre Männliche zu ignorieren oder zu leugnen, so wird der Same in ihr nicht Platz finden, und ihre Melodie, die in ihr klingt, erscheint ihrem inneren Ohr leiser. Langsam beginnt der Ton in ihr zu ersterben. Doch auch dies erscheint nur so. Gleichzeitig erklingt das dumpfe Lied der Erde und fordert von dem ewig Weiblichen, da, wo es geben könnte und doch nicht will. Stolz hütet die Weiblichkeit ihre Schätze, die sie einst reich erschienen ließ, und jene begannen sich im Laufe der Zeit zu wandeln. Zurück bleibt der Schmerz des Verlorenen, wenn sie es denn deutlich erkennt.

Wenn Beziehungen verharzen, wenn die Bäume weinen, weil das ewig Weibliche den Samen in sich nicht setzen läßt und das wahre Männliche das Weibliche in sich nicht leben will, dann schenkt uns die Linde ihr Harz, das aus den Blättern durch Sonnenkraft wie Tränen auf uns herniederrieselt, um uns die Tränen zu ersparen.

Die Energie der Linde bringt die Aktivität in unser Leben, die wir im physischen, emotionalen und geistigen Bereich benötigen, um unseren Weg der vielen Stufen, die doch nur eine ist, zu gehen.

So hilft die Linde wie eine Hebamme der Seele, die den scheinbaren Durchtritt beginnt, mit neuen und doch alten Augen zu sehen. Die alte Erfahrung begrüßt die neuen, läßt sie in sich schwingen und verweigert sich nicht.

Die Linde steht als Symbol für die chymische* Hochzeit.
Das Rot empfängt das Weiß. Das vollkommene Rot empfängt das vollkommene Weiß. Denn erst, wenn das Rot in sich vollkommen ist, hat der Pol sich mit dem Gegenpol vereint. Um das auf der Erde zu verwirklichen, steht die Linde hilfreich an unserer Seite. Der göttliche Geliebte, der auch durch Amor wirkt, vereint sich mit der irdischen Geliebten. Auch ein Mann, ein wahrer Mann auf der Erde, kann zur empfangenden Geliebten werden.

Beginnt Amor seinen Bogen zu spannen, um den Pfeil der Liebe in das Herz seiner Geliebten zu senden, so beginnt der Pfeil schon am Bogen die Sehnsucht zu spüren, die er im Herzen der irdischen Liebe empfinden wird, die Sehnsucht, wieder mit dem Bogen eins zu werden. Die Sehnsucht des Pfeiles ist dieselbe Sehnsucht wie die Sehnsucht des Bogens in der rechten Hand Amors, die wiederum die rechte Hand Gottes ist. Die Sehnsucht des Pfeils und des Bogens zusammen ist das Verlangen nach der Begegnung mit der vollkommenen Liebe.

* Wiedervereinigung

Die Bewegung von Mutter Erde

In einem Wasserfall fallen alle Tropfen dem Boden entgegen, auch diejenigen, die dem Himmel schon sehr nahe waren und doch erkennen mußten, daß ihre Heimat die Erde ist. Nicht nur das Fallen existiert in einem Wasserfall, sondern auch das Rauschen, das durch das Fallen entsteht. Das Fließen und das Fallen, das Reiben und das Rauschen geschehen gleichzeitig, da sie ein und dasselbe sind.

Wenn wir uns auf beide Vorgänge zur gleichen Zeit konzentrieren, beginnen wir zu ahnen, was Einheit in der Polarität zu leben bedeutet. Es ist das Schwingen nach der kosmischen Melodie im Mutterschoß, im Schoß der Erde. Geben wir uns diesem Schwingen vollständig hin, erkennen wir in uns, daß wir die Frucht sind, die aus beiden, die doch eines sind, entstanden sind. Die Bewegung und der Ton erscheinen uns getrennt und sind doch eins. Aber erst dann, wenn wir versuchen, uns gleichzeitig, ohne Vorliebe und ohne Abneigung, auf sie zu konzentrieren, gestaltet sich etwas in uns, was doch schon immer in uns war.

Das Kind liegt in der Wiege, und während seine irdischen Augen noch geschlossen sind, erfährt das dritte Auge, auch Einauge genannt, die Einheit in der Polarität. Es erkennt und wiedererkennt die Einheit von Mutter und Vater. Die Frucht erfährt ihren Ursprung und erkennt sich in ihm.

Wenn wir, wenn auch nur kurz, den Ursprung in uns erkennen und wieder in das irdische Leben hineintauchen, können wir dort die gesamte Bewegung von Mutter Erde spüren. Aus dieser Bewegung entsteht der Ton, und wenn wir ihm lauschen, erkennen wir, daß es einen Versuch wert wäre, Bewegung und Ton als eins in sich aufzunehmen.

Geschieht das durch uns, dann beginnen wir zu schweben, leicht zu werden, während unser Körper auf dem Boden bleibt. Dadurch schauen wir das erste Mal die Welt von oben an.

Wir erfahren und integrieren in uns, daß die Bewegung von Mutter Erde und der Ton, der durch die Vibration entsteht, ein und dasselbe sind. Wir erfahren auch, daß Licht und Dunkel auf der Erde eins sind, daß Licht und Schatten nicht ohne einander sein können und doch in sich getrennt erscheinen.

Wir lauschen abgelöst und doch verbunden dem Lied des Lindenbaumes und erblicken das lächelnde Gesicht. Während es uns anschaut, erkennen wir unser eigenes darin. So beginnen wir auch zu spüren, wie der Lindenbaum seine Zweige in alle Richtungen, die doch eine ist, hinausstreckt, um sich zu erfahren.

Das Nach-außen-Strecken gibt allem, was auf der Erde lebt, die Illusion, daß es sich dadurch erkennt. Doch das Nach-außen-Strecken ist nur die irdische Gegenbewegung, um tief im Inneren an das Ziel zu gelangen, wo wir den Samen finden, damit wir einst die Frucht in unseren Händen halten, die durch die scheinbare Polarität entstanden ist.

Die Welt außen scheint nur außen zu sein. In Wahrheit liegt sie in uns. Tauschen wir den Schlüssel, der die Tür zur äußeren Welt öffnet, mit dem Schlüssel, der die Tür zur inneren Welt öffnet, so erkennen wir, daß das Außen innen ist. Gehen wir tief in die innere Welt hinein und gelangen in ihre Mitte, so erfahren wir, daß Außen und Innen eins sind.

Das Außen und das Innen, die Frau und der Mann, der Vater und die Mutter, vereinen sich, und die Frucht läßt die Einheit erkennen. Durch diesen Vorgang erfassen wir, daß die Frucht die Einheit in der Mitte des Inneren ist, in dem das Außen vollständig Platz gefunden hat.

Der Geist des Lindenbaums spielt auf der Harfe des Lebens das Lied aller Früchte der Erde, die in sich ihren Ursprung tragen. Das Lied des Lindenbaums beginnt erst in unserem Ohr zu erklingen, wenn wir beginnen, dem Rhythmus des Lebens und seinem Klang, der eins ist mit ihm, zu lauschen und dabei unser inneres Hören dem äußeren Hören vorzuziehen, wobei doch in Wahrheit alles eins ist.

6. *Die Birke*

In allen Birken der Welt kreist viel Wasser, das sich von den Gletschern löst und lange Zeit eingefroren war. Schon lange hat das Wasser nicht mehr den Kreislauf durchwandelt, den Kreislauf, herauf- und herabzukommen, sich von der Erde zu lösen und sich mit dem Licht zu vermischen. Statt dessen mußte es in seinem vereisten Zustand verharren, bis es sich endlich auflösen durfte, um den weiten Weg der Wanderung anzutreten. So wird das Wasser von den Birken aufgefangen, nachdem es von ihnen aufgesogen worden ist. Doch anders als bei anderen Bäumen erscheint es, als ob die Birke es über die Verdunstung durch die Blätter nicht mehr hergeben wollte.

Im Frühling zeigt sie sich noch dankbar, doch je höher die Sonne steigt, um so mehr hält die Birke zurück. Das Wasser erinnert sie an die Stagnation in der Kälte, denn dieser Zustand des Zurückhaltens ist auch Stagnation. In der Umgebung der Birkenwurzel hält sich viel Wasser mit der Information der Stagnation. Die Birke selbst vermeidet, sich dem Licht zu stark zu öffnen, denn das würde Abgeben bedeuten. Zwar liebt sie die dunklen Zeiten des Tages, aber dennoch braucht sie das Licht.

Um uns der Energie der Birke zu nähern, wird Geduld verlangt. Betrachten wir den Spiegel der Birke im Menschenbild, stoßen wir dort auf die Nieren, welche die Funktion des Zurückhaltens oder Abgebens haben. Die Niere entscheidet über jeden kleinsten Anteil Wasser. Sie entscheidet über den Anteil, der noch rein genug, und über jenen Anteil, der mit Giftstoffen beladen ist. Der giftstoffbeladene, gefilterte Teil wird hergegeben, und der energetisch reine Anteil wird in den Körperkreislauf zurückgebracht. Der große Anteil Wasser wird von einem sehr kleinen, minderwertigen Anteil getrennt. Dies ist lebensnotwendig, um die im Wasser gelösten Giftstoffe auszuscheiden.

Dieser Vorgang ist zur Lebenserhaltung des Gesamtorganismus äußerst wichtig. Ein Teil des Wassers wird dabei geopfert oder losgelassen. Das

zurückbleibende Wasser dient weiterhin als Vermittler. Das Wasser dient, und erst wenn es genug gedient hat, darf es endlich gehen, verbraucht und verschmutzt. Verbraucht und verschmutzt wird es wieder von der Erde aufgenommen. Die Abfallstoffe verbleiben in der Erde, und das Wasser verdunstet, steigt auf und vermählt sich mit dem Licht, um dann als Segen für die Erde wieder herunterzufallen und erneut an dem Kreislauf teilzunehmen.

Schwitzt der Körper, so wird zusätzlich Wasser ausgeschieden. Dies schafft Platz für neues, frisches Wasser, denn freiwillig gibt die Niere, gleich der Birke, nicht gerne etwas davon her. Sauberes Wasser bedeutet Reinigungsenergie. Wird der Mensch weißfleckig, bekommt er also stellenweise weiße Flecken auf der Haut, die eventuell sogar noch größer werden, zeigt das, daß die reinigende Kraft des Wassers im Körper nachläßt. Wenn nicht genügend Wasser hergegeben wird, bleiben die Giftstoffe im Körper und verunreinigen das allgemeine Flüssigkeitspotential, das zur Verfügung steht.

Auf der geistigen Ebene des Menschen spiegeln sich auch die emotionellen Muster. Dazu gehören:

Geiz, Egozentrik, woraus negative Triebhaftigkeit entsteht
für sich in Anspruch nehmen wollen
nicht hergeben können
nicht teilen können
Manipulation

In dem noch feineren Bereich der emotionalen Muster, also eine Schicht tiefer, finden wir:

Selbstbeschmutzung, Besudelung
Sucht nach Negativität im Emotionalkörper
Konservatismus, also am Alten festkleben
Freiheitsberaubung von anderen
(das ist das Wasser, das gehen möchte und nicht kann)
Einmischung in das Schicksal anderer
Manipulation durch die geistigen Ebenen
Haß, besonders bei Fehlschlägen
Zerstörungswut durch Haß
Minderwertigkeitsgefühl durch aufgeladene Schuld
Selbstverachtung

Alle diese emotionalen Aspekte gehören zum Leben und zum Lernen. Zu viele Salze halten das Wasser, doch Wasserhalten ist ein lebenswichtiger Aspekt. Das Salz gehört auf die Erde. Das Wasser wünscht die Vermählung mit Licht, doch weil es auch auf die Erde gehört, wird ihm der Wunsch gewährt, aber es muß wieder zurückkehren. So ist das Wasser, wie der wahre Mensch, ein stets Wiederkehrender, bis er seine letzte Vermählung antritt und damit seiner Auflösung als Mensch, der sich in der Welt der Gegensätze gefangen fühlt, entgegensieht.

Ein Wanderer, wie das Wasser zwischen Himmel und Erde, ist der Mensch.

Segen der Verwandlung

Es war einmal ein Wanderer, der auf der linken Schulter seinen Stock trug, und daran hing sein Bündel. Er wanderte über die Erde und traf auf einen Baum, an dem er sich niederließ. Dort schaute er in die Weite der Ebene, solange, bis die Sonne am Firmament unterging. Je tiefer sie sank, um so leuchtender wurde ihr Erscheinungsbild, und das Licht der untergehenden Sonne spiegelte sich in seinem Gesicht wider. Während sie versank und der kühle Wind auf seiner Haut zu spüren war, erkannte er erst das Geschenk, das die Sonne auf der Erde hinterließ.

Sein Geruchssinn erkannte den Atem der Erde, der sich in mannigfaltiger Weise von ihr löste und in seiner Nase rieb. Langsam, nachdem der Duft sich von der Erde nach oben erhoben hatte, begann auch das Wasser aus ihr zu steigen, und der Nebel kühlte seine Haut noch mehr.

»Sprecht zu mir, ihr wunderbaren Tropfen, die ihr euch erheben könnt am Anfang der Nacht. Wer gibt euch den Segen, euch zu lösen von all der Schwerkraft, die in uns steckt, in allen, die auf der Erde wandern?«

So lehnte er sich an den Stamm des Baumes, der im Mondenschein das weiße Licht der Rinde hell schimmern ließ. Mit beiden Händen berührte er den Mutterboden, und sein Gesicht wandte sich den Sternen zu, als er der Geschichte zu lauschen begann.

»Ein Wanderer bin ich, gleichsam wie du«, sprach das Wasser leise rauschend durch sein inneres Ohr zu ihm. »Mal bin ich fest in meiner Form, mal bin ich fließend, mal gehe ich auf in einer Form, und mal vergesse ich mich sogar in einer von diesen. Nichts gibt es in der Mutter und auf ihr, das ich nicht schon berührt hätte, durch diesen Segen, der Wandlung heißt und mit mir geschieht. Alles was geschieht mit mir, geschieht nicht durch mich, sondern es geschieht. Der Segen, der Verwandlung heißt und stetig seine Form verändert, läßt Struktur gestalten und vergehen. In diesem Prozeß gibt es keine Trennung von dem einen zum anderen. Alles fließt, wie ich.«

»Doch was unterscheidet das eine von dem anderen?« fragte der Wanderer neugierig den Geist des Wassers.

»Es ist der Wille, der gegen die Segnung den Fluß stromaufwärts schwimmt. Das kostet Kraft, und erst im Sterben verwandelst du dich und bist im Fluß. Aber diesmal findest du mit ihm den Weg, der schon das Ziel ist, erscheint es dir auch weit entfernt.

Ein Geheimnis laß dir sagen. Das Sterben ist auch die Geburt, und läßt du beides mit dir geschehen, das flußaufwärts Streben und das Loslassen im Fluß, dann wirst du eines Tages in diesem Geschehen auch dein Geschenk erhalten.

Du wirst deine Hände öffnen, nachdem du alles losgelassen hast, und das Geschenk, der Segen der Verwandlung, ist das Pflänzlein, das nun in dir durch mich gedeiht.

Ist dieses Pflänzlein einst erwachsen und schaukeln seine Blätter im Wind, ziehst du als freie Seele deine Kreise, wie der weiße Adler über den freien Wipfeln. Und der Wind wird eine Feder lösen, die sich auf die Wurzel herniedersenkt, und dann wird auch der Baum erkennen, wie frei er sein könnte, wenn er losläßt wie du, mein Bruder. Dann werdet auch ihr euch wie Geschwister die Hände reichen, während mein Lied weiter in euch auf der Erde schwingt.«

7. Der Kastanienbaum

Wenn wir eine Kastanie in der Hand halten, spüren wir die feinen Stacheln der Hülle, die die Kastanienfrucht sorgsam umschließt.

Genauso wie die Hülle die Kastanie schützt, schützt uns auch der physische Körper auf der Erde. Der physische Körper trennt uns ab, indem er unseren inneren Kern schützend umschließt. Der Kastanienbaum läßt das Innere, nämlich die Frucht, die wiederum das Kind des Geistes ist, erst dann nach außen sichtbar werden, wenn die Frucht zur vollkommenen Reife erwacht ist.

Da das Erwachen der Frucht auf der materiellen Ebene stattfindet, bedarf es eines starken Momentes der Reibung. So wird das Erwachen, das im Inneren der Frucht stattfindet, durch die Öffnung der sie schützenden Schale sichtbar. Dieses Erwachen löst gleichzeitig die Verbindung mit dem Ast des Baumes, an dem die Kastanie hängt. Es löst sich die Verbindung auf, und die Kastanie fällt, durch ihren physischen Mantel geschützt, zu Boden.

Durch die plötzliche Berührung mit der Erde erfährt die Frucht des Baumes einen Aufprall oder eine Reibung und wird sichtbar. Die schützende Hülle der Kastanie läßt die Frucht frei, doch die Kastanie läßt damit noch nicht ihren Geist frei. Er ist durch weitere Hüllen geschützt, doch er ist erwacht.

Der Kastaniengeist ist sehr alt und weise. Er wünscht dem Menschen viel zu schenken. Deshalb läßt er dort Bäume entstehen, Manifestationen seiner Seelenenergie, wo Menschen sind, die zusammenkommen und manchmal mit ihren weltlichen Problemen aufeinandertreffen und sich scheinbar verletzen.

Während sie aufeinanderprallen, der Materie wegen, erwacht jedoch gleichsam der Geist in ihnen. Aber im Moment des Aufpralls oder der starken Reibungsphase sind sie sich dessen in keiner Weise bewußt. Sie fühlen und spüren auch rein physisch eine starke Veränderung. Nichts ist

mehr wie vorher. Besonders auf der materiellen Ebene hat sich etwas geöffnet, und dieses Öffnen erschien im ersten Moment wie ein Verlust. Er wird entweder schmerzhaft oder sogar schockähnlich empfunden. Es geschieht wie bei dem Ablösen der Frucht vom Ast und dem Auftreffen auf dem harten Boden. Man fühlt sich schutzlos oder ausgeliefert. Aber auch der Verlust des Getragenwerdens, das vor dem entscheidenden Moment so absolut erschien, wird als schmerzhaft empfunden. Nur noch das harte Gefühl, der Erde ausgeliefert zu sein, erscheint als Realität.

Jetzt richten wir unsere Aufmerksamkeit auf die braune, fest umschließende Hülle der Kastanie selbst. Wenn man sie abzieht, diese Schicht aus Holz, findet man eine weitere hauchdünne Hülle. Sie ist ein weiterer Schutz, und darunter erscheint die durch ihre Runzeln alt aussehende, nackte Frucht. Sie hat allen Schutz verloren. Die Frage ist, wovor sich die Kastanie schützen möchte. Wovor soll sie sich schützen? Wovor kann sie sich schützen? Wovor wird sie sich schützen?

Jede Schutzschicht steht für ein Element im symbolischen Sinne. Übertragen wir die Fragen auf die Schichten, die die gesamte Kastanie mit all ihren Hüllen ausmacht, so wird doch nur der Geist der Kastanie, der erwacht ist, die Antwort auf alle Fragen, die den Schutz betreffen, beantworten. Doch erst wenn der Geist durch die Erde erwacht ist und sich durch die Erde eine Schutzschicht nach der anderen auflöst, wird sich die Frage in der Antwort auflösen. Aber bevor sie dies tut, wird die Geburt der Erkenntnis, die aus Frage und Antwort entstehen kann, sehr langsam eingeleitet, genauso wie bei einer irdischen Geburt die Geburt langsam eingeleitet wird.

Die Antwort kommt zur Frage, so wie ein Pol den anderen anzieht. Sie finden immer ihren Weg, um zusammenzukommen, und durch ihre Vereinigung entsteht Licht im Dunkeln. Die Trennung von Frage und Antwort entsteht durch den Geist, der hinter jeder Frage steht. Die Frage ruft sehnsuchtsvoll nach der Antwort, und wenn die Sehnsucht ihre Schwingung verbreitet, beginnt sie den Weg zu ebnen, der für die Antwort zum Ziel führt. Die Antwort trifft auf die Frage und vereint sich mit ihr. So empfängt die Frage, die im Dunkeln entstanden ist, das Licht, und die Erkenntnis wird geboren.

Die Erkenntnis wird auf der Erde geboren werden, wie auch die irdische Geburt der geistigen folgt, durch das Gesetz der Zeit.

Ist unser Herz auf der Erde erwacht, schauen wir nur noch in die geistige Ebene oder nach oben, während wir unsere Mitmenschen anschauen. Wir wissen bei jeder Frage, die wir stumm oder beredt anderen oder der Welt stellen, daß diese Fragen schon sehnsuchtsvoll nach der Antwort rufen und daß dadurch das Licht auf die Dunkelheit trifft und die Geburt eingeleitet oder eingeläutet wird.

Der Aufprall auf der Erde, wenn sich die Kastanie gelöst hat, ist also der Initiant für die Frage, die geboren wird. Sie ruft nach der Antwort, und Licht und Dunkel vereinen sich.

Der Mensch, der eine seiner Schutzschichten verletzt sieht, ist erwacht, und gleichzeitig beginnt er zu empfangen, um das, was mit Schmerzen in ihm geboren ist und noch im Dunkeln ruft, mit dem Licht zu vereinen. Jedoch ist es nicht die Antwort auf die Frage nach dem ›Warum‹ in allem Schmerz, sondern es ist der Kern aller Erkenntnis, es ist das, was in Wahrheit aus dem entstehen kann und entstehen wird in der Zeit, was in Wahrheit schon entstanden ist, während die Frage noch sehnsuchtsvoll um die Antwort ringt.

Geduld ist die Essenz, die wir im Kern der Kastanie finden würden, wenn wir für die Essenz des Geistes der Kastanie reif wären. Doch wir sammeln die Kastanien lieber als Winternahrung für die Rehe, die so viel Geduld und Vertrauen brauchen, während sie den vier Elementen auf der Erde ausgesetzt sind, so wie auch die Freundlichkeit den Unbilden der Emotionen auf der Erde ausgesetzt ist und doch als Essenz der Liebe den erwachenden Frühling erleben wird.

Der Kastanienbaum gibt uns die Weisheit, wenn wir denn nach ihr suchen. Der Kastanienbaum gibt uns die Geduld, wenn wir sie annehmen wollen. Er gibt uns durch die Frage, die wir stellen, die Kraft, Sehnsucht nach dem Licht auszusenden, und dadurch schenkt uns der Kastanienbaum die Antwort, die in uns Erkenntnis entstehen läßt.

All diese Geschenke erhalten wir trotz unserer Barrikaden, die wir eine nach der anderen errichten, um uns vor der Vereinigung mit dem Licht zu schützen, die aber in Wahrheit das Ziel unseres ganzen Strebens ist. Dieses Streben nach Vereinigung mit dem Licht und die daraus entstehende Geburt der Erkenntnis, kann erst unser wahres Ziel auf Erden werden, wenn unser Geist erwacht ist. Wacht man nicht von alleine auf, muß ein wenig nachge-

holfen werden. Man wird scheinbar von etwas oder jemandem fallengelassen, kommt auf den Boden der Tatsachen und erwacht. Träumt man noch nach dem Erwachen, gibt es unter Umständen weitere Barrikaden, die zur Not gewaltsam niedergerissen werden.

Durch den Schlaf erfrischt man sich, doch wenn der Schlaf zu lange dauert, beginnt der Geist, träge zu werden. Die Trägheit des Geistes kann sich in allen Ebenen des Körpers widerspiegeln, besonders jedoch zeigt sie sich zuerst in der Durchblutung. Ist sie im Bereich des Zentrums noch relativ aktiv und ausgeglichen, zeigt sich eine Störung durch Trägheit in den entfernter liegenden Regionen. Zirkulationsstörungen der Beine, Hände und Arme, aber auch bestimmter Regionen des Kopfes, sind die ersten Anzeichen für mangelhafte Durchblutung.

Kältegefühle in manchen Teilen des Körpers und gleichzeitig Stauungsgefühle im zentralen Bereich sind deutliche Zeichen, die uns an den Kastanienbaum erinnern sollten. Muß man sich in irgendeiner Form physisch stützen oder halten, ist dies ein wichtiger Hinweis, das Geschenk des Kastanienbaums anzunehmen. Wir müssen ja nicht immer erst hart aufprallen, bevor wir erwachen. Wenn uns die Erde jedoch schon niedergezwungen hat, gibt uns die Kastanie die Kraft, uns zu entwickeln und wieder aufzustehen.

Der Geist der Kastanie singt das Lied des Feuers, das am Anfang des Sommers im Baum geboren wurde. Dieses Feuer, das die Blüte entstehen ließ, die wiederum das Feuer in die Frucht übertrug, schlummert im tiefsten Kern der Frucht. Doch wirklich erlöschen wird es erst, wenn es ein anderes Feuer entfachen konnte.

Das Innere der Kastanie gibt unserem physischen Körper also die Kraft, trotz aller Widerstände in der Struktur aufzustehen und durchzuhalten. Was unser physischer Körper auf der materiellen Ebene zeigt, geschieht selbstverständlich auch auf der emotionalen und der geistigen Ebene.

Die Essenz des Kastanienbaums richtet uns auf, wenn wir gefallen sind, und läßt uns aufrichtiger sein, wenn wir auf dem Weg sind, uns durch die Macht der Strukturen in uns oder außerhalb von uns zu beugen, was doch das gleiche ist. Oder ist es dasselbe?

Erst wenn wir die Erfahrung über die Erkenntnis der Trennung in der Polarität in uns integrieren, brauchen wir keine Kastanien mehr.

Erst wenn das Leid in sich vollendet ist durch die vielen Barrieren, die durch Trennung entstanden sind, sind wir rund. Dann sind wir schwanger vom Leid, und der Mond läßt mit jedem Aspekt in sich runder, leidvoller

Schwingung in uns das Innere nach außen kehren. Das Leid läßt uns das gebären, was durch es entstanden ist, damit dieses, was geboren wurde, unter Schmerzen der Sonne entgegengeht.

Wenn wir eins geworden sind mit dem Licht hinter der Sonne, erkennen wir, daß Sterne, Mond und Sonne das eine sind, daß Leid, Schmerz und Glück eins sind.

Vertrauen im Wandel der Gezeiten

Der Geist des Kastanienbaumes nimmt den Rhythmus der Jahreszeiten, so wie sie kommen. Die Zeiten ändern sich, die Zeiten wechseln. Die Zeiten gehen fließend ineinander über. Jeder Abschnitt der Zeit hat seinen Teil im Ganzen und wirkt in sich für die Harmonie.

Es gibt Zeiten, in denen wir Blüten tragen, es gibt Zeiten, in denen wir Früchte bilden, und es gibt Zeiten, in denen wir die Früchte loslassen und die gleichzeitig die Zeiten der Ruhe einläuten.

In diesen Gezeiten, die sich im Wechsel die Hand reichen, geschieht alles harmonisch, weil der Geist des Baumes sich dem Rhythmus des Lebens voll überläßt. Er übergibt sich dem Strom des Lebens, ohne gegen ihn anzuschwimmen. Er weiß auch, daß seine Ausgewogenheit in jedem Entwicklungsschritt gleichermaßen zu finden ist. Dieses innere Wissen, das tief aus dem inneren Kern des Geistes in die Welt hineinschwingt, ist gleichzusetzen mit dem Urvertrauen, das wiederum ein Kind des Geistes ist.

Vereinigen wir uns ohne Wenn und Aber einfach im Rhythmus der Gezeiten mit der Erde und führen die Erinnerung des Geistes in uns mit, entsteht Vertrauen. Dieses Vertrauen läßt uns im Wandel der Gezeiten sicher von einer Stufe zur nächsten hinüberwechseln, ohne daß wir stolpern.

Der Rhythmus des Lebens ist ein immer wiederkehrendes Auf und Ab im Geschehen. Es wirkt in uns, ob wir uns dagegen auflehnen oder es in uns geschehen lassen. Wenn wir das Auf und das Ab als etwas Gegensätzliches empfinden und uns dann gegen das Negative auflehnen, sind wir durch die Beurteilung zu einem Gefangenen im Leben geworden. Akzeptieren wir aber das Auf und Ab als ein ganzheitliches Geschehen im Leben, sind wir ein freier Wanderer. Und die Gefängnismauern verblassen als eine Erinnerung in uns, die wir jedoch benötigen als Mahnung daran, daß wir als Geist in der Materie nur wirklich frei bleiben können in ihr, wenn wir uns denn im Fluß des Lebens treiben lassen, im Rhythmus der Zeit.

Wenn wir an diesen Punkt im Leben gelangen, erkennen wir durch unsere Erfahrung, die wir in den Zeiten wachsen ließen, am Ende des Weges nicht nur das Auf und Ab im Rhythmus der Zeit, sondern auch das Außen und Innen in der Welt. Sind wir an diesem Punkt der Reife angelangt, halten wir als König des Lebens das Zepter in der Hand, eine goldene Kugel, in deren Mitte der Schnittpunkt des Kreuzes verankert ist, das sich auf dem Weg von einem eisernen zu einem goldenen Kreuz verwandelt hat.

8. Der Birnbaum

Unter jedem Birnbaum liegt etwas in der Erde verborgen, das sich in der Erde verwandeln soll. Damit die Verwandlung stattfinden kann, ist eine bestimmte Lichteinstrahlung nötig. Das Licht, das sich dazu eignet, ist das belebende Strahlen der Morgensonne. Denn diese Energie gibt den Anteilen in der Erde, die sich verwandeln werden, die Information, die Hoffnung heißt. Die Transformation geschieht, und wenn sie zu wachsen beginnt, erzeugt die Verwandlung in sich einen Ton.

Es ist der hellste Ton der sich im Klang vereinenden kleinsten, in sich frei schwingenden Glocken. Da der Ton so hell in sich geboren wird, überwindet er auch die Hindernisse, die sich ihm auf dem Weg durch die Materie zum Licht scheinbar entgegenstellen. Da der höchste Ton die höchste Erkenntnis als Geheimnis in sich trägt, erreicht er auch das Ende der herausragenden Birnbaumzweige.

Doch der hellste Ton der Töne, der durch Verwandlung und das Bejahen der Transformation entsteht, beendet nicht am Ende eines Birnbaumastes seinen Weg. Er gleitet hinaus in die Freiheit und begrüßt das Element Luft, nachdem er das Element Erde verlassen hat. Der Ton erzählt der Luft vom Sinn der Verwandlung. Das Luftelement bedankt sich für die Erkenntnis, die es durch den hohen Ton, der durch den Birnbaum gewandelt ist, erhalten hat.

Denn der hohe Ton ist sich gewahr, daß nur durch das Opfer, das das Luftelement der Erde brachte, der hohe Ton durch die Verwandlung geboren wurde. Deshalb erkennt die Luft, was sie durch ihr Opfer, sich in der Erde zu verlieren, erbracht hat. Die Luft kommt durch die Erde, nachdem sie durch ihre Verwandlung den Ton gebar, zur Erkenntnis. Doch auch die Erde wird erkennen, daß die Verwandlung, das ›Ja‹ zum Neuanfang, die Früchte entstehen läßt, die einst dem Boden wieder neue Nahrung schenken werden.

Die Birnen düngen Mutter Erde und führen, wenn sie fallen, immer noch die Erinnerung an das Lied des hohen Tones in sich.

Hat der Frühlingswind den hohen Ton schon lange empfangen, so gebiert die Erde die erneut die Verwandlung bejahende hohe Vibration in sich, die jedoch erst wieder entsteht, wenn die warmen, die Entwicklung bejahenden Morgensonnenstrahlen den nahenden Frühling verkünden.

Luft verwandelt Erde, doch ohne Feuer, das den hellsten Ton der Verwandlung in sich führt, wäre die Erkenntnis, daß sie sich scheinbar opfert für die Transformation, nicht geboren. Der hellste Ton des Feuers, der absolut ›Ja‹ sagt zur Verwandlung, weil er die Verwandlung ist, dieser Ton oder diese Schwingung ist die Schwingung des Birnbaums.

Wir sagen ›Ja‹ zur Verwandlung. Wir geben die Erkenntnis, daß Verwandlung alles Neue in sich trägt, weiter und vergessen sie dann scheinbar wieder. Es scheint, daß wir sie verloren haben, doch im Selbst vergessen haben wir sie nicht. Am Anfang sagen wir ›Ja‹ zur Verwandlung, weil wir vom Licht Hoffnung erhalten. Wir transformieren uns, und während wir dies geschehen lassen, geben wir die Information, daß das Bejahen der Verwandlung das Wahre ist, gerne und großzügig weiter. Wir geben es freudig weiter und geben es weiter als die größte Selbstverständlichkeit der Welt. Wir geben es weiter, wir erleichtern uns, und die Erkenntnis, die gegangen ist, bleibt dennoch auch in uns geborgen.

Die Erkenntnis schwingt in ihrem höchsten Ton, doch da wir ihn mit unseren irdischen Ohren nicht hören können und mit unserem inneren Ohr nicht zu hören wünschen, scheint der Ton verloren, obwohl er in Wahrheit nur vergessen ist. Ganz zaghaft beginnt er, sich in uns zu formen, zu fruchten und später unseren Boden zu düngen. Dieser Boden, der fruchtbar ist, wird wieder ›Ja‹ sagen zur Verwandlung durch das Licht.

So ist der Kreislauf geschlossen, der da heißt: aufgeben, verwandeln, Form geben, befruchten, Früchte tragen und durch das Abgeben wieder ›Ja‹ sagen zur Verwandlung.

Die Essenz des Birnbaums gibt unserem irdischen Leib den Boden, den er braucht, um neues Leben entstehen zu lassen, und er gibt uns die Kraft, die alle körperlichen Anteile in uns benötigen, um sich nach dem Vergehen wieder neu aufzubauen. Der Geist des Birnbaums hilft uns, Erkenntnisse, die wir in uns tragen, scheinbar zu verschenken, und er lehrt uns, daß die Angst, die gerade gewonnene Erkenntnis wieder zu verlieren, sich auflöst.

Zuviel Wasser unter der Wurzel des Birnenbaumes läßt das Feuer, das Verwandlung heißt, erlöschen. Das Wasser ist zwar notwendig, um das Feuer auf ein sanftes Maß zu halten, doch zuviel läßt den hellen Ton in ihm ertrinken. Genauso sind auch die Emotionen des Menschen, wenn sie zu reichlich vorhanden sind, diejenigen, die die emporsteigenden Töne der Erkenntnis in sich ertrinken lassen. Fließt das Wasser unter der Wurzel des Birnbaums ab, ist es dem Feuer der Verwandlung recht.

Leben wir mit den Emotionen, lassen uns jedoch nicht von ihnen bestimmen, ist der Geist in uns, dem nach Erkenntnis dürstet, zufrieden.

Auch die Frucht des Birnbaums versucht, das Wasser nach unten zu geben. Dieses Wasser in der Frucht läßt sich schließlich zurück zu Mutter Erde fallen, um sie zu beschenken, und die Früchte, die reif an den Ästen hängen, werden das Geschenk an die Menschen sein.

Aber werden wir das Lied der hellsten Glocken, das das Lied der Verwandlung ist, wirklich hören?

Es hängt wahrlich von unserer Erkenntnis ab, die wir in den vielen Momenten gesammelt haben, die durch das Jasagen zur Verwandlung geboren wurden, entstanden oder auferstanden sind.

Der Birnbaum ist also auch ein Baum, der uns Erkenntnis nahe zu bringen wünscht. Und wie auch unsere eigene Erkenntnis, die wir gesammelt haben, in uns immer wieder zu schlafen scheint, so erwacht sie auch wieder und reckt sich der scheinbaren neuen Erkenntnis freudig entgegen, um sie in sich zu integrieren. Die Essenz des Birnbaums hilft dem Geist der Luft in uns und hilft dadurch auch wieder dem Geist der Erde.

Die Birne hilft unserem Zellaufbau und unserem Darm, besonders dem Dickdarm, der Zellatmung und der Lunge.

Der Apfel fragt die Birne: »Wer in der Welt kennt unseren wahren Unterschied?«

Und die Birne antwortet: »Nur das Wasser kennt ihn wirklich.«

»Nein«, widerspricht da der Apfel, »auch wenn es mir schwerfällt, ›Nein‹ zu dir zu sagen. Nur der wahrhaftig aufrechte Mensch kennt den Unterschied zwischen uns beiden. Denn dieser Mensch hat das klarste Wasser in sich, das alle Emotionen kennt und doch nur die reinen, in sich verwandelten, reines Licht reflektierenden Gefühle in sich kreisen läßt.«

»Ja«, bestätigt da die Birne dem Apfel, »das ist der wahre Unterschied zwischen uns. Und dieser Mensch, der das reinste Wasser in sich trägt, darf das Jasagen zur Verwandlung wahrlich vergessen. Er darf es nicht nur vergessen, er darf es und wird es an die Erde verlieren.«

Und der Apfel antwortet der Birne: »Wenn die Schwester, die ›Ja‹ heißt, durch das viele Jasagen zur Verwandlung so weiblich wird, daß sie zur Erde zurückfallen darf, nachdem sie die Essenz des ›Ja‹ in die Welt geboren hat, so fällt mit ihr auch ihr Bruder, das ›Nein‹, zur Erde zurück.«

Daraufhin spricht die Birne zum Apfel: »Du bist mein Vorbild.«

»Und du meine Hoffnung«, erwidert der Apfel, »daß alles Wasser rein sein wird, alle Emotionen gereinigt sind und schillernd leuchten im Licht, daß Unkenntnis verwandelt sein wird in allumfassende Selbsterkenntnis, badend im Licht.«

Vorbild und Hoffnung

Am Anfang der Zeit, aber noch im Paradies, sprach der Apfelbaum zum großen Geist: »Wenn du Adam eine Eva schenkst, dann schenke mir doch einen Spiegel, der sich aber, so wie Eva von Adam, von mir unterscheidet.«

Während Adam und Eva das Paradies verließen, wurde ein goldener Same in die Erde gesenkt neben dem Apfelbaum, ihm zum Spiegel. Dieser war gleichzeitig der Ersatz für die mit Adam und Eva gegangene Schlange. Der Baum wuchs aus seinem Samen hervor und bildete sich in Form und Gestalt wie sein Ebenbild, der Apfelbaum. Alles schien gleich, während sie sich wandelten und doch eins blieben.

Doch als die Zeit der Früchte nahte, erkannten beide schon den kleinen Unterschied am Beginn, als die Krone der Schöpfung die Form der Frucht gestaltete. In dieser Zeit geschah es, daß der Apfelbaum sich nicht mehr eins fühlte mit dem Birnbaum. Je mehr die Früchte Gestalt annahmen, erkannten die Bäume den sie voneinander trennenden Unterschied, und dasselbe geschah auch mit Adam und Eva. Die Trennung wurde größer und größer durch den einen Unterschied, doch voneinander konnten sie nicht lassen.

Es gab die Schlange, die ihnen auf jedem Schritte folgte und sie, wenn auch sehr entfernt, an ihren Ursprung zu erinnern vermochte. So wandelten sie, wenn auch nach außen getrennt, mit sich vereint. Das gleiche geschah mit den Bäumen. Sie waren eins in ihrem Ursprung und doch in etwas, nämlich in Form und Gestalt der Früchte, die sie bildeten, voneinander getrennt.

Der Weg war lang, auf dem Adam und Eva wandelten, und die Schlange in ihrem Gemüt folgte ihnen, einmal zornig, einmal liebend, einmal voller Unbill und einmal freudig. Sie wechselte ihre Farben in vielfältiger Weise, so wie sich auch die Früchte von Adam und Eva wandelten in der Zeit.

Auch die Früchte entstanden wieder neu, nach ihrem Vergehen an den

Bäumen der Welt, deren Ursprung derselbe Ort war, von dem aus Adam und Eva mit ihrer treuen Freundin, der Schlange, ihren Weg des Lernens begannen.

Im Laufe der Zeit verzieh der Apfelbaum dem Birnbaum das Gebären von unvollendeten Früchten, denn nichts, was nicht rund war, meinte er, entspräche dem Gesetz von Harmonie.

Als dies geschah, begann der Birnbaum die Größe in sich zu entwickeln und nicht mit seinem Schicksal zu hadern, das die Unvollkommenheit in sich barg, sondern er entschied sich, sein Vorbild zu erkennen. Dieses Vorbild stand vor ihm schon am Anfang der Zeit. Doch wie die Schlange im Menschen auf dem Weg erst an einem bestimmten Meilenstein ihre wahre Aufgabe erkannte, so erkannte der Birnbaum sie ebenfalls erst zu diesem Zeitpunkt. Der Apfelbaum war dem Birnbaum ein Vorbild geworden, und von diesem Moment an wandelte sich in der Materie langsam die Frucht.

Als Adam und Eva, eins geworden mit ihrer inneren Schlange, die nicht nur Verführung, sondern auch Spiritualkraft ist, das Tor zum Paradies wieder betraten, konnten sie den Birnenbaum nicht mehr vom Apfelbaum unterscheiden, wenn sie ihn denn gekannt hätten.

Doch ihren Unterschied, den Unterschied zwischen Adam und Eva, hatten sie lange als Kreuz auf ihren Schultern getragen. Sie nahmen den Apfel vom Baum der Erkenntnis, um sich an ihm zu erfrischen, und erkannten die wahre Kraft, die Schlange, als die Geistkraft, die ihnen die Führung auf dem Weg geschenkt hatte.

Ja und Nein, Widerstand und Trennung, Adam und Eva mit der Schlange wandelten sich. Es stand nur noch der Baum der Erkenntnis als wahres Symbol für das Leben an sich.

9. Der Kirschbaum

Das erste Wasser im Frühling läßt den Geist des Kirschbaumes aus einem tiefen Schlaf erwachen. Der Schlaf ist deshalb so tief, weil der Geist des Kirschbaumes sich bei seinem Versenken in die Erde an keinem Geräusch, an keinem Ton oder keiner Vibration orientiert. Der Geist liegt wie ein Stein in der Erde. Er gehört zur Erde, aber er ist trotzdem nicht integriert in sie. Der Kirschbaumgeist hält eine gewisse Eigenständigkeit aufrecht, die in seinem Ruhezustand keine eigene Identität widerspiegelt. Er liegt wie tot im Boden der Welt.

Das Licht des Kirschbaumgeistes hat sich im Herbst in den Boden der Welt vergeben und kann erst wieder durch das Wasser in den Baum hineingegeben werden. Das Wasser trägt im Frühling auch die Information dieses Baumes in sich. Dadurch erinnert etwas den Geist des Kirschbaumes, der fast verloschen war, daran, sich wieder zu erinnern.

Je mehr Wasser um seine Wurzeln fließt, desto mehr beginnt seine Erinnerung in ihm zu wirken. Das, was tief verborgen war, kann sich langsam entpuppen. Es geschieht Schicht für Schicht, Regen um Regen, und erst, wenn sich die ersten Blätter entwickeln, beginnt der Geist des Kirschbaumes sich mit sich selbst zu identifizieren. Der Baum beginnt sich zu erkennen. Das Wasser ist also die Hebamme dafür, daß der Baum zurück in sein schon gelebtes Leben treten kann.

Ist das Wasser im Frühling nicht kräftig genug um seine Wurzeln gespült worden, so hat er sich vergessen. Er wird sterben, während alles andere erwacht. Doch dieses Sterben geschieht so lautlos, daß es keinen Übergang in eine nächste Ebene zu geben scheint, genauso wie auch der Übertritt von dem tiefen Schlaf des Kirschbaumgeistes bis zur leisen Erinnerung, die zur größeren Erinnerung heranwächst, fast lautlos geschieht.

Alles, was in diesem Baum geschieht, ist lautlos. Nur das Wasser singt das Lied des Lebens in ihm, und durch dieses Singen des Wassers wächst auch die Freude, die die Blütenkraft entstehen läßt. Seine Blütenkraft hängt von

der Reinheit des Wassers ab, das durch seine Wurzeln über den Stamm bis zu den Ästen hinaufgezogen wird.

Der Sog nach oben in die Äste geschieht jedoch nicht durch die Lebenskraft des Baumes allein, sondern durch die Sonnenkraft der ersten warmen Frühlingstage. Sie läßt durch ihre Wärme das Wasser leichter werden, und so steigt es in dem Baum nach oben, während es die Erinnerung an die Erde und alles was mit ihr zu tun hat, im Baum zurückläßt. Die Erinnerung des Wassers läßt die Schwere hinter sich, doch die aufsteigende Energie des Wassers übergibt die Freude den Blüten des Baums. Das Wasser verdunstet über die Blätter und läßt den Rest von dem, was noch an die Erde erinnert, in ihnen zurück.

Der Baum sinkt in den Zeiten, in denen wenig Wasser um seine Wurzeln spült, wieder in sein Vergessen zurück. Nur wenn das Wasser kommt, um sein Lied vom Licht in seinen Adern zu singen, erwacht die Erinnerung. Doch auch hier geschieht wieder dasselbe.

Das Wasser läßt auf seinem Weg nach oben alle Erinnerungen an die Erde zurück und deponiert sie nicht nur in den Blättern, sondern auch bald in den sich bildenden Früchten. Dies geschieht in einem sich wiederholenden Spiel von Regen zu Regen, von Trockenheit zu Trockenheit.

Der Regen läßt durch sein Lied den Baum erwachen, und wenn das Wasser den Baum verläßt, wobei es sich verwandelt hat, verklingt das Lied des Regens im Baum, und mit ihm verklingt die Erinnerung des Kirschbaumgeistes. Erinnern und Vergessen wechseln sich ab.

Alles und jedes auf der Erde hat sein eigenes Lied, doch wenn man auf die anderen Lieder hört und sich seines eigenen nicht bewußt wird, vergißt man es. Wenn man das Lied vergessen hat, beginnt man sich mit einem anderen zu identifizieren.

Die anderen Lieder hinterlassen immer Spuren, sie klingen nach. Genauso hinterläßt auch das Wasser im Kirschbaum seine Spuren. Die Erinnerungen an die Erde klingen nach, und das Wasser, das sich durch den Kirschbaum verwandeln konnte, verläßt ihn in einem sehr reinen Zustand. Der Kirschbaum filtert also das aufsteigende Wasser. Das Wasser reinigt sich. Deshalb entwickeln sich durch die hohe Schwingung des reinigenden Wassers und seines Liedes auch so viele Blüten.

Wenn viele warme Frühlingstage einander folgen, verläßt auch viel verwandeltes Wasser den Baum. Das Wasser gibt dem Kirschbaum die Energie, sich zu erinnern, und der Kirschbaum gibt dem Wasser die Möglichkeit, Erinnerungen, die es schwer machen zu vergessen, loszulassen.

Wenn kein Wasser mehr nachfolgt und der Geist des Kirschbaumes in sich zusammensinkt, beginnen die Blätter des Baumes zu trauern. Ebenso werden die Kirschen, die sich langsam bilden, sich ihrer Schwere bewußt. Sie brauchen den Geist des Baumes, um ihre Aufgabe zu erfüllen.

Die Kirschen haben die Aufgabe, kräftigende Nährstoffe zu verschenken, und wenn die Blätter im Herbst sich von den Ästen lösen, werden sie dem Boden um den Kirschbaum herum lichtdurchwirkte Erdkraft zurückschenken. Diese nährstoffreichen Elemente bringen den Boden im Frühling dazu, das Wasser in der Umgebung der Wurzeln des Kirschbaums zu halten, so daß dieses den Geist des Kirschbaumes mit seinem Lied sehr langsam zu erwekken versucht.

Die Kirschen mit ihrem nährstoffhaltigen Fruchtfleisch reinigen den Darm nach dem homöopathischen Prinzip Gleiches heilt Gleiches von alten, abgelagerten Stoffen. Das Fruchtfleisch reinigt mehr die weicheren Schlacken, die sich schleimartig absetzen und einen Film bilden, der die Nährstoffversorgung durch die Darmwand nicht mehr gewährleistet, und die zerriebenen Steine, potenziert, lösen langsam alle festeren Fremdstoffe im Darm. Die Blätter, als Elixier zubereitet, geben uns die Kraft, Erinnerungen, die besonders mit irdischen Dingen zu tun haben, loszulassen, sie aber doch sinnvoll zu integrieren, so wie sich die Blätter im Herbst sinnvoll im Boden integrieren, um sich ihrer Aufgabe in der Zukunft widmen zu können.

Potenzierte Asche aus getrockneten Kirschkernen, die mit Kirschbaumästen verbrannt wurden, scheidet auch die hartnäckigste Erinnerung, die unser Wasserelement nicht loslassen kann, aus und führt sie schließlich zur Erde zurück.

So haben wir also verschiedene Heilmittel, die uns zur Verfügung stehen könnten, wenn wir sie einsetzen dürfen. Das entscheidet jedoch der Mensch. Wenn er seinen Willen losläßt, darf es geschehen.

Die Welt in einem Traum und der Kern der Erinnerung

Es war einmal ein Wanderer, der hatte auf seinem Rücken einen großen Leinensack, und dieser war voll mit runden Kernen. Es geschah zu einer lang entfernten Zeit, da saß dieser Wanderer unter einem Kirschbaum. An diesem Tag war er müde von der Arbeit, die er geleistet hatte auf dem Feld und suchte den Schatten am Fuße des Baumes. Es dauerte nicht lange, da schlief er unter dem schattenspendenden Baum ein und träumte von einem großen Wasserfall.

Dort, wo das frisch gefallene Wasser sich sammelte und türkis leuchtete im Sonnenlicht, schwamm er im kühlen, klaren Naß, um sich an Leib und Seele zu erfrischen. Während er selig im Wasser schwamm und seine Füße nur selten leicht den sauberen Kies spürten, wanderte sein Blick in den blauen Himmel hinein und verlor sich in ihm. Er lauschte dem Rauschen des Wassers und dachte nach über den weiten, beschwerlichen Weg, den es bis hierhin zurückgelegt hatte, einmal auf der Erde, einmal in der Erde und einmal über ihr.

Nun ließ er sich ganz von ihm tragen, auch sein Kopf senkte sich ins kühle Naß, und als er die Augen schloß, war nur noch das Rauschen außerhalb von ihm und in ihm. Lange ließ er sich treiben, und lange lauschten seine äußeren Ohren und sein inneres der dröhnenden Musik.

Ganz wunderlich war ihm, als er erwachte, den Boden unter sich und die Wurzeln des Baumes im Rücken spürend. Er schaute in die Welt, ohne die innere jedoch ganz loszulassen, die ihm in seinem Traum begegnet war. Als seine Blicke den Erdboden streiften, fanden sie auf ihm den Rest einer Kirsche vom vergangenen Jahr. Er hob sie auf und reinigte sie mit seinen Händen, steckte sie in eine seiner Taschen und sagte: »Du sollst mich erinnern an das wunderbare Wasser, das mich erfrischt hat in meinem Traum.«

Er erhob sich und ging seiner Wege. Doch noch viele, viele Tage folgten im

Laufe seines Lebens, an denen er nach getaner Arbeit sich im Schatten an den Wurzeln des Baumes niederlegte. Und kaum hatte er seine müden Augen geschlossen, fand er sich wieder in seinem Traum.

Er hörte das Rauschen des Wassers mit seinen äußeren und seinem inneren Ohr, und wieder dachte er nach über den weiten Weg, den das Wasser gegangen war auf der Erde, in ihr und über ihr. Jedesmal, wenn er erfrischt erwachte, suchten seine Blicke auf dem Boden nach einem Kern, um diesen als Erinnerung zu halten, wie er es sich seit seinem ersten Erwachen angewöhnt hatte zu tun.

Es füllten sich seine Taschen mit Kirschkernen, die er gesammelt hatte in so manchem Lebensjahr. In seinem langen Leben ließ er manches los, ließ es fallen und vergehen. Doch die Kirschkerne, die er als Erinnerung an seine Träume unter dem schattenspendenden Baum gesammelt hatte, diese Kirschkerne wuchsen in ihrer Zahl.

Lange schon reichte die Tasche in seinem Rock nicht mehr aus, um diese zu bergen, und am Ende seines Lebens trug er einen großen Leinensack mit all den vielen Kernen auf seinem Rücken. Auch arbeitete er, dieser altgewordene Mensch, schon lange nicht mehr auf dem Felde, wie er es früher tat. Doch immer noch besuchte er den Baum und erquickte sich in seinem Traum im Wasser des Lebens. Wenn ihm am Leben auch nichts mehr wirklich lag, so sammelte er trotzdem, wie seit eh und je, nach dem Erwachen einen Kirschkern und hielt ihn zusammen mit den vielen anderen in seinem Sack verborgen.

Eines Tages saß er ein letztes Mal an der Wurzel des Baumes und hatte neben sich den vollen Sack. Da schloß er die Augen, und während er noch das Singen der Amsel im Abendlicht vernahm, löste er sich und glitt hinüber, hinein in das erfrischende Wasser, in welchem er schon so oft dem Lied des Lebens gelauscht hatte.

Obwohl alles gleich war wie immer, erschien doch diesmal ein alter, weiser Mann am Ufer des jetzt in goldenes Licht getauchten Sees. Er trug einen schweren Sack auf den Schultern und setzte ihn ab, während die beiden alten Männer sich anschauten.

Während der alte Mann in die golden schimmernden, weisen Augen sah, erblickte er viele, viele Bilder, in denen sein Leben aufleuchtete. Mit vielem war er zufrieden, doch mit vielem auch nicht. Und mit jedem Bild, mit dem er nicht einig in sich war, bei dem er sich sogar über so manches schämen

mußte, sah er auch gleichzeitig das Bild, das ihm im Traum so oft begegnet war. Und so sah er auch jedesmal, wie er einen Kirschkern von der Erde aufhob und als Erinnerung in seinen Taschen trug.

Lange Zeit verging . . . oder war es nur kurz?

Er sah alle Bilder und den großen Haufen Kirschkerne, den nun der weise Mann mit den goldenen Augen vor ihm ausgeschüttet hatte. Mit einem Seufzen füllte er seine Hände mit jenen Kernen und ließ sie wieder fallen, und ein hölzerner Ton erklang. Als sein Blick sich wieder in die Augen des Weisen versenkte, wußte er, warum er im Laufe seines Lebens alles losgelassen hatte, nur seine Kerne nicht. Diese waren die Erinnerung an das Leben im Schatten, doch was sollte nun mit ihnen geschehen?

Während der alte Mann die Kerne weiter durch seine müde gewordenen Hände hindurchrieseln ließ, schaute er erneut in die goldenen Augen seines Meisters. Als dieser seine segnenden Hände auf das graue Haupt des Erdenwanderers legte, verwandelten sich die Kirschkerne. Jeder einzelne von ihnen wurde ein in allen Farben leuchtender Wassertropfen. Sie verbanden sich miteinander und flossen in den türkis schimmernden See, unterhalb des Wasserfalles, und mit den letzten Tröpfchen, die verblieben, benetzte er die Stirn des müden Wanderers und zeichnete auf ihr ein leuchtendes Kreuz.

»Auch wenn dein Körper vergehen wird, bleibt doch dein Geist. Und was der Körper tragen mußte, ist im Geist selbst enthalten. Der Körper trägt schwer, der Geist verwandelt das, was den Körper beschwert hat. So reiche dem Geist die Hände, denn nur durch ihn könnt ihr Wanderer jetzt oder später alles verwandeln, was euch beschwert. Das, was bleibt, ist die Erinnerung. Selbst diese wandelt sich und läßt euch, je mehr die Verwandlung im Geist voranschreitet, leichter, ja schwerelos werden.«

10. Die Eiche

Der Baum benötigt sehr viel Zeit, bis er groß geworden ist, und er verbreitet in der Zeit, in der er wächst, ein starkes Energiefeld der Ruhe. Diese Ruhe wirkt auf den Solarplexus (Nabelchakra) ein und führt dazu, daß der Mensch im Laufe der Zeit eine andere Einstellung zur Zeit bekommt. Doch wenn der Mensch für diese Energie der Eiche nicht offen ist, entwickelt er die Tendenz zur Flucht vor den Dingen und vor sich selbst.

Er traut sich nicht in die Ruhe hinein, weil er sich selbst wenig zutraut. Der Mangel an Vertrauen entsteht oder besser existiert durch die Unkenntnis von den Dingen um sich selbst.

Die Eile und die Geschäftigkeit der Welt sind jene Energien, die im Gegenprinzip zur Eichenenergie wirken. Dieses Gegenprinzip zieht uns wie ein starker Magnet an. Haben wir die Kraft der Ruhe in uns gefunden, nicht außen, sondern innen, so haben wir sie gefunden, als wir vom Getriebe der Welt erschöpft waren. Wir haben durch die absolute Erschöpfung den Umstülpungsprozeß in uns ausgelöst und damit die Ruhe empfangen, mit der wir das absolute Verstehen in uns gebären konnten.

Erst als es geboren war, konnten wir erleuchtet werden. Dieser Vorgang führt wiederum in einen passiven Zustand der Empfängnis. In Moment der Empfängnis empfangen wir auch den Duft der Dynamik des Geistes.

Doch was ist der Geist? Er ist Ruhe.
Und was ist die Dynamik der Ruhe?
Dies ist die Bewegung des Rhythmus, der hinter der Ruhe liegt und nur durch sie geboren werden kann. Doch dieses Geschehen entwickelt sich nicht wirklich in der Zeit. Also kann auch die Dynamik oder die Bewegung, die hier in der Zeit entsteht, nicht dieselbe sein. Die Rhythmik ist innen, nicht außen. Aber wie kann der Mensch sie außen erfahren, wenn sie innen ist?

Durch die Nabelschnur der Mutter wachsen wir in die Welt. Durch die Nabelschnur der großen Mutter, die ihren Ursprung nicht in dieser Welt hat, wachsen wir in die Rhythmik der Stille. Sind wir in uns in der Rhythmik der Stille, werden wir von innen erleuchtet. Wir befinden uns in der universellen Regeneration, die jedoch noch nicht die absolute darstellt.

Alle Seelen suchen im Getriebe der Welt nach der Stille, die auf der Welt das ›Warum‹ darstellt. Auf der Erde existiert die Stille hinter dem ›Warum‹, und der Weg zum ›Warum‹ führt durch das Getriebe in die Rhythmik der Stille hinein. Ist die Rhythmik in sich, ohne die Zeit, präzise, ist sie Stille. Wir verstehen ohne die Zeit nicht wahrhaftig, denn sie ist unser großer Lehrmeister, der uns zeigt, daß alles vergänglich ist, nichts Bestand hat und nur die Stille in dem Nichts bleibt. Sie ist immer da, für ewig.

Gehen wir auf Erden in die Stille, dann wachsen wir durch die Energie, die uns geschenkt wird, durch die Nabelschnur der großen Mutter. Aber was ist die große Mutter? Sie ist alles, was sich innen vereint.

In diesem Zustand befinden wir Menschen uns noch nicht, denn wir sind voneinander getrennt.

Indem wir uns noch tiefer in die Stille begeben, können wir uns auf der Seelenebene miteinander vereinen. So wandeln wir auf dem Weg der Rhythmik vorwärts, und wir selbst werden Rhythmik und damit immer mehr eins. Die Ordnung, die dadurch entsteht, läßt das Licht immer mehr in uns wirken, bis alles nur noch Licht ist.

Das Licht erfährt keine Brechung mehr. Dort findet sich eine universelle Schönheit. Sie ist mit unseren Worten nicht zu beschreiben und mit unseren Sinnen nicht zu erfassen. Doch gerade weil wir sie mit unseren Sinnen nicht erfassen, kommen wir wieder auf den Boden der Tatsachen zurück.

Die Energie der Eiche gibt uns in Erschöpfungszuständen, oder da, wo wir vergessen, die Kraft, durch das Getriebe der Welt nach dem ›Warum‹ zu fragen. Sie ist das Geschenk, mit Hilfe dessen wir uns an die Verbindung durch die Nabelschnur mit der großen Mutter erinnern. Denn nur durch diese Verbindung können wir hinter das ›Warum‹ schauen, wo wir unser Ziel finden werden. Das Ziel befindet sich in der anderen Dimension, und die Welt kann in dieser anderen Dimension Platz finden, wenn wir sie integrieren würden.

Nach innen führen, statt nach außen verlieren. Implodieren statt explodieren. Genau dann, wenn einen die Welt durch ihr Getriebe in Unruhe und dann in Wut versetzt, die der Ohnmacht entspringt, ihr nicht entkommen zu können, genau dann könnte man sich der Energie, die durch die Nabelschnur von der großen Mutter kommt, bewußt werden. Die Konzentration in der Stille, auch Meditation genannt, ist der Schlüssel, um nach innen zu gehen. Dadurch kommen wir in die Ruhe und spüren durch das Atmen die Rhythmik in uns. Sie ist universell nicht ausschaltbar, denn sie ist der Pulsschlag des Lebens. Konzentrieren wir uns, gehen wir auf der Straße der Rhythmik und begegnen auf ihr dem Ton.

Wenn wir dies im Leben geschehen lassen und das universelle Geschenk empfangen, werden wir die Welt weise verlassen und doch nicht verlassen, denn sie besteht in uns weiter, auch nach unserem physischen Ableben.

Wir werden immer wieder eingeatmet von der Welt und ausgeatmet, und wir werden immer wieder eingeatmet von der universellen Welt und ausgeatmet. So finden wir uns auf der Spiegeloberfläche oder im Spiegel der physischen Welt wieder. Die Seele spiegelt sich im Körper wider, genauso, wie sich die universelle Welt in der materiellen Welt spiegelt.

Mit Hilfe der Rhythmik, die sich umstülpt, wenn sie durch das ›Warum‹ geht, finden wir hinter der Rhythmik, hinter dem ›Warum‹, den Ton der Stille, der uns vom wirklichen Menschen, vom realen Menschen zum wahrhaftigen Menschen auf der Erde werden läßt. Dies kann tatsächlich geschehen, doch wie wir sehen, nur durch die Feder der Betriebsamkeit, die sich irgendwann mit der Feder der Losgelöstheit, der Feder der Leichtigkeit im Sein, vereint.

Auch für körperliche Erschöpfungszustände, die wiederum nur Spiegelbilder der geistigen Erschöpfung sind, gibt der Geist der Eiche seine Kraft. Er verschenkt ohne Wehklagen, denn er hat unendlich viel davon. Er gibt sie mit grenzenloser Liebe, die den Erschöpften weinen läßt. Mit den Tränen wäscht die Seele sich vom Staub der Erde rein, der Zeuge des Leids ist und durch den großen Lehrmeister Widerstand unter Schmerzen entstanden ist.

Dieser Lehrer läßt uns durch seine Strenge, die die Güte in sich trägt, zusammenbrechen und uns dann mit der Eintrittskarte ›Erschöpfung‹ und der Frage des ›Warum‹ auf den Lippen durch das Tor gehen, das ebenfalls ›Warum‹ heißt und uns auf den Weg der Erkenntnis führt.

Die Erde hilft uns durch den Staub. Das Wasser hilft uns durch die Reinigung von diesem Staub. Das Feuer gebiert die neue Kraft, die vom Licht kommt. Und die Luft läßt uns erkennen, daß wir atmen, daß die Rhythmik in uns einen Sinn haben muß. Diese vier Elemente sind in der Eiche ein gut eingespieltes Team. Kein Element fürchtet das andere, denn sie sind sich der Einheit in der Ruhe gewahr, der Ruhe, die das Kind des Tons der Stille auf der Erde ist.

Der Geist der Eiche wirkt auf jede Zelle, die durch Erschöpfung geschwächt ist. Die Erschöpfung entsteht durch Reibung, und diese entsteht wiederum durch den Ton der physischen Welt. Erschöpfung entsteht auch durch den Ton der geistigen Welt, der auf das Nervensystem auftrifft und diese Art des Tons noch nicht gewohnt ist. Die Erschöpfung führt zu Nervosität, Hysterie oder Geisteskrankheit. Ebenfalls entsteht das Gefühl, den Anforderungen nicht mehr gewachsen zu sein.

Das Eichenblatt ist ein Symbol der Ehre. Alle Anstrengungen, Hindernisse zu überwinden, tragen die Erschöpfung in sich, und da die Erschöpfung durch das Tor zum Ton der Stille führt, ehren wir dieses, obwohl wir nicht wahrhaft wissen, warum. In Wirklichkeit ehren wir die Erde, den Spiegel des Tons der Stille, der höchste Anstrengung heißt, höchste Betriebsamkeit in der Welt.

Auch unsere Toten ehren wir mit mit Eichenlaub geschmückten Kränzen. Sie haben die Anstrengung hinter sich. Diese Anstrengungen haben letztlich dazu geführt, daß die Körperlichkeit vom Zahn der Zeit, der Getriebe heißt, zerschlissen worden ist. Schließlich ist sie aufgrund der Anstrengung und des Verschleißes aus der materiellen oder physischen Welt ausgeatmet worden.

Aktivieren wir durch die Essenz der Eiche in uns die Nabelschnur zwischen universeller Mutter und irdischer Mutter, so befreien wir unseren Solarplexus (Nabelchakra) von allem irdischen Staub, der durch Betriebsamkeit dort hineingekommen ist und die Regionen verklebt.

Gleichzeitig werden wir uns der Energie unseres Herzens bewußt. Wir werden uns bewußt, daß wir Liebe universellen Ursprungs in uns tragen und auch grenzenlos weitergeben können. Die Quelle der Liebe versiegt nie wirklich, denn sie ist wahrhaftig. Sie haftet fest an der Wahrheit, die durch den Sog entsteht, der wiederum das Kind des Tons ist, der aus der Rhythmik geboren wird und in die Stille führt.

Verbinden wir uns mit dem Duft, der durch die Rhythmik der Stille entsteht, spüren wir, wie der Brustkorb sich weitet. Er wird so groß wie das

Universum oder das universelle Herz. Wir aktivieren dabei unsere Nadis (Energiebahnen), und unser drittes Auge erwacht. Wir betreten das Territorium der anderen Dimension, das Territorium der universellen Liebe, und vergessen das Auge der Wachsamkeit, das unser persönliches Territorium bewacht. Doch dadurch werden wir das Auge der Wachsamkeit nicht wirklich verlieren, sondern wir werden wahrhaftig eins mit ihm.

Das verborgene Geheimnis, aufbewahrt hinter der Zeit

Es war einmal ein großer goldener Baum, der am anderen Ufer eines großen, klaren Wassers stand. Sein ganzes Erscheinungsbild spiegelte sich in diesem Element, und weil das Wasser so klar und seine Oberfläche so ruhig waren, schien es keinen Unterschied zwischen dem Baum und seinem Spiegelbild zu geben. Der Wind spielte in seinen Blättern, und der Regen rann über sein äußeres Kleid. Die Erde gab ihm das durch seine Wurzeln, was ihn nährte. Die Luft ließ ihn von innen heraus erwachsen werden und gab ihm die Kraft, auf der Erde zu sein. Vom Licht wendete er sich niemals ab, auch wenn dieses sich immer wieder scheinbar von ihm trennte.

In der Rhythmik der Zeit gab es Licht und auch Schatten. Das innere Licht jedoch verließ den Baum nie. Das Licht in ihm und das Wissen oder das Gewahrsein über die Beständigkeit seines inneren Lichtes ließen ihn die Zeit der Schatten einfach überstehen.

Getrenntsein war die Illusion in der Einheit. Sie wirkte und wirkte doch nicht, denn der Geist des goldenen Baums war nur auf das Eine ausgerichtet, und das lag jenseits aller Illusionen.

Es kam die Zeit, da wurde der Geist des goldenen Baumes gerufen, um grün zu sein in der Welt. Sein Same fiel in die Erde, dort, wo es ruhig zu sein schien. Er wuchs und gedieh, und sein Schatten wurde groß, wenn seine Krone im Sonnenlicht durchflutet war. Leise rauschten die Blätter im Wind, und immer, wenn ein die Ruhe Suchender an seinen kühlen Wurzeln einen Platz fand, offenbarten die Blätter im Wind sich reibend die Geheimnisse, die hinter den Fragen nach dem ›Warum‹ des aus der Betriebsamkeit entflohenen Herzens verborgen lagen.

Küßte ihn, den Entflohenen, die Hingabe an die Ruhe in der Zeit, so erfuhr er alles, was ein fragender Geist einst in der Illusion und durch sie hindurch zu erfahren gewünscht hatte. An der Wurzel des goldenen Baumes, der auf der Erde grün war, wurde er, der in sich Ruhende, benetzt mit dem klaren Wasser des Wissens über die Geschehnisse und Geheimnisse in der Zeit.

Als der an der Wurzel Ruhende wünschte, die Betriebsamkeit der Welt erneut zu betreten, grüßte er zum Abschied das goldene Herz des Baumes an seinem Ursprung, hinter der Zeit. In diesem Moment berührten sich zwei Herzen, und der Same der Weisheit begann, im Irdischen zu wachsen. Von diesem Pflänzlein ging ein wundersamer Duft in die Welt, und jeder, der diesen Duft einmal erfaßt hatte, begann, nach dem ursprünglichen Geist des goldenen Baumes zu suchen. Er fand ihn immer, wenn er sich die Zeit nahm, an der Wurzel eines grünen Eichenbaumes in die Ruhe zu gehen. Und auch diesem Sucher wurde, wenn die zwei Herzen sich beim Abschied berührten, ein Pflänzlein ins Herz gesetzt.

So vermehrten sich in den Herzen der Menschen langsam die Pflänzlein, die den Duft des universellen Wissens in die Welt ausstrahlten, und es vermehrten sich auch langsam die grünen Eichenbaumkinder des goldenen Eichenvaters. Er wohnte hinter der Zeit.

Jeder Besucher, der im Schatten des grünen Baumes ruhte, ließ etwas zurück. Es war ein kleiner Teil vom großen Ganzen der Illusion, die einst geboren worden war in der materiellen Welt.

Das Loslassen nennen unsere irdischen Herzen auch das Opfern. Doch das goldene Herz des Eichenbaums kennt ein besseres Wort. Das Herz nennt es das Geheimnis. Das Opfern ist der Schlüssel, mit dem Geheimnisse in Wissen verwandelt werden, und jede Frucht an seinem Baum kann für uns das Geschenk werden, in der Illusion der Zeit den Schlüssel zu tragen, mit dem die Tür geöffnet wird, um Licht in das Dunkel zu bringen.

11. Die Buche

Die Buche hat Respekt vor dem Feuer, liebt das Wasser, doch nicht zuviel von ihm. Der Geist der Buche kommuniziert nicht sehr gerne mit uns. Es ist so, als ob er etwas verbergen möchte.

Die Buche fühlt sich zur Gattung der Birken hingezogen, jedoch sollte sie eine eigene Identität aufbauen. Die Trennung von der Birke fällt ihr heute noch schwer.

Die Buche gibt nicht gerne her, und sie ist auch nicht unbedingt gerne Gastgeber. Der Baum ist überzeugt von sich, und er ist stolz. Er schaut sich nicht gerne um, und dadurch, daß er auf sich konzentriert ist, ist er auch von sich überzeugt. Die Buche beschäftigt sich derart mit sich selbst, daß sie im Frühling den Anschein gibt, als wenn sie vergessen hätte, nach außen zu tragen, was sie innen gesammelt hat. Sie ist überzeugt, daß sie es gesammelt hat, nicht, daß es sich in ihr gesammelt hat. Dieser Umstand ist es auch, den sie selbst nicht wirklich erkennen möchte, sonst wäre sie schon weiter in ihrer Entwicklung.

Die innere Schlange, die sich hinaufzieht am Baum der Erkenntnis, die durch Erfahrung entsteht, reicht bei der Buche mit ihrem Kopf nur gerade bis zu den Ästen, nicht jedoch bis in die Krone hinauf.

In jedem materiellen Körper auf der Erde verbirgt sich die Schlange der Erkenntnis. Die Schlange ist das Symbol für das Gute in allen Dingen, durch das sich das Böse in all diesen Dingen vollständig zum Guten verwandeln wird. Weil die innere Schlange des Buchenbaums, die die Geistkraft vertritt, nur gerade bis in die Äste hinaufreicht und die Krone noch weit entfernt ist, wird sie wütend und ärgert sich. Ihr Bestreben ist es, blitzartig wieder nach unten zu eilen, der Erde entgegen, und mit ihrem Gift die Erkenntnis der anderen verderben zu wollen.

Die Negativkraft der Schlange greift uns über den Solarplexus (Nabelchakra) an. Dieser Vorgang zersetzt die Leber. Es ist, als ob eines ihrer

Kinder in Form eines Eies, das durch den Giftstrom in die Leber geschwemmt wurde, dort seinen Platz findet. Die Schlange, die da geboren wird, ist negativ. Der positive Anteil ist vorhanden, doch kann er sich nur entwickeln, kraftvoller werden und schließlich überwiegen, wenn die eigene Schlange sich für die positive Seite und die Weisheit entschieden hat.

Hat sie sich für die positive oder weiße Seite entschieden und spiegelt damit reines Licht wieder, so ist sie Vorbild für das Kind, das als Adoptivkind integriert werden möchte. Genauso wie der Kuckuck sein Ei in ein fremdes Nest legt, hat die Schlange ein Ei in ein ihr nicht eigenes Nest gelegt. Der neugeborene Kuckuck wird durch ihm artfremde Vögel aufgezogen, und die Familie der Kuckucke verliert dadurch irgendwann einmal ihre eigene Kraft in der Wurzel ihrer Identität.

Je größer die Liebe, mit der das zuerst fremd erscheinende Adoptivkind aufgezogen wird, um so kraftvoller geht die Entwicklung zur Weisheit voran. Am Ende hat die Schlange genau das erreicht, was sie nicht wollte, nämlich, daß das Gegenüber sie bis in die tiefste Tiefe hinein durchleuchtet und damit erkannt hat.

Es ist die Liebe, die in der tiefsten Tiefe wirkt, doch wenn das Gegenüber sie bis in den Kern hinein erkennt, erfaßt es auch sich selbst, denn dort findet es durch die Schatten hindurch das Licht.

Die Bosheit, die die Wut gebar, erscheint also als nutzlos und ist es doch nicht. Sie ist das höchste Geschenk, denn sie läßt erkennen, daß selbst hinter dem verdichteten Kern der Bosheit bedingungslose Liebe, die alles umfassende Liebe, vorhanden ist.

Die Liebe hinter dem Kern des Wesens der Buche läßt diesen Baum entstehen, auf andere Weise könnte er sich nie aus der Erde erheben.

Zuviel Wind liebt der Baum nicht. Erst der starke Herbstwind im November, wenn sich alle anderen Blätter schon seit langem von ihrem Stamme getrennt haben, nimmt der Buche die Blätter ab. Dies ist nötig, denn solange noch Blätter mit den Ästen verbunden sind, solange identifiziert sich der Baum mit seiner Frucht, die doch schon längst verdorrt ist. Deshalb sammelt der Buchenbaum sich auch nicht gleich bescheiden und demütig für das Neue, was da kommen wird. Seine Äste klagen im Wind noch lange über die am Boden sich sammelnden Blätter.

Könnte es sein, daß diese Blätter mit ihm sein Lied singen wollen und dadurch noch so lange im ausklingenden Jahr am Boden rascheln? Sie rascheln noch immer, selbst wenn andere Blätter von anderen Bäumen sich schon lange vorbereitet haben, mit der Erde eins zu werden.

Ihr raschelndes Lied ist wie das Lied der ächzenden Äste im Novemberwind, voller Groll und Mißmut, voller Zorn und unglücklicher Wut. Dieser Zorn und dieser Groll werden in den langen Wintermonaten zur zweiten Persönlichkeit, so daß der Baum, wenn der warme Frühlingswind die Äste der Bäume in Bewegung bringt und sie zum Aufwachen ermuntert, den Frühling am liebsten nicht mehr wahrhaben will.

Wofür Frucht tragen, wenn man sie nicht behalten kann?

Aber der warme Dunst des Frühlings hört auf die Sonne, und die Buche muß sich fügen, wie wir alle uns in die Ordnung der materiellen Welt fügen, die Struktur entstehen läßt, nach der wir uns richten. Gerade dieses Fügen, Einfügen in die Struktur, die Ordnung heißt, fällt der Buche schwer. Sie würde am liebsten stehenbleiben und damit in ihrer Entwicklung stagnieren, sich auf ihren Lorbeeren ausruhen. Doch das funktioniert nicht im Fluß des Lebens. Strukturen wandeln sich, sie streben nach der höchsten Ordnung.

Wohin soll das Streben führen, fragt sich der dunkle Anteil der Schlange in der Buche. Es ist der dunkle Anteil, der sich selbst in den Schwanz beißt, anstatt sich durch die Berührung mit dem eigenen Schwanz, der eigenen Wurzel, selbst zu erkennen. Dadurch entsteht das Gegenteil vom Streben nach Erkenntnis in jedem Geist.

Akzeptiert man seine Wurzel und beginnt diese zu leben, liebt man auch die Weisheit hinter dem Kern der Dinge, die hier unten auf der Erde geschehen. Diese Weisheit hinter dem Kern der Dinge ist auch des Pudels Kern. Der Pudel hat eine Entwicklungsgeschichte hinter sich, die ihre Wurzel im Wolf findet, der Wolf ist das Symbol für die Treue zur Boshaftigkeit. Sein liebstes Opfer ist das Reh, das Symbol für die Freundlichkeit im Sein. Er nährt sich von diesem Opfer, wodurch es sich schließlich wandelt.

Der Pudel wärmt den Schoß des Herrn. Aus dem Wolf, der zum Pudel geworden ist, wird ein Lamm. Indem der Kern sich umstülpt, offenbart er die Liebe. Die Buche könnte sich die Frage stellen, ob Goethe gewußt hat, als er von des Pudels Kern sprach, daß man durch die Demut, die im Lamm gewachsen ist, das ursprünglich als Nahrung des Wolfes seinen Samen in ihn gelegt hat, des Pudels Kern erkennt? Die Buchenenergie glaubt immer weiser zu sein als ein Weiser unter den Weisen.

Dies alles hat natürlich etwas mit der Buche zu tun. Aber das wirklich zu verstehen, ist eben des Pudels Kern in der Buche. Die Essenz, die hinter dem Kern der Buche verborgen liegt, ist die Demut, die Demut vor dem Wind, die durch das Kind der Sonne, das Wärme heißt, geboren wird, indem die Wärme von der Kälte begattet wird.

Lernen wir anzunehmen, was der Wind uns abnimmt.

Eine Frucht, die schon verdorrt ist, wird doch noch gebraucht. Wir geben einen Teil unserer Wärme ab. Wir ziehen uns zurück, um eine neue Frucht vorzubereiten, es sei denn, wir nehmen das Geschenk der Neuentwicklung nicht an, weil wir nicht loslassen wollen.

Jetzt bekommen wir eine Ahnung davon, wie Bäume sich im Winter fühlen, wenn sie sich nicht schnell genug in die Erde zurückziehen. Deshalb sind auch plötzliche Kälteeinbrüche für Buchen ganz besonders schlimm. Wenn wir mehr hergeben könnten, würde auch die Sonne vermehrt in uns scheinen, und der Groll würde vergehen. Für den starken Groll steht die Blutbuche. Sie hat mehr als sein grüner Bruder den feurigen Groll in sich. Es ist der Groll, der durch verletzte irdische Liebe entstanden ist.

So belastet die Negativenergie der Buche auch noch zusätzlich die Region der Niere und des Harnleiters. Diese Energie ist dort noch schwerer umzuwandeln als in der Leber. Das kann mit Hilfe der Blutbuche geschehen, wenn der Mensch die Spiritualkraft im dritten Auge fördert.

Versuchen wir den innersten Kern der Buche zu erfahren, und lassen wir uns nicht abschrecken von den Widerständen, die uns begegnen werden. Wenn wir dem Geist der Buche die Hände reichen wollen, dann erhalten wir ein Geschenk vom großen Geist. Öffnen wir das Geschenk, erfahren wir etwas. Es ist die Erkenntnis, daß alles zwei Seiten hat. Wenn wir die eine Seite betrachten, erkennen wir die andere Seite darin, und dies bringt den Kern des betreffenden Bereiches dazu, sich nach außen zu kehren.

Ist der Prozeß des Umstülpens beendet, wächst aus ihm die Blume der Weisheit. Die Essenz der Buche, die hinter ihrem Kern verborgen liegt, vermag sie dem Menschen zu schenken, wie uns der Frühling die Gewißheit schenkt, daß er Vorbote ist für die Früchte, die durch seine Wirkung auf der Erde entstehen können.

Der Geist der Buche gibt uns eine Chance. Sie wird wiederkehren, wenn wir sie nicht ergriffen haben oder die Zeit für sie noch nicht reif war.

Es muß wohl schwer sein, uns zuzuschauen, wenn wir so auf das Äußere konzentriert sind, anstatt durch das Innen das Außen zu verwandeln, indem wir einfach das Innere nach außen stülpen.

Wir wären im Außen verloren, hätten wir nicht die Essenz, die hinter dem Kern verborgen liegt und uns mit der geistigen Welt verbindet. Diese Verbindung zu akzeptieren, zu erkennen, daß sie existiert, nicht irgendwo weit weg von uns, sondern in uns, ist die größte Schwierigkeit des Menschen, der die Essenz der Buche braucht.

Wir handeln nicht, sondern es wird durch uns gehandelt. Wenn wir das verstehen, gehen wir durch das Nadelöhr, und die Widerstände gehören nicht in die Welt, in der wir uns dann dem wahren Menschen in uns annähern.

Das blaue Feuer der Wiedergeburt

Hinter einem blauem Feuer steht ein großer Buchenbaum, von dem ein Blatt vom Wind gelöst wird. Das Blatt fällt in einen Fluß und schwimmt weit weg von seinem Stamm. Es verfängt sich am Ufer und beginnt dort die Auflösung. Dabei hängt des Blattes Geist, der durch die Loslösung schwach geworden ist, vergangenen Zeiten nach, als das Blatt noch eins war mit seinem Stamm. Es fühlte den lauen Sommerwind und das beruhigende Rauschen im Blättermeer, und es spürte seinen Glanz auf der Oberfläche. Es fühlte die Kraft des Baumes in sich, und nichts ließ es ahnen, daß es einst in der dafür bestimmten Zeit sich loslösen und vergehen würde.

Nun war es geschehen. Der Fluß des Lebens war nicht aufzuhalten, und ein Vergehen im Wasser, am Ufer des Flusses, hatte unweigerlich in seiner Wirkung begonnen.

Je mehr das Unabänderliche in dem gelösten Blatt des Buchenbaums wirkte, um so größer wurde sein Groll über das Verlorensein. Der schwach gewordene Geist des Blattes benutzte seine ihm noch verbliebene Kraft, um sich voller Mißmut zu erinnern, was verloren schien. Aber die Zeit schritt voran und damit die Entwicklung. Und zum Schluß blieb nur noch der Groll in dem welken, alt gewordenen Buchenblatt.

Mutter Erde, die alle ihre zurückkehrenden Kinder begrüßt, begrüßte auch ihn, den grollenden Geist des Buchenblattes. Doch er wollte sie nicht hören. Und weil er, als alles sich am Ende eines Erdenjahres der Erde zuwandte, die Stimme der Erde nicht hören wollte, kam aus Mitgefühl der große Geist zu diesem Blatt und sprach:

»Löse dich auf, mein Freund der Widerstände, denn nichts ist wirklich verloren auf dieser Welt. Gib alles her, was noch an dir haftet, und was dich an alte Muster in dir erinnern könnte. Läßt du es zu, entsteht alles neu auf der Erde und damit in dir. Deine Gestalt wird sich neu formieren, und neu geboren wird deine Jugend sein. Und deine Erfahrung, auch wenn du sie einst losgelassen, beginnt erneut zu wachsen in dir.«

So sprach der große Geist zum Geist des alten, welken Blattes. Doch weiter haderte es innen und außen mit sich und der Welt.

Mit der Zeit erstarb der Geist des Buchenblattes immer mehr. Und als er ganz erloschen war und sich vom Blatte löste, da begann sich, wie Nebel, der Groll zu erheben und suchte in der Ferne nach einem für ihn passenden Kleid. Doch der große Geist ließ es ihn nicht finden, denn das Sterben, das Vergehen, sollte nach seinem Gesetz wirken und in sich vollkommen sein. Nun wandelte der große Geist durch die Kraft der Liebe auch diesen letzten Rest, der sich einst geweigert hatte zu gehen, um sich von seinen alten Mustern zu lösen.

Als sich dann im nächsten Frühling am Baum der Buche, wenn auch spät, die ersten lichtgrünen Blätter zeigten, lächelte der große Geist und wußte über seine Kinder, daß sie im kommenden Herbst bereit sein werden, um in Liebe auch den letzten Schatten zu verwandeln.

12. Der Apfelbaum

Einst wurden aus einem goldenen Apfel fünf Kerne in die Erde gelegt. Jeder Kern enthielt ein irdisches Element. Während der Winter begann, erstarrte die noch verbliebene Feuchtigkeit im Boden. Es herrschte Stille im Boden, aber es gab auch Vibrationen durch irdische Betriebsamkeit.

Lauscht man diesem Ton, klingt er nicht weich, sondern eher starr. Der Ton fließt nicht, sondern er scheint die Kerne in Intervallen zu berühren. Dies erinnert sie daran, daß sie existieren. Dadurch wird ihr Geist in der sie umgebenden Stille gehalten, festgehalten.

Drängt das erste Surren der durch das Sonnenlicht aus dem Winterschlaf erwachten Insekten an das innere Ohr des Geistes im Kern, beginnt die Energie, nach oben drängend, sich emporzuheben und den Frühling zu begrüßen. Jetzt lauscht sein Geist dem Wasser fröhlich. Das Plätschern schwillt an und wandelt sich, je mehr sich im gleichen Moment auch die Struktur im Eis zu einem Fließen auflöst.

Das Wasser erzählt der in den Kernen verborgenen Kraft des Geistes die Freude über das Verschmelzen und die Freude über die Struktur im Wandel der Gezeiten. Es ist das ewig erklingende Lied des Wassers, das nun alles Irdische zu durchdringen scheint. Wenn es auch nicht wirklich alles Irdische durchdringt, so schwingt doch der Ton durch dieses sich im Wandeln, noch im Widerstand befindende Element.

An dem Tag oder in dem Moment, wenn das Lied des Wassers eins wird mit dem Geist des Kernes, spüren beide die Einheit in sich. Aber dadurch, daß die Einheit in der Erde entsteht, und diese Einheit nur für einen kurzen Moment existiert, verlieren sie beide, Geist und Wasser, im Einssein nicht ihr voneinander Getrenntsein. Sie beginnen nun an diesem Punkt den Weg zu ihrem vorbestimmten Ziel, und erst wenn sie an diesem angelangt sind, werden sie das Getrenntsein in der existierenden Einheit wandeln und die wahre Einheit im letzten Schritt ihrer Entwicklung verstehen.

Hat der Kern im Frühling das Lied des Wassers aufgenommen, so steigt das Wasser durch seine Energie nach oben, und der Geist des Apfelbaumes erhebt sich von der Erde, geformt durch sie. So wie das Wasser durch die Kraft des Sonnenlichts, das die Erde erwärmt, die Erde verläßt und scheinbar schwerelos nach oben steigt, genauso beginnt auch der Geist des Baumes, es dem Wasser nachzutun und wandelt dadurch auch einen Teil der Erde.

War der Geist des Apfelbaumes der erste, der die Wandlung durch den Geist in der Erde zum Erfolg geführt hatte? Vielleicht war sein Geist die Urkraft, die ein scheinbar nicht eigenes Lied zum Eigenen, zum All-Einen in sich machte und sich dadurch vor der Vereinigung, die die Einheit ist auf der Erde, nicht scheute.

So war und ist der Geist des Apfelbaumes der stumme Lehrer, in dessen Kern das Lied des Wassers immer ertönt und erst dann verklingt, wenn das Lied der wahren Einheit beginnt. Der Geist des Baumes hat keine Angst vor dem Feuer, das durch die Kraft der Sonne entsteht, denn durch diese Kraft kann er sich über das Wasser mit der Erde vereinen.

Die Erinnerung an die Einheit läßt auf dem Weg zum Ziel die Erkenntnis nie vergehen, daß es die wahre Einheit gibt. Das Lied des Wassers kühlt dann das sich auf der Erde erhobene Grün und wird zum Zeugen, daß sich die Struktur der Erde verwandeln läßt. Niemals kann sie es durch sich selbst, denn der Geist in ihr ist der Geist der Wandlung, dem sie keine Herberge geben möchte, ohne dafür etwas zu verlangen.

Aber auch der Geiz, der in der Angst wurzelt, die ihm eigene Struktur zu verlieren, muß sich dem Gesetz des Geistes beugen. Der Reiz, das Licht in die Herberge der irdischen Struktur einzulassen, wird siegen und schließlich alle Elemente in sich vereinen. Es wird kein Miteinander der Elemente geben, nur ein Gegeneinander, solange die Struktur sich wehrt. Jedoch ist in der massivsten Wehrhaftigkeit, in der verhärtetsten Gegensätzlichkeit der Erde, der Kern der Einheit bereits geboren. Dies ist das Gesetz der Einheit, das nicht urteilt, sondern all-eint.

Der Apfel trägt wie der Mensch im Kern ein Kreuz in sich. Dieses Kreuz steht für die Geistkraft, die durch die Sonne auf die Erde auftrifft und zu Feuer wird. Ein Teil dieser Kraft findet in der Herberge der Dunkelheit seinen Platz. Hier beginnt der verwandelte Geist, Erde zu verschlingen. Er wird durch die Umwandlung zum Feuer einen Teil seiner Kraft scheinbar verlieren. Doch auch dies ist ein Teil des Gesetzes auf der Erde. Opfert der

eine, opfert der andere. Und weil dieses Gesetz vom großen Gesetz des All-Einen so weit entfernt erscheint, reflektiert es das Geschenk als ein uns zwanghaft erscheinendes, waltendes Geben und Nehmen.

Das Feuerelement hat seine Aufgabe. Sie besteht im Verwandeln. Doch bevor sich das Feuerelement mit der Forderung an die Erde zu vergessen scheint, beginnt der große Geist das Wasser, das durch die Kraft des Feuerelementes die Möglichkeit gewann, sich mit dem Licht zu vereinen, wieder auf die Erde zurückfallen zu lassen und damit das noch wirkende Feuer langsam zum Verlöschen zu bringen.

Jede noch so verhärtet erscheinende Struktur braucht das Geschenk der Ruhezeiten, jene Zeiten, in denen nicht an ihr gearbeitet wird. Dies zeigt das Intervall zwischen zwei Bewegungsabläufen. Es ist das Gesetz des Rhythmus in der Zeit, und in diesem Rhythmus beginnt jede erste Strophe aller Lieder der Erde. Je länger die Musik erklingt, um so ähnlicher wird ihr Grundton, der das höchste Lied in sich schon zu erkennen beginnt.

Nach der Hitze des Sommers vergißt der Apfelbaum durch den beginnenden Herbst das dunkle Lied der Erde nicht. Wenn die ersten Früchte von seinen Ästen nicht in die Hände eines die Schöpfung liebenden Menschen fallen, schenkt er seine Früchte wieder der Erde. Sie nimmt sie als Attribut in sich auf, doch sie nimmt auch den Geist des Apfelbaums, den sie als solchen nicht erkennt, und beherbergt ihn. So scheint das göttliche Spiel erneut zu wirken. Der Geist führt das Ziel, durch seine Aufgabe zu wirken, in sich. Der Geist in der Erde lauscht dem Rhythmus mit seinen innerem Ohr, und dadurch gebiert sich, wenn der Rhythmus ein klares Lied erkennen läßt, die Sehnsucht, wieder mit dem Licht vereint zu werden. Doch dieses Einswerden geschieht niemals hier auf der Erde, ohne dabei die Struktur in sich zu verwandeln.

Der Apfel führt als Geschenk an den Menschen und an die Erde das Lied des Wassers in seiner Frucht mit sich. Nehmen wir das Geschenk des Baumes, durch den der große Geist wirkt, dankbar an, beginnen auch wir, das Lied in unserem Wasser wieder klarer zu singen. Das führt dazu, daß wir uns wandeln. Je klarer wir das Lied in uns schwingen lassen, und dies hängt von unserer Dankbarkeit ab, desto eher erkennen wir das wahre Gesetz. Wir fordern nicht mehr, und damit entfällt für uns auch das Opfern. Wir geben etwas, doch wir bekommen alles, was unser Herz reinigt. Wir löschen damit auch das zu groß gewordene Feuer der Leidenschaft nach allem Irdischen.

Das Lied des Herzens erkennt seine wahre Melodie. Beginnt das Zentrum des Menschen, das Herz, wieder nach dieser Melodie zu schwingen, so erkennt der Mensch, daß das Paradies nicht außerhalb seiner selbst liegt, sondern daß er in sich den Samen trägt.

Wie auch der Apfel in seinem innersten Kern den großen Geist trägt, der das Lied der All-Einheit trotz der Auseinandersetzung der Elemente in sich nicht vergißt, so vergißt auch der wahre Kern im Innern des Herzens eines Menschen nicht sein Geschenk, daß er in sich das Paradies trägt und sich nicht vom Motto des Liedes der Erde betören läßt, welches da heißt: »Wo ich nicht bin, da ist das Glück.« Dieses Lied singt die Schlange, die den Baum der Erkenntnis verlassen hat. Die Schlange kennt zwei Lieder, die eigentlich eins sind. Der Ton des Liedes, der in der Materie schwingt und dumpf wird, verlockt sie, so wie auch Eva einst im Paradies Adam verlockt hat.

Werden wir eines Tages die Schlange am Baum der Erkenntnis als Lehrer und Freund über die Kraft des Geistes fragen können, die durch die Sonne ihren Eintritt gefunden hat, um auf den Weg zu kommen, der die Erde verwandelt?

Auch diese Kraft wandelte sich, als sie auf die Erde auftraf. Sie wurde Feuer, verwandelte dadurch die Erde und ließ durch die Hilfe des Wassers Grünkraft entstehen. Das Licht ließ die Grünkraft erkennen, was sie in sich trug, nämlich den verloren erschienenen Geist.

Vereinen wir das Weibliche mit dem Männlichen und das Männliche mit dem Weiblichen auf der Erde, ohne zu fordern und ohne zu opfern, vereinen wir beide auch in uns. Damit finden wir den goldenen Apfel in unserem Herzen und schenken ihn unserem Nächsten, der wie alle anderen auch in unserem Herzen wohnt.

Alle Leidenschaft hat ihre Wurzel in der Erde. Jede Leidenschaft beginnt in der Wurzel der Körperlichkeit. Die Leidenschaft birgt das Suchen in sich, und dieses birgt die Sucht in sich. Die Sucht läßt uns fallen, wie der Baum den Apfel fallen läßt, aber nicht in die sich ihm öffnenden Hände eines wahrhaft suchenden Menschen, sondern auf die Erde, die ihn verschlingt.

Je mehr die Erde in ihrer Struktur ihr Lied erklingen läßt, desto mehr offenbart sich der Geist durch die Sonne. Es sieht so aus, als ob er sich opfert, doch er wirkt durch das Feuer scheinbar gegen das in sich erstarkende Erdelement. Der Kampf des Feuers mit der Erde, der eigentlich der Kampf der Erde mit dem Feuer ist, kostet das irdische Herz viel Kraft. Gleichfalls kostet es das im Dienste des Wassers stehende Organ Niere viel Energie. Dort, wo ein Teil sich über die Maßen bemühen muß, beginnt auch das Ganze schwach zu werden.

Der Geist im Kern des Apfels trägt in sich das Symbol des Kreuzes. Wir sehen nur das Kreuz des Leides und nicht das Geschenk durch das Kreuz, das uns nur deshalb als leidvoll erscheint, weil wir das Geben und Nehmen zu Fordern und Opfern verwandelt haben.

Was es heißt, Zeuge zu sein

Einst war die Erde vollkommen und rund. Alles, was nun polar ist, war in sich vereint. Nicht die leiseste Erinnerung an das Getrenntsein war in der Erde und um sie herum zu erkennen. Die irdische Welt war in der Einheit selbst. Doch irgendwann wuchs der Wunsch in ihr, sich zu spüren, und als dieser Wunsch wuchs wie ein Kind, begann sich die Erde zu wandeln.

Die Wandlung geschah so still und leise, daß nichts und niemand sie wahrzunehmen vermochte. Die Erde ließ das Kind in sich wachsen und gebar es. Dieses Kind wirkte in allem auf der Erde. Es war und ist der Schöpfer der Gegensätzlichkeit. In allem, was sich auf der Erde formte und seine Gestalt suchte, war jedoch auch der Kern der Einheit. Und für einen kurzen Moment in jedem Leben kam es für einen Augenblick zur Vereinigung der Gegensätzlichkeit, die in jeder Struktur zu finden ist.

Vereinigen sich die Gegensätzlichkeiten in der Welt miteinander und finden in sich die dadurch entstehende Ruhe, gebiert die Ruhe das wieder neu, was sich aus dem Wunsch geformt hat, so wie die Erde einst ihr Kind gebar. Dadurch entsteht der Rhythmus zwischen Ruhe und Gegensätzlichkeit, der weit über dem Rhythmus der Polarität schwingt. Dieser, der Rhythmus zwischen Stille und Polarität, ist die Musik, die durch ihr Wirken das Kind der Polarität gebiert.

Es ist die Melodie der Melodien, die alle Noten aneinanderreiht und zu Liedern werden läßt. Jene Lieder singen ihr Lied im Wind, der sie um die Erde trägt, um sich scheinbar zu verlieren und doch wieder neu gestalten zu lassen, wenn sie sich mit ähnlichen Liedern verbinden. Die Vereinigung von Liedern geschieht im Luftelement und läßt erst auf der Erde neue Formen entstehen. Dadurch entsteht etwas, was Form hat und in sich den Geist trägt. Und auch dieses wird sich aus dem Getrenntsein lösen und sich wieder neu vereinen. So spielt der Geist mit der Erde, trennt sich, vereint sich und formt sich in der Trennung wieder neu.

Vielleicht war der Geist des Apfelbaumes das erste Kind von Mutter Erde, auch wenn sich seine Gestalt erst viel später formte. Dann wird er auch der letzte Zeuge sein, obwohl sich seine Form immer wieder wandelt, wenn Mutter Erde in sich zur Ruhe zurückkehrt.

Also war der Geist des Apfelbaumes Zeuge vom Anfang bis zum Ende, vom Beginn, als die Polarität zu wirken begann, bis zum Ende, als der letzte Widerstand verging.

Der Geist des Apfelbaumes trägt in sich die Schlange, die am Baum der Erkenntnis die Krone erreicht. Hierdurch vereinigt sie den Anfang mit dem Ende. Der Kreis schließt sich, und wenn er in sich vollendet ist, kehrt er sich nach innen, bis zu seinem innersten Kern und gibt dann nach außen, was innen ist.

Der Geist des Apfelbaumes kennt kein Geheimnis, denn das, was innen ist, ist außen, und das, was außen erscheint, hat seinen Platz im Inneren der Natur. Der Geist des Apfelbaumes reicht uns seine Hände, damit wir mit ihm dem Lied lauschen, das im Winde scheinbar vergeht. Wenn wir die Stille finden, beginnen wir einer inneren, stillen Musik zu lauschen, und während wir dies tun, öffnen wir ein Weisheitsbuch. Wir beginnen im Außen zu studieren und erschließen, was innen ist. Wir erkennen uns im Spiegel der Welt und wissen, daß Getrenntsein eins ist und das Ende den Anfang umschließt.

Auch hier gebiert sich wieder das Neue, das das Alte in sich trägt. So ist uns die Mutter Erde ein Beispiel für ihre Fruchtbarkeit. Sie ermüdet nie im Sich-neu-gestalten, denn die Form wächst auf dem Boden der universellen Stille, die in sich doch klingt. Genauso wie Form und Geist eins sind, vereinigt sich das Licht mit dem Ton, und diese zwei Lieder, die so entstehen, kennen nur eine Melodie. Es ist die Melodie des Einen.

13. Die Weide

Die Welt ist wie ein Rad. Die Sonne scheint direkt auf die Nabe dieses Rades und dreht es durch ihre Energie, ohne daß wir es jedoch bemerken.

Wenn wir die Energie der Weide für uns benötigen, befinden wir uns in einem Zustand des Vertrauens, der sich wiederum aus einem Zustand entwickelt hat, der seine Wurzel im irdischen Bereich begründet. Dadurch schreitet unsere Entwicklung zu einem goldenen Zustand des Seins voran.

Befassen wir uns mit der Weide, beschäftigen wir uns auch mit der Energie, die vom Mittelpunkt des Erdinneren zu uns kommt. Dort gibt es eine brodelnde, unvorstellbar heiße, leicht flüssige, glühend rote Masse. In ihr zerschmilzt Materie, die sich einmal zusammengefunden hat und durch eine gewaltige Kraft aneinandergepreßt worden ist.

Die Sucht des Aneinanderpressens der materiellen Partikel führte irgendwann zu einem so starken Dichteverhältnis, daß der Druck eine Reibung verursachte, in der sich schließlich die feste Materie verflüssigte.

Bei diesem Vorgang kommt es immer zu einer Hitzeentwicklung unvorstellbaren Ausmaßes, die durch den Mantel der Erde abgeschirmt ist. Diese Hitze zieht wiederum Licht an, das durch das Nadelöhr Sonne transformiert und aus Richtung Erde angesaugt wird. Das Licht, das durch das Tor der Sonne transformiert wird und mit seinem Original hinter der Sonne, jenseits von Raum und Zeit, verbunden ist, löst einen physischen oder materiellen Anteil aus der Erde ab, der sich im Mantel oder der Schale der Erde befindet.

Der materielle Anteil hat ebenfalls wie durch ein Nadelöhr eine Verbindung zu dem hinter der Schale liegenden Flüssigkeitsanteil der ehemals verdichteten Materie. Genauso entsteht das Feuerelement in unserem physischen Körper. Unser Geist hat eine Verbindung zum universellen Feuer, das durch die Sonne materiell wird.

Es gibt also zwei verschiedene Quellen des Feuerelementes. Die eine Quelle verbrennt alles Materielle aus dem Irdischen im physischen und emotionalen Bereich. Im Gemütsbereich handelt es sich um negative Emotionsmuster, die unter Umständen schon sehr alt sind. Erst wenn sie sich sehr stark angesammelt haben und die Verdichtung zu einem starken Druck führt, können sie verbrennen. Dieser Vorgang kann jedoch nur mit dem anderen Feuer hinter der Sonne geschehen, das die zweite Quelle des Feuerelementes darstellt.

Es kann also nur mit dem Licht geschehen, das durch die Sonne hindurchtritt, die wiederum ein Tor zur materiellen Ebene darstellt. Das irdische Feuer ist ein Spiegel des universellen Feuers, das durch das Tor der Sonne, das Nadelöhr, hindurchtritt und bis in die materielle Ebene hineinwirkt.

Alles, was verbrannt wird auf der Erde, setzt Trauer frei und gleichzeitig Freude, die wiederum der Spiegel der Trauer ist. Trauer entsteht, weil Widerstand da ist. Doch dieser Widerstand existiert nur in höheren Entwicklungsstufen, in denen sich schon Ansätze von Persönlichkeitsstrukturen gebildet haben. Dort nämlich wächst parallel zur Persönlichkeitsstruktur der Wille, der das Ego spiegelt.

Ist die Persönlichkeitsstruktur auf der absoluten Höhe ihrer Entwicklung in einer bestimmten Gemüts- oder Emotionalebene angelangt, verbrennt das Licht, das durch die Sonne zu Feuer auf der materiellen Ebene wird, den verdichteten, negativen Gemüts- oder Emotionalzustand. Dieses Verbrennen setzt Freude frei.

Um das Feuer auf beiden Seiten nicht zu groß werden zu lassen, ist das Wasserelement nötig, das das Feuer in seine Schranken verweist. Dadurch wirkt das Wasser auf der Erdoberfläche neutralisierend auf das Feuer im Erdinneren, das sich durch die verdichtete Materie speist. Das Wasser hilft auch, das Feuerelement im physischen Körper zu kontrollieren.

Entsteht jedoch zuviel Trauer durch das Ego, das vom Willen regiert wird und nicht genug Hingabe entwickelt, schwächt die anwachsende Trauer das Energiefeld des Menschen besonders im Erdelement. Das Wasserelement kann die Übermacht des Feuers durch die immer mehr anwachsende Reibung im Erdelement nicht mehr optimal kontrollieren.

Das Feuerelement elektrisiert, während das Wasserelement magnetisiert. Diese beiden Energiestrukturen sollten im Optimalzustand miteinander im Gleichgewicht stehen. Durch den magnetisierenden Umstand, der durch das fließende Wasser eintritt, wirkt es zu großer Hitzeentwicklung der sich in Reibung befindenden Materie entgegen.

Im körperlichen Bereich erklärt dies auch die so unendlich wichtige Verbindung zwischen Niere und Herz, denn die Niere wird dem Wasserelement und das Herz dem Feuerelement zugeordnet. Eine Störung entsteht also ursprünglich durch die sich zusammenziehende, zusammenballende und drückende Kraft der Materie, die letztendlich nur aus der Sucht entsteht, sich aufzulösen.

Zwei Federn, zwei Triebfedern beherrschen das Bild im Menschen. Die eine Triebfeder sehnt sich danach, im materiellen Getriebe einen bedeutenden Anteil einzunehmen. Die andere, die so leicht und schwerelos im Sein ist wie eine im Wind getragene weiße Feder, ist frei. Sie ist wie die Feder einer Taube, die sich im Flug gelöst hat, ohne den Verlust ihrer Heimat oder Wurzel zu beklagen.

Es gibt zwei grobe Einteilungen von Gesundheitsstörungen, die durch die Weidenessenz kuriert werden können:

Geschwüre, die durch zu viel Feuer entstehen und durch einen Mantel oder eine Hülle hindurchbrechen, sowie dies auch der Vulkan auf der Erde zeigt, der sein Feuer durch die Erdkruste hinausschleudert. Auch kuriert die Weidenessenz Verdickungen oder Verklebungen, Verhärtungen oder Wucherungen, die Zusammenballungen von materiellen Anteilen im Körper anzeigen.

Die Weide bringt auch Emotionalzustände wie Wutausbrüche oder, was seltener vorkommt, übermäßige Glücksgefühle, ins Gleichgewicht. Die Emotionalzustände Trauer, Leid, Resignation, tiefste Depression bis hin zur massiven Sucht nach Selbstzerstörung (eher passiv ausgeführt) werden ebenfalls kuriert, wenn es sein darf.

Die Weide steht an Orten, an denen sich unter der Erdoberfläche einmal zusammenballende Materie zu flüssigem Feuer verwandelt hat. Die Trauer der sich verwandelten Materie, sowie die Freude durch die daraus entstehende Leichtigkeit im Sein, vereinigen sich in diesem Baum.

Richten sich die Weidenzweige mehr zur Erde, so überwiegt der Traueranteil. Richten sich ihre Zweige mehr nach oben, der Sonne entgegen, so überwiegt der Anteil, der sich Freude nennt. Beides vereinigt sich in der Weide, Trauer wie Freude, genauso wie es auch im Menschen geschieht.

Die schwertförmigen Blätter symbolisieren den Kampf, der immer auf der Erde geboren wird, wenn etwas verwandelt werden muß. Ist die Verwandlung abgeschlossen und der neue Zustand aus der Transformation auferstanden, dann stirbt der Kampf und verwandelt sich zu Frieden, der zur Zufriedenheit führt.

Zufriedenheit ist ein mächtiger Schlüssel auf der Erde. Er führt uns durch die Tür in die andere Dimension, macht uns dabei wunschlos und leitet uns zur Einheit.

Beginnen wir den Weg zu dieser Transformation, halten wir symbolisch betrachtet ein Ei in der Hand, das gleichzeitig ein Kreuz ist. Erst wenn das Ei zur Kugel wird, und dies kann erst nach der Transformation geschehen, nach der Geburt des in sich neu entwickelten Individuums, ist der Mensch erleuchtet, kann das Kreuz ablegen, und das Rad muß sich für ihn nicht mehr drehen.

Das Ei ist der Anfang vom Ende. Das Ei gebiert das Ende, das das Ziel darstellt und über den Weg, den Pfad, mit ihm verbunden ist. Das ›Eigentlich‹ verwandelt sich in ›End-lich‹. Erst wenn der Mensch sich klar wird über die Wahrheit, daß das Ei das Ende enthält und das Ei das Kreuz ist, das als Erinnerung an das Ei bzw. an das Ende im Ei auf dem Weg getragen wird und erst zuletzt abgelegt werden kann, wenn der Mensch diese Erkenntnis in sich integriert, während er auf dem Weg ist, wird er sein Ziel bewußt im Auge behalten können.

Damit ist der Kreislauf des Wanderers auf dem Pfad abgeschlossen. Das Rad als Symbol für den Weg, der zurückgelegt werden muß, verwandelt sich zum Kreis oder zur Kugel, die für die Einheit steht.

Die erquickende Quelle des Lichtes im Herzen der Erde

Die Vibration der Erde und das Licht, das durch die Sonne kommt, sind in Wahrheit eins. Doch weil wir mit den Füßen auf der Erde stehen und uns die Sonne so weit entfernt erscheint, erkennen wir Sonne und Erde als zwei voneinander getrennte Ebenen. Wir sind eins mit beiden, mit Sonne und Erde, doch die Erde erscheint uns so nahe, und die Sonne erscheint uns so fern. Wenn wir dieses Empfinden weiter analysieren, dann erkennen wir, daß der Schlüssel die Berührung ist.

Wir spüren die Erde sehr kräftig unter unseren Füßen, und dieses Spüren hält uns wie ein Magnet fest. Was wir sonst noch erspüren, die Wärme durch die Sonne, ist für uns zweitrangig, weil sie uns einmal umfängt und einmal wieder losläßt. Von der Berührung durch die Erde können wir uns, so scheint es, nie ganz befreien. Wir sind mit unserem Rücken, wie die Weide mit ihrer Wurzel, fest mit der Erde verankert. Nur in der Krone sind wir frei. Das heißt, unser Geist kann sich lösen, doch niemals unser Körper, der unsere Wurzel auf der Erde ist.

Der Weg zur Sonne scheint nicht die Richtung für uns zu sein. Also bleibt die Gegenrichtung, der Weg zur Erde. Und weil wir dort scheinbar vorankommen, lassen wir das Licht hinter uns. Wir wandeln tief hinab in das Dunkel. Doch auch in dieser Richtung erleuchtet etwas unseren Weg. Irgendwann am Ende stoßen wir auf die Quelle dieses Lichts. Es ist ein loderndes Feuer, tief im Innern des irdischen Elementes. Setzen wir uns an den Rand dieses Feuers und wärmen unseren ermüdeten Körper, in dem der Geist des ursprünglichen Lichts noch wirkt, ruht unser Blick in den Flammen und versenkt sich in ihnen.

Während des Versenkens beginnt alles in Flammen zu stehen. Der müde Wanderer, der im Dunkeln das Licht fand, hat sich und seine Seele befreit. Sein Geist, der sich vom Körper gelöst hat, findet an seinen Ursprung zurück, wird eins mit dem Geist und erholt sich. Sein physischer Körper verbrennt.

In diesem Zustand erkennt der Geist sein wahres Zuhause, und das Feuer im tiefsten Kern der Dunkelheit ist gleich mit dem geistigen Feuer, das vom Anfang der Zeit an in ihm brannte. Wenn er dies erkannt hat, weit entfernt von allem irdischen Gefangensein, kehrt sein Geist zurück, und sein Körper findet sich in alter Form und doch neu.

Der Wanderer sitzt am Feuer, alles scheint alt, und doch ist alles neu. Eine Geburt folgt dem Sterben. Und nichts ist gleich im Innern, wenn sich das Außen im selben Bilde zeigt.

Das Feuer brennt weiter im Innern der Erde und im großen Geist. Der Wanderer spürt wieder die Erde unter seinen Füßen, und die Sonne in seinem Gesicht. Auch der Baum stärkt seinen Rücken. Doch verwandelt hat sich sein Gesicht.

Nun erst erkennt der Wanderer das gurgelnde Wasser im Fluß. Es fließt fröhlich zu seinen Füßen, und der Wanderer kennt die Antwort auf die Frage des kühlenden Naß. Was haben wir gemeinsam, du und ich?

14. Die Pappel

Alle Pappeln der Erde sind miteinander verbunden. Sie spannen ein feines Netz um die Erde, und von den sie verbindenden Bändern geht eine Vibration aus. Die Schwingung ist sehr fein und unaufdringlich und könnte mit Bescheidenheit gleichgesetzt werden. Wenn man seine Aufmerksamkeit auf die Pappel lenkt, spürt man, daß die Energie fast nicht zu greifen ist, wie der Wind.

Wir wissen, daß es den Wind gibt. Wir wissen auch, daß der Wind da ist, und doch können wir ihn nicht wirklich erfassen, denn er läßt sich nicht einfangen. In demselben Moment, in dem wir den Wind einfangen würden, wäre er auch schon aufgelöst. Der Wind muß frei sein, damit wir ihn spüren.

Die Energie der Pappel läßt sich ebenfalls nicht einfangen. Um sich mit ihr zu verbinden, müssen wir mit der Pappel eins werden und uns aufgeben. Doch wie können wir das? Die Pappeln werden uns dazu einladen. Wir brauchen kein Gastgeschenk, denn auf der Ebene, wo der Geist der Pappel wirkt, gibt es kein Geben und Nehmen.

Der Stamm ist ihr Haus, und die Blätter sind ihr Herz. Der Geist der Pappel hat sein Herz außen statt innen, und das macht den großen Unterschied. Dadurch, daß die Pappeln ihr Herz außen haben, sind sie in sich vollkommen frei. Die Energie fließt vom Stamm hoch zu den Blättern, und der Wind nimmt sie von ihren Herzen. Die Energie fließt dabei immer wieder neu. Sie kommt von unten aus der Erde. Es ist die Energie des Gebärens, doch dies geschieht ohne Willen. Es ist etwas viel Höheres, was da wirkt. Es ist in Wahrheit die Einheit, die sich so manifestiert und, sich durch den Baum ausdehnend, von innen nach außen geht.

Alles Leben hat Ausdruckskraft. Es ist ein Wille, der sich manifestiert. Doch bei dem Geist der Pappel steht der Geist im Vordergrund, der durch die Materie wirkt, und der Geist hat keinen Willen. Er ist einfach. Aber dadurch, daß er sich in die Materie versenkt, entsteht eine Kraft, die wir

Durchsetzungswillen nennen können, und doch ist es kein Wille in der Pappel. Der Wille spiegelt sich im Ego, und das Ego grenzt vom wahren Geist ab. Hier ist es aber der Geist, der sich in einer sehr ursprünglichen Form in die Erde gesenkt hat und sich durch den Spiegel, in diesem Falle die Pappel, nach oben bewegt und verströmt.

Dieser Geist kommt aus dem Herzen des heiligen Geistes und überwindet Widerstände, weil es für ihn keine Widerstände gibt. Er senkt sich in die Erde, aber das Senken hat nichts mit Schwerkraft zu tun, denn sein Geist ist so leicht, daß er diese nicht hat. Er berührt die Erde, und doch berührt er sie nicht wirklich, denn Berührung schließt Trennung ein, und der Geist der Pappel ist nicht getrennt.

Um sich mit dem Geist der Pappel zu befassen, brauchen wir Geduld. Geduldig sein heißt Demut haben, und das, was aus der Demut entsteht, ist das Erkennen, daß alles in allem ist und deshalb das Ego nicht wahrhaft existiert. Was das Ego spüren will, ist das Leben in der Polarität. Durch den Willen des Egos beginnen wir zu spüren, was das physische Leiden ist. Wenn wir das Wort ›Leiden‹ betrachten, finden wir ein weiteres Wort in ihm. Es ist das ›Ei‹. Dadurch, daß wir das ›Ei‹ im Wort Leiden übersehen, zerstören wir es, denn wir sehen das Leiden nur als einen schmerzhaften Prozeß, und daraus entsteht das Problem. Denn indem wir das Leiden nicht annehmen wollen, zerstören wir das Ei. Wir zerstören dabei ebenfalls unsere Transformation.

Das physische Leid läßt etwas entstehen, was wir Mitleid oder Mitfühlen nennen. Mitleid, das aus dem Christusbewußtsein in uns erwachsen ist, ist eine wichtige Station, um den Mitmenschen auf das ›Ei‹ im Leiden aufmerksam zu machen.

Wenn wir mitleiden, entwickeln wir den Wunsch zu helfen, und wenn wir das Helfen entwickeln, finden wir das ›Ei‹ im Leiden. Wir finden den Weg zur Transformation. Denn wenn wir das Ei finden, beginnen wir, das Leiden, unser Leiden und das Leiden der anderen, aufzuarbeiten. Das Leiden war vorher verdrängt und dadurch noch nicht integriert. Solange das Leiden in uns nicht integriert war, konnten wir auch nicht über den Schmerz trauern. Aber in der Zeit, in der wir trauern, finden wir das Ei. Wir finden den Weg durch die Dunkelheit ins Licht. Wir finden den Weg, der durch die Transformation zu neuem Anfang führt.

Das Ei, die Transformation, die auch die Wiedergeburt ist, entwickelt sich über das Jasagen zum Leben, das auch Jasagen zum Leiden heißt. Es entwikkelt sich zur Vollendung, symbolisch wie zu einer Kugel. Diese Kugel steht gleichsam für die Verbindung vom Verstehen zum Integrieren des Geistes.

Der Geist der Pappel beklagt das Leiden nicht, weil er die Verbindung zum Geist hat und Ei sowie Kugel, die beide im höheren Sinn dasselbe sind, in sich integriert hat. Der Baum leidet nicht, der Geist lebt in ihm. Der Widerstand, den wir spüren, wenn wir uns mit der Pappel beschäftigen, kommt selbstverständlich nicht von dem Geist der Pappel, sondern von unserem nicht durchlebten Leid, von unseren zerstörten Eiern, die zur Kugel werden wollen und damit in das große Rundsein integriert werden. Je weniger Leid noch aufgearbeitet werden muß, desto größer wird die Kugel, die wiederum das Symbol der Vollendung ist. Unser Ego wird transformiert, und dieser Prozeß macht uns rund.

Viel durchlittenes Leid, das noch nicht transformiert ist, sondern eine Anzahl zerstörter Eier bedeutet, läßt unser Ego wachsen. Durch diese Erfahrung im Leid werden wir stark, aber nicht immer weise. Mit jedem durchlebten Schmerz, in dem wir das Ei nicht erkannt haben, haben wir uns eine Waffe zugelegt. Dadurch besitzen manche von uns ein stattliches Waffenarsenal, um sich zu verteidigen und dadurch neues Leid zu verhindern. Diese Waffen sollen auch die schon zerstörten Eier verteidigen. Dies bedeutet, daß wir damit die noch nicht durchlebte Trauer in Schach halten.

Das Ego lernt im Laufe der Zeit immer perfekter, mit diesen Waffen umzugehen. Je größer das Ich sich entwickelt, um so weniger besteht für den Menschen die Möglichkeit, Leid aufzuarbeiten. Die Ansammlung von Schmerz und Verletzung befindet sich wie in einer Burg, gut geschützt durch diese Waffen. So ist das Verhältnis von Ego und noch zu leistender Trauerarbeit immer gleich groß. Je größer das Ich, desto größer ist das Leid hinter den Mauern der Burg. Ein starkes Ego hat noch eine beachtliche Trauerarbeit zu leisten. Doch wenn diese getan ist, dann zeichnet sich eine große Entwicklung ab.

Vorbestimmtes Leid zu verhindern ist uns nicht möglich. Unnötiges Leid zu verhindern, ist unsere Pflicht. Leid zu verwandeln, indem wir auf das Ei oder die Transformation im Leiden aufmerksam machen, ist eine von Gott geschenkte Tugend. Wenn diese Aufgabe unser Herz erfüllt, dann wispern wir, wie die Pappeln im Wind, vom Sinn des Lebens, der nicht im Leiden liegt,

auch nicht im Geben und Nehmen, sondern im Sein. Hier erkennen wir die Wahrheit im Ei. Es ist das Sinnbild für die Transformation zum Licht.

›Ja‹ sagen zu allem, was geboren wird, ist auch eine Tugend. ›Nein‹ zu sagen, zerstört das Ei, verhindert die Transformation. Aus dem Adler im Menschen wird ein Huhn, und das Huhn trauert sein Leben lang um die verlorene Bestimmung.

Die Energie der Pappel hilft uns, ›Ja‹ zu sagen zum Leben. Wenn wir ›Nein‹ sagen, dann nur zum Leiden, weil wir das ›Ei‹ in ihm erkennen und damit schon transformiert haben. Nun wird uns bewußt, daß ein wirkliches ›Nein‹ gar nicht existiert. Wir sehen auch, daß unser Ego nur eine fiktive Ritterburg ist. Eine Burg, die das ›Nein‹ zum Leben vor dem ›Ja‹ beschützt und dadurch Transformationsprozesse verhindert. Dieses ›Ja‹ will das ›Nein‹ nicht auflösen, nicht vernichten, sondern wünscht es nur zu transformieren.

Erkennen wir alle Waffen des Egos, das in einer Scheinwelt lebt und selbst Schein ist? Es ist eine scheinbare Wirklichkeit. Es ist realer Idealismus, der Spiegel der absoluten Wahrheit im Geist.

Die Energie der Pappel bringt das Ego dazu, nicht mehr auf den Klang der sich kreuzenden Waffen zu hören, sondern auf das wispernde Lied des Baumes, das von der Transformation erzählt.

Hört das Ego zu, geschieht dies nicht ganz ohne Widerstand. Aber es geschieht immer dann, wenn der Mensch auf einen Menschen trifft, der durch das Mitleid den Sinn der Transformation im Leid erkannt hat und sich durch die Erkenntnis der Pflicht und der Tugend in den Dienst stellt.

Die Energie der Pappel wirkt öffnend auf das Herzzentrum und reinigt durch den Wind, den Vertreter des Luftelementes, mit dem Sauerstoff das Herz und seine Gefäße.

Der Mensch verliert die Angst vor dem Leid und beginnt dadurch wieder Mut zum Atmen zu entwickeln. Der Wind befreit uns von der Erinnerung des Leides. Er nimmt es mit und transformiert es.

Im körperlichen Bereich bedeutet dies, daß wir die sich loslösenden Schlackenstoffe durch Ausatmen über die Lunge und die Haut abgeben. Es ist eine Reinigung, die durch Ausdünsten geschieht. Der Mensch reinigt sich von innen nach außen.

Pappeln stehen an Orten, an denen Transformationen stattfinden, ohne daß es zu Leid kommt. Dies sind Orte der Kraft, aber diese Kraft hat nichts mit Verteidigung zu tun, sondern der Baum an diesem Ort ist Zeichen von in sich integrierter Lichtkraft, die nicht erst über Leiden und Trauer darüber transformiert werden mußte. Die Pappel steht auch dafür, daß der Mensch frei ist von seinem ihn blockierenden Willen, ein Gefäß, das bereit ist zu empfangen.

Je leerer das Gefäß, desto größer ist die Kraft zu empfangen. Ist das Ego von seiner Burg befreit, wird es ein befreites Ich und ist frei von Willen. Sein Wille richtet sich nach dem höheren Willen in ihm aus, befreit sich selbst und wird dadurch zum Selbst. Dies bedeutet Freiheit im Sein, schließt Leiden aus und trägt das ewige Leben in sich.

Wenn man die Essenz des Baumes als Heilmittel annimmt, erstirbt ein Teil des Egos, das sich eben in Wahrheit transformiert. Und dadurch verändert sich das Individuum. Die scheinbare Aktivität, die vorher herrschte, um zu schützen, verwandelt sich in ein inneres Gewahrsein, eine Aufmerksamkeit, die nicht mehr nach außen geht, sondern nach innen. Dies erscheint nach außen passiv. Es ist aber die Ruhe.

Die Samen der Pappeln sind wie Federn im Wind. Sie zeigen das an, was der Baum ist: Leichtigkeit im Sein. Leicht sein, anstatt schwer durch Leiden. Die Transformationsprozesse annehmen und pflegen, anstatt schwer zu sein durch das Leiden.

Die Pappeln werden uns helfen, daß das Licht in den Menschen wirken kann und das Ego stirbt, ohne zu leiden. So wird das Licht in das Volk der Erde Eingang finden, je mehr in ihm das Ego abnimmt.

Die Liebe zur grünen Erde

Es war einmal ein alter, weiser Mann, der über viele grüne Hügel auf der Erde wanderte. Immer, wenn er auf einen Hügel kam, der einen Ausblick schenkte, setzte er sich dort hin und ließ seinen Blick über die grüne Erde schweifen. Er hatte einen treuen Begleiter, das war sein Wanderstock, und bevor er sich erhob nach seinem Ruhen, schnitzte er ein Zeichen in diesen Stock und schritt voran. Im Laufe seines Lebens kam er auf so manchen Hügel, und sein Blick schweifte, während er ausruhte, liebevoll über das Land. Auch die Zeichen, die er in seinen Stock ritzte, wurden zahlreich, und als er keinen Platz mehr für ein weiteres fand, da wußte er, daß nun seine weite und lange Wanderschaft über den grünen Boden von Mutter Erde beendet war.

Der letzte Ort, an dem er ruhen wollte, war ein Platz, wo eine große Pappel stand. Sie war aus dem gleichen Holz wie sein treuer Begleiter. Sein müder Körper sank auf die mit Moos bedeckten Wurzeln, nur sein Stock stand noch aufrecht an den Stamm gelehnt. Ein letzter Blick ging müde und doch glücklich über sein geliebtes grünes Land. Dann schloß er die Augen, spürte die Wurzeln des Baumes unter sich und die Weite des Himmels über seinem Haupt, und sein inneres Ohr lauschte dem Lied der Pappel, denn es war so zart und rein in seiner Melodie, daß kein äußeres Ohr es wahrhaft zu erfassen vermochte.

Durch das Lied beflügelt, schwang sich seine Seele, reitend auf den Wellen der Klänge, empor und fand zu neuen Ufern. Und als er aus einer anderen Dimension noch einmal seinen Blick auf all die grünen Hügel zurückschweifen ließ, auf deren Böden er geruht hatte und in Einheit mit der Schöpfung im Sein geatmet hatte, da spürte er die Liebe zur grünen Erde in seinem Herzen und erkannte, daß gerade durch diese Liebe auf jedem Hügel ein Baum gewachsen war.

Sie alle sangen das Lied der Einheit, das nur mit dem inneren Ohr zu erlauschen war. Und auf seinem Stock, so wußte er, waren nicht nur die

Zeichen der Ruhe, sondern auch die Zahl der Bäume, als Symbol für die Erkenntnis, die er gepflanzt hatte, geboren aus seiner Stille.

Nun erkannte er auch, daß sein Geist in jedem dieser Bäume wirkte. Er wirkte von innen nach außen und brachte die Wahrheit mit. Es war die Wahrheit, die der Mensch als die Weisheit kannte. Durch diese wirkte er weiter in der Welt und war doch entfernt von ihr. Und das Lied der Pappel ließ jenen Geist niemals mehr müde werden in ihr.

Der Alte war am Fuße des Baumes gestorben, doch er hatte ein Zeichen hinterlassen, daß er einmal gelebt hatte in der Welt. Doch was ewig auf Erden blieb, das war jenes, was sich durch die Arbeit auf ihr schuf. Dadurch erkannte der Geist, daß nichts wirklich verloren ging, was einmal in ihr gewirkt hatte.

Die Grünkraft barg die Hoffnung. Doch erst, wenn man dem Lied lauschte, das die Grünkraft sang, begann sich das Leben zu offenbaren, und das, was verloren schien, wurde als wiedergeboren neu erkannt.

Fragt man den Geist der Pappel, wie er entstand, so mag er uns antworten:

»Lange bin ich gewandert über die Erde, und meine Augen liebten das vollendete Grün. Aber immer, wenn ich nicht mehr wirkte, sondern nur noch eins war mit diesem besonderen Licht, versenkten sich meine irdischen Augen und alles, was sich mit ihnen in mir verband, in dieses Grün. Mein Herz wurde weit und offen, die Melodie der universellen Liebe begann in ihm zu erklingen, und genau dann erschuf ich mich durch die Erde neu.

Als mein Werk vollendet war, nahm ich in dem Baum der Schöpfung Platz, fand dort das große Buch des Lebens und schrieb mit goldener Feder das Leben, mein Leben, immer wieder neu.

Nun warte ich hier seit langem schon, und mein Herz freut sich auf so manchen Besucher, der meine Wohnstatt betritt. Unter dem grünen Dach der Pappel, im Herzen dieser Essenz, wird mich jeder, der mich aufsucht, finden. Reichen wir uns die Hände, dann beginnen wir gemeinsam im goldenen Buch der Weisheit des Lebens zu lesen.

Für jeden Besucher, der in meinem Herzen wohnt, wird sich in seinem Herzen etwas lösen und befreit werden. Der Kragen an seinem Hemd, der vorher nicht rein war, wird weiß wie meine Samenstände, die wie eine Feder im Wind von Neuem und doch von Altem singen.«

15. Der Ahorn

Wenn der Geist des Ahornbaums hinabsteigt aus der Ebene der Einheit in die Ebene der Vielheit, dann wird seine Form gestaltet durch das Wirken der vier Elemente, die miteinander in der Gestalt arbeiten. Ein Teil des Geistes aus der Ebene der Einheit geht von innen nach außen und trennt sich ab. Er wandelt durch ein Feuer, was vergessen läßt. Doch bevor alles in ihm verlöscht, betritt er die Ebene der Vielheit. Sein Geist berührt die materielle Welt, und die Engel der vier Elemente begrüßen ihn.

Das, was der Geist des Ahornbaumes mitgebracht hat aus dem inneren Kern seiner nun für ihn verborgenen Welt, die hinter der Tür zur anderen Dimension liegt, ist seine Aufgabe. Sein Kleid wird sich formen, wenn er auf dem für ihn bestimmten Boden seinen Platz findet. Seine Gestalt wird ihm, seinem Geist, die Hülle geben. Er erhält, wie alles, das einzeln ist auf der Welt, einen Namen.

Genauso wie der Ahorn wird und wurde alles auf der Erde geboren. Dies geschah auch mit dem Geist dieses Baumes. Wie alles ein Kleid als Geschenk erhält und kein Kleid dem anderen gleicht, hat alles, was ein Kleid trägt, einen Geist, der durch seine Aufgabe in der Welt zu wirken beginnt.

Die Aufgabe an sich hat in seinem Ursprung eine Bedeutung. Es ist die Bedeutung des Aufgebens, des Abtrennens vom Ursprung. In der Welt der Strukturen bedeutet es, seinen Weg zu gehen, ohne Ablenkung, sich nicht zu verirren und das Ziel nicht zu vergessen, an dem das Selbst es in die Arme nimmt.

Der Geist des Ahorns ist durch das Feuer gegangen, wie alles, was sich abtrennt, durchs Feuer geht. Das Feuerelement wirkt durch den Ahornbaum, in dem es die Grünkraft verwandelt. Was übrig bleibt, fällt zurück an die Erde.

Die Wachstumsenergie läßt Erde, Wasser, Feuer und Luft sich miteinander vereinen und dadurch etwas Neues entstehen. Das Ziel ist tief im inneren

Kern verborgen. Es ist in sich eine Einheit, die alle Informationen des Universums enthält. Dieser komplexe Zustand, der gleich einer Kugel ist, ist das, was wir unter dem Zellkern verstehen, in dem jede Information enthalten ist, auch wenn die Einheit sich in seiner Wirkung auf eine spezielle Information reduzieren kann.

Etwas Altes ist vergangen, etwas Neues entsteht. Doch es gibt etwas, was im Neuen herausleuchtet. Es ist die Erinnerung an das, was vorher war. Mit dem, was der Mensch vorher darstellte, hat er sich identifiziert. In dem, was es vorher war, konnte das Individuum sich als Persönlichkeit, als abgegrenztes Ich erkennen. Diese eine Erinnerung im Menschen wie auch im Zellkern reflektiert das rote Licht. Es ist die Farbe der Erde. Es ist die Wurzel, und mit ihr war der Mensch auch in der Vergangenheit verbunden. Man hat sich gelöst und seine Zugehörigkeit wieder neu erkannt.

Die universelle Geistkraft wirkt über das Zentralnervensystem bis hin zur Zelle. Darüber hinaus reicht der Einfluß des Geistes bis in den tiefsten Kern der Zelle hinein. Der Geist läßt die Information in der Zelle wirken. Er wirkt in der Zelle, der kleinsten Einheit. Im körperlichen Bereich ist die Zelle der mikroskopische Spiegel und reflektiert den Ursprung. Dadurch trifft sich der tiefste Kern in der Zelle mit seinem Ursprung. Die einzelne kleine Zelleinheit spiegelt wiederum den gesamten physischen Körper. Sie spiegelt die Verbindung der Elemente untereinander, und der physische Körper reflektiert über die Persönlichkeit den Geist des Menschen auf der Erde.

Erkrankt eine Zelle, so liegt ein Fehler im Zellkern vor. Ist die Zelle durch Fehlinformation geprägt, beeinflußt sie auch andere. Diese Beeinflussung erfolgt durch Informationsübertragung zum nächstgelegenen Zellkern. Verlieren viele Zellkerne auf diese Art in sich den Anschluß an die wahre Information der Matrix, den Mutterboden oder Ursprung der Erinnerung, so entsteht mit der Zeit ein Vergessen. Die dadurch entstehende Disharmonie kann sich als körperliches Leiden manifestieren. Um dies wieder zu verändern, muß man die Erinnerung, die die ursprüngliche Information im Zellkern verborgen hält, wachrufen.

Durch die Aktivierung der Erinnerung entsteht eine energetische Kraftentfaltung. Die fehlgesteuerte Informationszentrale im Zellkern, die das Geschehen in der Zelle prägt, wird korrigiert. Sollte dies nicht mehr möglich sein, wird die Zelle eliminiert und ersetzt. Sie wird ersetzt, nicht unbedingt erneuert, denn das, was einmal ein Verlust ist, wird immer ein Verlust

bleiben. Er kann jedoch ersetzt werden. Erst wenn das gesamte System ersetzt wird, weil der Zahn der Zeit an ihm nagt, wird es erneuert oder wiedergeboren.

Der Zahn der Zeit hat wesentlich mehr Angriffsfläche, wenn die vier Elemente nicht miteinander im Gleichgewicht arbeiten. Doch in welchem Verhältnis sie zueinander stehen, entscheidet der Geist hinter der Persönlichkeit, und das Verhältnis bestimmt schließlich den Charakter des Individuums auf der Erde.

Es ist die Essenz im universellen Kern, die die wahre Information bis in die Ebene der Körperlichkeit hineinsendet, die sich dann im Körper widerspiegelt und über die Persönlichkeit durch ihren Willen alles in Balance zu halten versucht. Die Erinnerung tief im Zellkern bleibt dem Geist in der Materie als Werkzeug erhalten, um auf der durchlebten Erfahrung aufzubauen.

Das Loslassenkönnen, das Wissen um die Umwandlung, der Wunsch nach Erneuerung oder nach Verjüngung, der nicht vom Ego kommt, sondern aus der Quelle des Universellen stammt, ist die Essenz des Baumes.

Das Erdelement verwandelt sich durch das Feuer. Es entsteht die Grünkraft. Das Feuerelement verschlingt die Grünkraft, die sich nicht mehr im Gleichgewicht der vier Elemente halten kann. Doch die Erinnerung bleibt tief im Zellkern als Werkzeug zurück, und durch diesen Prozeß kann auf der durchlebten Erfahrung neu aufgebaut werden. Ohne Verbindung mit dem Wasserelement, das das Feuer zum Erlöschen bringt, bevor auch die Erinnerung verbrennt, kann nichts auf der Erde entstehen.

Das Luftelement erneuert und verjüngt das Erdelement. Das Luftelement, das auf der Erde ein Spiegel des Ätherelementes ist und dadurch eine äußerst dynamische Verbindung zur anderen Dimension darstellt, läßt im Ahornbaum die Verbindung mit der Erinnerung aufrechterhalten. Der Baum trägt die Erinnerung seines Ursprungs auf die Erde, damit dieser sich mit dem Ursprung der Erinnerung aus dem universellen Kern trifft und vereint.

Der Ahornbaum gibt uns die Kraft, unsere in Unordnung geratenen Elemente wieder zu ordnen, und gleichzeitig beginnen wir, den Ursprung wieder in uns zu finden, weil der Geist des Baumes uns mit ihm verbindet.

Jeder Geist, der durch das Feuer gegangen ist, fühlt sich verloren und von seinem Ursprung abgetrennt. Durch das Abgetrenntsein beginnt er zu vergessen, was er wirklich ist. Daraus entwickelt sich Mangel an Vertrauen, denn sein ihn führender Vater scheint ihm die helfende Hand nicht mehr zu reichen. Daraus entsteht Mangel an Zuversicht, den Weg zu finden. Und schreitet das Vergessen fort, beginnt auch die Hoffnungslosigkeit zu wirken. Diese Wirklichkeit wird zur Wahrheit, und die universelle Wahrheit wird schließlich als unreal und unglaubwürdig abgetan. Sie wird letztlich mit der ganzen Kraft des Wesens verneint.

Als der große Geist die Kinder aussandte …

Einst als mein Geist noch jung war, sprach der Ahornbaum, entschied ich mich für die Erde. Es war eine rechte Herausforderung, denn es ist bekannt, daß auf der Erde das Gesetz der Trennung herrscht. Es bedeutete auch für meinen Geist, daß ein Teil hier in dieser Dimension blieb, in der alles miteinander vereint ist, und ein Teil sich abtrennen würde, um auf der Erde Fuß zu fassen. Auch war mir bekannt, daß der Teil, der auf der Erde Fuß fassen durfte, im Laufe der Zeit keine Erinnerung an dem Ort mehr in sich tragen würde, an dem der größere Anteil in sich wirkte.

Doch die Aufgabe rief, und jede Aufgabe entsteht als Herausforderung, damit sie gemeistert werde.

Es war eine wahre Aufgabe, denn etwas gab sich auf, trennte sich vom Urgrund und wanderte hinab in ein anderes Sein. Auch dieser Teil, der sich abspaltete und in der materiellen Welt seinen Platz finden sollte, wurde viele Male getrennt. Auf der Erde wuchsen viele Bäume in ihrer Art, auch wenn sie sich voneinander unterschieden, so wirkte doch der Geist des Ahorns in ihnen allen. Die Gestalt des jeweiligen Baumes spiegelte nicht nur den einen Ursprung, sondern auch die vielen verschiedenen Ursprünge der Erde in sich wider. Deshalb waren ihre Gestalt und ihre Form so manchesmal voneinander verschieden.

Der Vater in der anderen Dimension war derselbe in all der Zeit. Der Vater vergaß seine Kinder nie. Doch je länger die Kinder von ihm getrennt, desto mehr betrachteten sie die Erde als ihre Heimat und vergaßen die andere, die sie hatten durch ihn. Auch der Vater, der Geist des Ahorns in der anderen war ein Kind wie sie. Er war das Kind des Einen, in dem sich alles miteinander verband. Doch weil er so nah und innig mit ihm verbunden war, gab es in ihm eben kein Vergessen.

Vergessen ist ein Kind der Trennung, und die scheinbare Loslösung entsteht, wenn das Kind von innen nach außen geht. Es beginnt den Weg nach außen,

um sich selbst zu erfahren, und es fängt an, Eigenständigkeit zu entwickeln. Es erfährt ebenfalls die Eigenheiten der Individualität, beginnt zu spüren, was Abgetrenntsein heißt, und erkennt hinter der Individualität durch das Suchen nach seinem Ursprung das Selbst. So erfahren es auch die Kinder des Ahornbaumes, der in der Einheit seine Wohnung hat. Als der große Geist sie aussandte, um auf der Erde Fuß zu fassen, waren sie wie die Brüder und Schwestern der Menschen, Kinder des Lichtes, die durch die Individualität einst das Selbst erfahren würden. Doch die Bäume auf der Erde, die zur Familie des Ahorngeistes zählen, werden diesen Menschen helfen, die die Suche nicht begonnen, sondern sich scheinbar ohne Vertrauen im individuellen Muster ihrer Persönlichkeit verloren haben.

16. *Die Lärche*

Der Geist des Lärchenbaumes vertritt in sich die Tugend der Bescheidenheit. Der männliche und der weibliche Anteil befinden sich im Gleichgewicht, und weil nichts Vorrang hat, empfindet der Mensch eine angenehme Ruhe, wenn er diesen Baum auf sich wirken läßt. Der Boden, auf dem die Lärchen gedeihen können, würde anderen Bäumen nicht genug bieten, aber da sie bescheiden sind, ist er für sie gerade genug.

Es ist ein feines Schwingen, das in jedem Ast, in jedem Blatt, das nur nach außen wie eine Nadel wirkt und an die Tanne erinnert, in Vibration erklingt.

Wenn sich im Frühjahr das erste Grün entfaltet, erscheint dieses grüne Licht wie die milde Frühsommersonne. Die Äste der Lärche formen sich nach außen, als wollten sie die Sonne in ihren Armen wiegen. Weil die Kraft des Baumes sich ganz dem Licht öffnet, nimmt seine Gestalt in schnellem Wachstum zu. Der Geist des Baumes ist mit seiner Wurzelkraft nur zaghaft mit der Erde verbunden. Seine energetische Ausrichtung strebt mehr dem Licht zu. Doch da die Lärche auch in dieser Aufnahmefähigkeit bescheiden bleibt, entsteht keine übermäßige Hitze, so daß sie auch dem Wasser gegenüber bescheiden bleiben kann. In Bescheidenheit eins zu werden mit dem Licht ist ihr höchstes Ziel.

Die Zeit der Sonnentage und der Wärme ist die Zeit, in der die Freude am Leben wächst. Naht die Zeit der Dunkelheit und der kalten Tage, beginnt die Lärche innerlich zu frieren, doch hält sie tapfer ihre Pflicht im Wirken auf der Erde.

Der Wandel der Zeiten ist ein Gesicht, das fest verbunden ist mit der Erde, und weil der Geist der Lärche sich auf der Erde manifestiert hat, gibt es kein Hadern und kein Zurück.

Orientieren bedeutet: zu Beginn den Weg fixieren, der zum Ziel führt. Wenn wir das am Anfang tun, so wird der Weg eine Markierung aufweisen, die unsere Schritte lenkt. Wandern wir diesen Weg entlang, schreiten wir mit dem inneren Wissen voran, und diese innere Erkenntnis läßt uns bescheiden werden in unserem eigenen Drang. Wenn wir zu stark auf ihn hören, führt er uns zu Übermaß an den Dingen. Da das Zuviel Gefahr bedeutet, orientiert der Geist der Lärche sich am Wenigen. Dinge, die wir anhäufen, beschweren uns auf dem Weg. Wir müssen immer wieder rasten, und während wir dies tun, beginnen wir etwas in uns wachsen zu lassen, das träge macht. Dieser irdische Anteil entfaltet Übermaß und läßt uns schwer werden. Deshalb beginnen die Pausen oder die Zeiten der Rast mehr und mehr zuzunehmen, und der Weg zum Ziel wird vergessen, denn der Genuß, der im Trägesein seine Wiege hat, beginnt zu wirken.

In der Schwere der Trägheit erlischt, was durch das Überwinden von Widerständen immer wieder geboren wird. Es ist das Kind der Reibung, der Materie, das wir Feuer nennen und seinen Vater hinter der Sonne hat, das durch sie wirkt und uns immer wieder neue Kraft gibt, weil es – in der Struktur verwandelt – wieder Neues entstehen läßt.

Was jung ist, weil es neu entstanden ist, führt auch die neu geborene Erinnerung mit sich. Was alt ist oder in der Trägheit stagniert, gebiert in sich das Vergessen.

Bescheidenheit in der Persönlichkeit läßt uns vorwärtsgehen, und der Antrieb durch den Geist entwickelt sich immer wieder neu. Der Geist der Lärche wirkt auf unsere im Geiste geborene Bescheidenheit. Die Lärche hilft uns, den Weg zu gehen, ohne in der Trägheit zu versinken. Sie hilft uns, das Übermaß in den Dingen als Verführung zu erkennen und es trotz seiner Existenz auf unserem Weg beiseitezulassen.

Die Essenz des Baumes aktiviert das gesamte Stoffwechselgeschehen. Dadurch wird unser inneres Feuer, das im physischen und im emotionalen Leib wirkt, die Kraft entfalten, die es uns leicht macht, unsere Schritte zu gehen.

Eine Vielzahl von Krankheiten entsteht durch Übermaß. Ein Übermaß an Nährstoffen, ein Übermaß an Hitze, ein Übermaß an Giftstoffen, und die durch alles Übermaß entstandene Entgleisung der Regulationskräfte bringt das Leben aus der Balance und führt es damit in die Krankheit, die im Tod enden muß, also schließlich zur Auflösung des physischen Leibes führt.

Das Maß zu halten, umschließt einen sehr großen Radius von feinen und feinsten Regelkreisen im Universum. Werden ein oder mehrere Regelkreise gestört, so übernehmen andere ihre Aufgaben, so gut sie es können, um alles

im Gleichgewicht zu halten. Brechen jedoch zu viele regulierende Funktionseinheiten zusammen, wirkt sich dies auf alle anderen bedrohlich aus.

Im körperlichen Bereich wirkt die Essenz des Lärchenbaumes insbesondere regulierend auf die Bauchspeicheldrüse und die Milz. Auch der hormonelle Bereich und die Entgiftung des Lymphsystems werden positiv aktiviert.

Im emotionellen Bereich wirkt der Baum mit seiner Energie transformierend auf folgende psychische Ebenen ein: Eigenwille, Ehrgeiz, Durchsetzungswille im irdischen Bereich, Trotz, Rücksichtslosigkeit und Eigenliebe.

Ist wenig Licht vorhanden, entwickelt der Mensch im geistigen Bereich schnell Mangel an Hoffnung. Wenn Unbill wächst, erstirbt seine Energiereserve ebenfalls schnell. Dies ist die Angst vor Mißerfolgen, die Ängstlichkeit vor Fehlern. Dadurch, daß dieser Mensch keinen starken Willen hat, mangelt es ihm auch an Durchsetzungskraft. Aber wenn er genug Energie erhält, ist er in der Lage, schnell zu wachsen, und der Wille wird dann nur für das Wachstum zum Licht eingesetzt.

Heute scheinen sich viele Menschen auf der Erde in einem derartigen Zustand zu befinden. Aber durch den Kampf mit dem Übermaß, den sie letztlich verlieren, verlieren sie auch wieder diesen Zustand. Dies ist im wahrsten Sinne kein Verlust.

Die übertriebene Ausrichtung zum Licht wird durch die Essenz der Lärche ebenfalls transformiert: die Neigung zu Asketentum, Altruismus (dem Egoismus entgegengesetzter Zustand), spirituellem Ehrgeiz, spirituellem Hochmut, Isolationsbedürfnis, Wunsch nach Abgrenzung, Angst vor Fehlern, Ausgrenzung des Negativen statt Integration, Geizen mit spiritueller Erkenntnis, zu Einsamkeit und zur Trauer darüber, durch das Gefühl vom Licht abgegrenzt zu sein.

Bescheidenheit ist die Fülle der Dinge. Bewahren und Pflegen gehören zu den größten Tugenden beim Wandeln in der materiellen Welt. Diese Tugenden geben unserem Geist die Nahrung, die der Geist im Menschen bevorzugt, um kreativ zu wirken in der Zeit. Denn der Geist, der in dieser Form auf der Erde wandelt, läßt wieder etwas durch sich Gestalt annehmen. Es sind die Früchte, an denen wir uns und nicht zuletzt das Wirken des großen Geistes in uns und in der Materie erkennen können.

Alle Kunst, die durch die Mutter der Kreativität geboren wurde, kann erst dann einen Samen zur Entfaltung bringen, wenn sie eins wurde mit dem

Geist. Dies ist Schöpfung. So lassen wir den Geist durch uns wirken, und durch die Vereinigung mit uns in der materiellen Welt entstehen die Früchte, die unser Herz erfreuen. Sie beflügeln unseren Geist und geben uns die Kraft, daß sie sich weiter vermehren. Durch Bescheidenheit entsteht Fülle anstelle von Mangel, der aus dem Übermaß geboren wurde.

Schlank und voller Grazie wächst die Lärche zum Licht. Sie nimmt Raum ein, dennoch läßt sie alles, was unter ihr am Boden dasselbe Ziel hat, sich selbst verwirklichen, denn jeder Sonnenstrahl findet seinen Weg durch die Äste und Blätter der Lärche bis zum Mantel der Erde. Selbst in ihrem Lied, im Rauschen der Blätter im Wind, bleibt sie im Ton bescheiden, doch der, der sie trotzdem hört, beginnt zu ahnen, wie Leichtigkeit entsteht in der Schwere der irdischen Welt.

Im Laufe des Lebens wächst durch die Bescheidenheit die Dankbarkeit in der Tiefe der Wurzel, die sie mit der Erde verbindet. Das Wachstum, das in die Höhe ausgerichtet war, beginnt sich nun auch in der Erde zu erschließen. So lauscht der Geist der Lärche auch dem Lied des Wassers und der Erde und beginnt, stark zu sein auf ihr. Kein mächtiger Wind und kein eisiger Winter lassen sie im tiefsten Kern zur Erstarrung führen, denn das innere Feuer der Liebe zur Erde beginnt zu wachsen. Die Schwäche der mittleren Jahre verwandelt sich, und eine ruhige Weisheit strahlt nun aus von diesem ins Alter gekommenen Baum. Nun vermag er alles zu schenken, Bescheidenheit und Liebe zum irdischen Sein.

Das Geheimnis meiner Existenz

Einst, als die Erde rund war und mein Geist im großen Geist seine goldene Wurzel hatte, legte der All-Eine mir nahe, mich von ihm abzutrennen und auf der Erde zu wirken. Es gab kein Hadern und Sträuben, es waren nur der Ruf der Dinge und mein Gehorsam, die mich in eine andere, mir unbekannte Welt versetzten.

Ich stand da, gespalten und auf viele Orte verteilt, doch mein wahres Selbst, auch wenn es sich teilte auf der Erde, war immer nahe in mir, und nichts schien meinen Geist zu bewölken. Lange, lange Zeit stand ich still an all diesen Orten und spürte die große Kraft des Geistes in mir. Wenig war der Verbrauch an Nahrung, um mich zu gestalten, und wenig war auch das Wasser, das in meinen Adern floß. Wind gab es viel, aber das war mir recht, flüsterte er mir doch von meinem Ursprung. Die Luft an den Orten, an denen ich stand, war klar und rein wie Kristall.

Die Erinnerung an die blaue, leuchtende Lichtkraft, als ich von meinem Ursprung aus das erste Mal meine Heimat sah, war fest in meinem Gedächtnis erhalten. Ich spürte auch mein inneres Leuchten wie das blaue Meer, dem die Orte, an denen ich wuchs und gedieh, so fern waren. Nichts erschütterte mich in meinem Glauben, in meiner Bestimmung. Diese schien jedoch fern von mir zu sein, denn niemals, sooft ich auch in mir nach ihr forschte, begann ich sie zu erahnen oder gar zu erkennen.

Es war eine lange Zeit vergangen, und außer dem Dasein auf der Erde schien nichts meine wahre Aufgabe zu sein. Und als ich auch an dieser Bestimmung zweifelte, begann etwas in mir zu wachsen, das einen Schatten in sich trug. Leise wispernd im Wind begann ich den großen Geist zu fragen, ob er etwas geschickt hätte, um nutzlos in der Welt zu sein.

Und viele Fragen in dieser Richtung segelten wie Fähnchen im Wind. Ihr Wispern hatte eine traurige Sprache, und doch schwang immer auch die Hoffnung nach Anwort in ihnen mit. In dieser Zeit begann der Zweifel an

meiner Kraft zu nagen, und an vielen Orten war mein Erscheinungsbild schon lange nicht mehr das, was es hätte sein können in dieser wunderschönen Welt.

Wieder verstrich eine lange Zeit des Veränderns auf dem blauen Planeten, in der die Grünkraft sich formte und wieder verging im Wandel der Gezeiten. Und plötzlich, irgendwann an einem warmen, blauen Sonnentag, hörte ich die Stimme, die aus dem Universum und gleichzeitig aus dem innersten Kern der Erde zu mir zu sprechen schien. Ich erkannte durch sie das Geheimnis meiner Existenz. Der Panzer meines Herzens, der im eisigen Wind so manchen Winters eng geworden war, schien plötzlich zu bersten, und frei wurde der Jubel der Freude, die wahre Bestimmung zu wissen. Nun war ich sofort bereit, als Diener zwischen Himmel und Erde zu wirken, zu wirken und zu helfen den Menschen, denen ich als Baum ein Spiegel bin. Das war meine heilige Verpflichtung geworden und wird sie bis zum letzten Erdentage meiner Existenz für immer sein. Eine große Freude erfüllt nun mein grünes Herz, und meine Lungen trinken das blaue Licht des Vertrauens. Diese Freude und dieses Vertrauen werden auch in den Menschenkindern denselben Eingang finden, und in ferner Zeit werden wir uns bewußt die Hände reichen im goldenen Schoße unseres Urgrundes, in dem wir alle unsere wahre Wurzel wiederfinden.

Die Erde, auf der wir leben und aufrecht unseres Weges gehen, spiegelt das wider, was das Universum für uns zu verbergen scheint. Beginnen wir im Buche der Natur zu lesen, erkennen wir in ihm den universellen Geist. Doch können wir dies mit einem verzagten Herzen und einer schwachen Wurzelkraft?

Laßt uns freudig unser Werk beginnen und Seite um Seite erfahren, was der Weg zur Erkenntnis ist. So leicht wie die Adlerfeder im Wind, so leicht schwingen meine Äste. Doch erst, seitdem ich weiß, wer ich bin, vermag ich trotz meiner Wurzel meinem Geist die Kraft zu geben und ihn fliegen zu lassen im blauen Element. Schwebt mein Geist dann hoch oben am Firmament, erkenne ich wieder, was ich schon einmal sah. Die Welt, die wir die Erde nennen, ist ein blauer Planet, der durch die Natur die Wahrheit kennt.

Der Geist des Lärchenbaumes wird viele, viele befreien. Aus der Bescheidenheit entwickelt sich die Demut, und wird die Demut im höchsten Sinne kultiviert, dann steht der dienende Helfer, der im Geist voll erleuchtet ist, vor einem. Er reicht dem Helfenden die Hand, und der, dem geholfen wurde, schaut in seinen Spiegel. Er wird ihm gleich.

17. Der Haselnußbaum

Die Energie des Haselnußbaums wohnt im tiefsten Kern der Sonne und kreist auch in jedem Anteil des Baumes. Da dieser Geist die reinste Sonnenenergie vertritt, ist auch das Wasser, das durch den Baum fließt, absolut rein. Sonnenkraft und Wasserenergie sind engstens miteinander verbunden. Sie bilden in ihrer Reinheit ein vollendetes Paar.

Genauso, wie wir eine Nuß des Haselbaums sanft in unseren Händen halten, hält die Schale seinen Kern. Der Kern ist die wahre Frucht, und die Schale, die ihn in sich verborgen trägt, kennt das Gesetz, das auf der Erde die Polarität umfaßt. Von der Erde hat der Geist des Baumes das genommen, was zur Formung vonnöten war, und er hat sie verwandelt. Zur Erde läßt er seine Früchte fallen, um sie zu nähren. Dadurch, daß er das Gesetz von Geben und Nehmen vollendet beherrscht, bleibt er in sich unverhaftet und frei. Die Früchte des Baumes sind so frei wie sein Geist selbst, deshalb ist auch seine Frucht bar jeder Schwerkraft. Sie fordert nichts, wenn sie sich spendet. Sie schwimmt wie eine Feder auf den Wassern der Emotionen. Sie kennt die Gefühle, doch versinkt sie nicht in ihnen.

Was das Absinken verhindert, nennen wir auf der Erde die mitmenschliche Liebe. Sie wohnt in den Herzen der Geschöpfe, doch oft scheinen diese Wohnungen, in denen sie lebt und wirkt, von der Liebe verlassen. So wirken die Herzen denn auch traurig und hohl, und der Geist des Haselnußbaums senkt im Leid den Kopf.

Orientieren wir uns an den bewohnten Herzen, beginnen wir zu erkennen, wo der Ursprung der Bewohner der Herzen zu finden ist. Orientieren wir uns jedoch an den traurig verlassenen Wohnungen, dann werden wir ebenso traurig, wie der Geist des Baumes. Er zeigt uns nur unseren Spiegel.

Beginnen wir uns der wahren Richtung zuzuwenden, dorthin, wo die Liebe ihr Zuhause hat, erlösen wir uns langsam von der Schwerkraft, und die Früchte, die sich durch diesen Vorgang bilden, beginnen edel zu werden.

Sie nähren ohne zu fordern. Sie geben sich, ohne zu erwarten. Und aus diesem Geschehen gebiert sich etwas neu.

Es ist die Frucht der geistigen Liebe, die in der Einheit die passende Wohnung findet. Dort lebt sie, wie die Frucht der Haselnuß, umhüllt und beschützt. Der Schutz, der ihr gewährt wird, in dem sie wächst und gedeiht, ist der Schutz, den ein Vater seinem Kinde schenkt, bis er durch sein Vorbild, durch des Kindes Vorbild, zum Ebenbild wird.

Ist dies dann geschehen, erkennt er, der Vater, daß Mutter Erde ihm das geschenkt hat, was er zum Wachsen brauchte, und groß wird sein Dank für sie und ihre Gaben.

Auch der Geist des Haselnußbaums ist diesen Weg gewandelt, und eine wahre Kraft ist in ihm entstanden, die er wirken läßt und allen Geschöpfen schenkt. Es ist die Gabe der Dankbarkeit.

Seine Mutter zu lieben und den Vater nicht zu vergessen, sondern ihn gebührend zu vertreten, das schenkt uns ebenfalls dieser Baum. Deshalb ist der Baum ein vollendetes Geschöpf, das durch die Vereinigung des großen Vaters mit Mutter Erde entstanden ist.

Beginnt das Herz in Dankbarkeit zu schwingen, singt auch alles, was durch es hindurchfließt, in dieser Energie. Gleich wie ein Kieselstein auf die Oberfläche des Sees auftrifft und seine Ringe im Spiegel des Wassers weit hinausschwingt, so schwingt auch die Dankbarkeit weit hinaus vom Zentrum des Herzens in die Welt.

Jedes Herz auf der Erde ist eine physische Manifestation des Zentrums der Einheit, jedoch nicht jedes Herz auf der Welt schwingt nach diesem vollendeten Ton. Dies vermögen nur jene Herzen, die wie der Geist des Baumes tief im inneren Kern verstanden haben, daß Geben und Nehmen eins ist.

Da jede Krankheit der Spiegel eines Ungleichgewichts ist, spiegelt sich dieses immer auch im Geben und Nehmen wider.

Einsam wird so die Wohnung in unserem Herzen, und alles, was die Wohnung betritt, bleibt traurig und stumm, auch nach ihrem Verlassen. Im Ungleichgewicht nimmt unser Blut die Traurigkeit beim Verlassen des Herzens mit in den großen Kreislauf hinein und verteilt dort diese Energie bis in den letzten Winkel unseres Körpers.

Die Traurigkeit ist das Gegenteil von Freude, und Mangel an Freude läßt unser Licht verlöschen, wenn er lange genug anhält, ohne daß er in Fülle verwandelt werden kann. Nichts schenkt uns wahre Freude so sehr wie das Geben, ohne zu fordern, und leben wir es auf eine gute Weise, so werden wir reich.

Am Grunde der Flamme liegt das Glück

Der Geist des Baumes ist derart im Frieden verankert, daß es nicht leicht ist, ihn zu verstehen. Doch wenn wir ihn bitten, sich mit uns zu verbinden, dann kann es geschehen. Aber erst wenn wir nach innen gehen, können wir ihn dort treffen, wo sein Zuhause ist. Es befindet sich weder auf der einen noch auf der anderen Seite, sondern tief in der Mitte des Zentrums der Einheit, dort, wo auch der Frieden sein Zuhause hat.

Im Haselnußbaum brennt das Feuer des Lebens, und die goldene Feder der Leichtigkeit im Sein wird von dem Geist des Baums in die Flammen geworfen und verbrannt. Nachdem sie vergangen ist, erkennen wir auf dem Grund des Feuers eine blau leuchtende Feder. Sie erscheint uns wie das ätherische Doppel der einstigen Feder, denn wenn sie auch verbrennt – spricht der Geist und vergeht im Feuer des Lebens -, ist alles auf einer anderen Ebene vorhanden und wird immer zu finden sein auf ihr.

Nun ist das Feuer, das in mir brennt, noch zu heiß, aber wenn es einst verlöscht, wird die Feder weiter leuchten. Es ist alles vorhanden und nicht wirklich vergangen, was vergangen schien. Das, was wir halten wollen, wenn die Zeit gekommen ist zu vergehen, beschwert unser Leben und läßt unsere Hände nicht offen und bereit sein für das nächste Geschehen.

Wenn ihr empfangt und wieder weitergebt, was euch in die Hände gelegt worden ist, wandelt es sich, darf vergehen und ist doch nie verloren im großen Buch der Geschichte. Es hat euch berührt, es hat euch erfüllt und dennoch ist keine Schwere entstanden. Ihr habt empfangen und weitergeleitet, und so wird es euch immer ergehen. Viel wird durch euch hindurchfließen, euch berühren, euch befruchten und die Erfahrungen von all den Dingen in der Welt in euch wachsen lassen. Auch euer Wissen wird wachsen, und wenn das Feuer eures Lebens immer wieder alles, was vergehen darf, verbrennt, bleibt ihr leicht und, ohne inneren Widerstand gegen das Loslassen, flexibel.

Ihr bleibt jung in der vorbeieilenden Zeit. Weise schaut ihr einst in euer Feuer, wohl wissend, wieviel es euch nahm. Aber da ihr immer freien Willens gegeben habt, seht ihr alles in ihm, was einst in euren Händen lag. Für einen kurzen Moment, als die Hände es umschlossen, war es eures, so meint ihr. Doch nichts in euch hätte es wirklich halten können, denn, so frage ich euch, kann der Fluß des Lebens, in dem ihr ein Tropfen seid, euch fest in seinen Händen halten?

Öffnet eure Hände und nehmt in Empfang, lernt aus dem Geschenk des Lebens, und wenn ihr die Lehre abgeschlossen habt, dann übergebt es eurer Flamme des Lebens. Lächelt dabei, denn ihr erkennt doch schon mit eurem inneren Augen, daß alles, was ihr bereits einmal gehalten habt, nie wirklich verloren ist.

Großzügig empfangt ihr, wenn eure Hände frei sind, und großzügig laßt ihr wieder gehen. Derjenige, der beschenkt wird, verschenkt weiter, und dennoch bleibt das Geschenk auch ihm. Schaut euch um in der Welt und seht die große Angst, das zu verlieren, was einmal das Eigene war. Betrachtet diese Angst mit jenem Wissen, das mein Geist euch geschenkt hat, und ihr werdet verstehen können, daß das, was reich macht, niemals aus Behalten entsteht.

Jede Tasche, die ihr tragt, soll eine weitere Hand ersetzen. Aber sie wird nicht weitergeben, was ihr erhaltet, sondern sie wird halten wollen, und das ist gegen das Gesetz, das in der Flamme des Lebens zu erfahren ist.

Versenkt eure Augen mit mir auf den Grund unserer Flamme, die doch ein und dieselbe ist. Schaut nur tief hinein, und ihr werdet darin etwas erkennen, das euch gibt, was ihr braucht, um glücklich zu sein. Da ihr schon einmal alles in euren Händen gehalten und damit alles schon einmal gelernt habt, braucht ihr nur die Erinnerung aufzufrischen, die in euch vielleicht tief verborgen in einem abgeschlossenen Raum schlummert. Blickt hinein in das Feuer, richtet euch nach dem aus, was ihr zu finden wünscht, und es wird vor eurem inneren Auge am Grunde des lodernden Feuers zu sehen sein.

Ihr könnt es nicht mit euren Fingern aus den Flammen befreien, aber ihr könnt den Spiegel in euch auferstehen lassen, und macht ihr es gut, ist es wie sein Original. Auch dieser Spiegel, der sich gebildet hat und doch schon immer vorhanden war, ist nicht das Geschenk, das zu lange in euren Händen ruht. Gebt es hinaus in die Welt, und spiegelt sich euer Spiegel in ihr, dann entsteht Freude und Glücklichsein, und Wachstum gedeiht.

Ich brauche keine goldene Feder, um Wahres zu geben. Ich habe sie einmal in den Händen gehalten, dann habe ich sie dem großen Feuer gespendet, wissend, daß jenes, was die Feder mir gab, als ich sie hielt, auch heute noch in mir sich spendet. Jeder Mensch, der einmal reich war in seinem Wirken, ist es immer noch, obwohl er vielleicht nach außen ohne Taschen erscheint. Alles hat er der Welt gegeben, indem er erhielt und wieder gab. Reich ist er und reich seine Welt.

18. Die Ulme

Tief in der Erde liegt ein Same verborgen, lange ruht er dort, und niemand weiß von ihm. Es ist der Same der Ulme. Dieses Ruhen in der Erde ist ein in sich stilles Ruhen, und es ist vollständig frei von jeder Erwartung. Durch diese Erwartungslosigkeit dehnt sich die Ruhe im Innern des Samens immer weiter aus. Sie schwingt von innen nach außen in die Erde hinein, und in dem Moment, wo sie sich fast in ihr verliert, öffnet sich die Samenkapsel, und der Sproß beginnt zu treiben.

Das Gesetz des Lebens treibt ihn an, geradewegs nach oben zu streben. Die Ruhe bleibt, während er wächst, bestehen. Sie schwingt weiter nach außen, doch wenn das Pflänzlein die Grenze vom Dunkel ins Licht überschreitet, ist die Quelle der Ruhe eine andere geworden. Die Reserve, aus der die Ruhe kam, ist in diesem Moment verbraucht, aber die unendliche Quelle des Lichtes schenkt dem Trieb die Ruhe, die er in der Relation zu seiner Lebensspanne benötigt. Die Ruhe läßt den Sproß vorwärtsstreben, die Ruhe fördert sein Wachstum, und durch sie steht er im Licht. Es scheint nur eine Energie zu geben, die diesen Baum sich aus der Erde erheben läßt. Es ist der Geist der Ruhe.

Doch was umfaßt diesen Geist, und was ist sein innerster Kern? Es ist die Flamme des Lebens, die in sich das Geheimnis trägt, daß das Vergehen und das Gestalten in der Polarität einen Unterschied zueinander bilden, aber in der Wahrheit nicht.

Die Wahrheit und die Wirklichkeit unterscheiden sich in der Zeit und durch sie. Doch befinden wir uns im Kern der Ruhe, so ist das Wirken in der Wahrheit ein und derselbe Vorgang. Dieser Vorgang ist in Wahrheit ein Zustand. Das Wirken geschieht in der Zeit, und das Wirken in der Zeit geschieht in der Wahrheit, tief in ihr verborgen und durch sie. Wenn es die Ruhe nicht gäbe, gäbe es auch das Wirken nicht.

Das Wirken in der Polarität gestaltet sich durch zwei Zustände, den Zustand der Passivität und den der Aktivität. Wirkt die Passivität auf der

Erde und in ihr, so ist in dieser tief verborgen die Aktivität vorhanden, jene, die sich im Schoße ihres Gegenübers Zeit zum Ruhen nimmt. Wirkt die Aktivität auf der Erde und in ihr, so ruht die Passivität ebenfalls im Schoße ihres Gegenübers.

So sind die Polaritäten niemals wirklich voneinander getrennt, sondern einmal schlummert das eine im Inneren, während es das Äußere schützend umhüllt. Einmal schläft das, was außen war, tief verborgen im Inneren, schützend umhüllt von dem, was nun im Außen vorhanden ist. Aber das, was außen ist in der Welt, ist auch mit dem Geschehen in ihr verbunden, während das Innere tief im Schlaf versunken ist.

Die stärkende Nahrung, die das Innere nach außen zu kehren vermag, ist nur die Ruhe im Geschehen, denn das, was geschieht, ist vorhanden und wirkt immer auf die Ruhe ein, durch das Wirken und Gestalten in der Zeit.

Es gibt eine Grenze zwischen dem Inneren und dem Äußeren, zwischen der Aktivität und der Passivität. Es gibt eine Grenze in jedem Ganzen. Wenn Aktivität in Passivität übergeht oder umgekehrt, finden wir an dem Punkt, wo der absolute Übergang ist von einem Zustand in den gegenteiligen Zustand, die Grenze.

Die Grenze ist Reibung. Reibung ist ein Zustand, in dem zwei Anteile, die doch eins sind, sich voneinander unterscheiden. An dieser Grenze, durch diese Reibung entsteht die Flamme des Lebens. An diesem Punkt stehen wir an der Wiege des Lebens, und hier stehen wir auch vor dem größten Mysterium der Welt.

Wenn der eine Zustand, wenn der eine polare Anteil auf den anderen trifft, kommt es in dem Moment, wo der eine Zustand in den anderen Zustand überwechselt, zu einem Verschmelzen beider polarer Anteile. In diesem kurzen Moment entsteht die Einheit in der Polarität, danach jedoch wirkt wieder die Trennung. Aber in diesem kurzen Moment der Einheit, der durch das Zusammentreffen der Polaritäten entsteht, entsteht auch das Leben.

Wenn die Aktivität sich mit der Passivität abwechselt, wenn also ein Austausch stattfindet, dann entsteht die Reibung, welche die Flamme des Lebens gebiert.

Was wir als abwechselndes Geschehen erkennen in der Welt der Gegensätze, ist mit klareren Augen gesehen, mit dem inneren Auge erfaßt, nicht eine Abwechslung, in der nur das eine wirkt und das andere nicht, sondern es ist ein Prozeß des Umstülpens. Das, was innen war, ist nun außen, und das, was außen war, ist nun innen. Haben wir dies einmal in seiner ganzen Größe erkannt, wissen wir auch, daß, wenn wir das eine leben, doch das andere tief im Schlummer in uns verborgen liegt. Und wenn der Zustand, den wir Ausgleich nennen, geboren ist, stehen wir an der Grenze und stülpen oder kehren das Innere nach außen und das Äußere nach innen.

Aber vergessen wir nicht, daß dabei auch etwas Neues durch die Flamme des Lebens sich Form geben kann. Das ist die wahre Erkenntnis, daß die Form sich gestaltet in der Zeit, durch die Reibung zweier Gegensätze, die doch nur Eins und das Selbst sind.

Die Polarität ist mit ihrer Grenze, die zwischen den beiden Anteilen liegt, die Wiege des Lebens, und dieses Geheimnis könnten wir von den Blättern der Ulme erfahren, wenn sie im Wind rauschen. Doch es fehlt uns der Schlüssel, sie wirklich zu verstehen und ihre Wahrheit zu erkennen. Es ist der Schlüssel, der uns die Tür öffnet zur absoluten Ruhe.

Und selbst wenn wir den Schlüssel in uns gefunden hätten und die Türe öffnen könnten, so würden wir doch noch vor der Dunkelheit zurückschrekken, die uns zunächst empfängt. Würden wir aber dennoch eintreten und sogar die Tür, die uns, wenn sie offen ist, noch mit der äußeren Welt verbindet, schließen, so würde uns das Grausen des Getrenntseins schütteln.

Wenn wir auch diesen Schritt überwinden würden, würden wir die Einheit in der Getrenntheit erkennen. Aber auch hier wären wir noch nicht am Ziel, denn nun heißt es zu opfern oder zurückzugehen, denn es ist in Wahrheit ein Zurückgehen. Und erst wenn dieses geschehen ist, beginnt der Prozeß, der die Erfahrung des Lebens in Erkenntnis verwandelt. Das Vergehen von Erfahrung und das Neugeborenwerden der Erkenntnis werden begleitet von dem Geist der Ulme, der Ruhe ist.

Bei allen Prozessen, in denen von einem Zustand in den anderen Zustand gewechselt wird und bei denen Altes geopfert wird, ist Ruhe das Geschenk der Natur. Durch die Ruhe, die an der Grenze herrscht, dort, wo die Reibung entsteht, entstehen durch sie vollendete Formen, die wiederum das Gefäß für den allumfassenden Geist sind.

Der Austausch der Herzen

Ein Ulmenblatt treibt auf einem Fluß dahin, wie der Mensch im Strom des Lebens. Es erreicht einen See und wird direkt in die Mitte getragen, wo es bleibt. Es hat da jetzt einen festen Platz, und doch ist es leicht und schwimmt. Seine Oberfläche ist dem Himmel zugewandt, wodurch sich das eine mit dem anderen berührt. Aus dem Himmel steigt ein Schwan herab. Er trägt einen türkisfarbenen Diamanten am dritten Auge, nimmt das ätherische Doppel des Blattes auf, fliegt weit in den Kosmos hinein und landet dort auf einem Planeten, der ebenfalls türkisfarben und durchsichtig ist wie Kristall. Der Schwan fliegt in ihn hinein, ohne auf Widerstand zu stoßen. Er strebt immer mehr in das Zentrum des Planeten. Dort landet er auf einem Felsen aus Kristall. Schwer ist es für ihn, auf dieser Spitze zu landen, deshalb bittet er den großen Geist, ihn zu zentrieren.

Der Schwan, der vorher ein Adler war, weiß, daß er etwas geben muß, was vorher sein eigen war. Während er sich betrachtet, erblickt er ein schwarzes, kleines Herz in seinem Körper, das von der gleichen Farbe ist wie Schwanenfüße auf der Erde.

»Als du den Weg begannst von der Erde«, sprach der Geist, »war dein Herz noch rot. Doch als du dich immer weiter und weiter durch deine Flüge entferntest von deiner Heimat, erstarb das Zentrum, aus dem das physische Leben pulsiert. Und nun, wo du im Mittelpunkt des blauen Planeten deine Stütze gefunden hast, da wird dein Herz ein neues sein.« Der Schwan reichte dem großen Geist sein altes Herz, das aussah wie ein grauer Stein vom Ufer des Sees, der seine Heimat war. Er gab es, und an dem Ort, wo sein Herz gewesen war, fand sich nichts mehr, was man benennen könnte.

Er wurde leer auf diesem festen Platz, und der Schwan begann seinen Kopf zum Rücken hin zu beugen. So wurde er zum Gefäß, welches bereit war, das Höhere in sich zu begrüßen. Als seine Stirn auf seinem Schwanze ruhte, da war er aufgelöst im Sein. Tief war er in seine Ebene hinein versunken, die nichts und niemanden kannte.

Da berührte das Ulmenblatt sanft seine wunde Stirn, und langsam begann auch des Schwanes Hals sich wieder aufzurichten, und er sah, als er seinen Kopf vornüber neigte, ein rosa Herz, gläsern in seiner Brust. Da begann sich sein Körper nach oben zu strecken, ohne jedoch die Verbindung, die er zum Fels hatte, aufzugeben. Er wurde lang und länger, und als es nicht mehr ging, begann sich die Verbindung zu lösen, und seine weißen Schwingen taten ihre Arbeit ganz von allein.

Er flog zurück wie auf weißen Wolken so leicht im Äther dahin. Trotz seines langen Weges war nichts für ihn durch Mühsal bestimmt. So landete er erneut auf den blauen Wassern des neuen Lebens, doch diesmal sollte es ganz anders sein. Als er dem Ulmenblatt ins Antlitz sah, erkannte er nicht nur den ursprünglichen Stamm, sondern er begann für die Liebe zu leben, die leicht wie die Feder eines Schwans war.

Der Geist des Ulmenbaumes hatte den Schwan auf seiner Reise durch ein anderes Erleben begleitet. Und nun, da auf die Erde zurückkehrt, sind beide um keine Antworten mehr verlegen. Denn hinter der Welt im universellen Bereich des Lebens sind Frage und Antwort immer miteinander vereint. Wenn der Mensch sich hinaufschwingt in die Ebene der Einheit und zurückkehrt, leicht, leichter als er sie verlassen hat, dann gibt es für ihn keine Fragen mehr.

Beginnt der Schwan – oder ist es der Mensch?– nach seiner Rückkehr durch sein rosa Herz zu leben, ist der Tag nicht mehr fern, an dem seine Federn golden werden.

Wie wäre der Schwan je zurückgekommen, hätte der Geist des Ulmenbaumes ihn nicht geweckt. Er mußte von einem Zustand in den nächsten, als die Glocken an der Uhr der Zeit die Stunden für ihn erklingen ließen. Doch weil der Schwan, wie der Baum des Lebens, eine Wurzel sein eigen nennt, ist dort, wo diese steht, die Heimat in einer durch sich selbst begrenzten Zeit.

Die Zeit liegt im Schoße des unbegrenzten Selbst, aber jener, der sich in ihr bewegt, erkennt die Zeichen der Zeit. Sie vertritt die Ordnung, und die Ordnung wiederum hat ihre Wohnstatt in der Struktur.

Der Schwan hat seine Heimat auf der Erde, und wenn er sich aufmacht, an das Ziel hinter der Zeit zu reisen, wird er selbst in sich ohne Form. Doch seine Wurzel bleibt als Anker bestehen.

Die Gestalt auf der Erde ist seine Herberge und sein Haus dort, wo auch seine Wurzel ruht. Aber nun kehrt er zurück und hat etwas verloren, doch dies ist ein wahres Glück. In der Ordnung der Struktur, in der diese Welt geboren, ist nichts wirklich verloren. Es wird lediglich ersetzt.

Dieses Geheimnis kennt auch der Geist des Ulmenbaumes, und wenn du dich als erwachter Mensch an seiner Wurzel niederläßt, um im Blätterrauschen seinem Lied zu lauschen, dann wirst du erfahren, wenn du wahrhaft wünschst, was Hergeben in seiner tiefsten Wahrheit bedeutet.

Er ist sehr gesprächig, der Geist des Ulmenbaumes, wenn er einen wahren Sucher nach Antworten auf seine Fragen an seiner Wurzel zu sitzen eingeladen hat. Aber einem, dem nicht wirklich nach der Wahrheit dürstet, dem gegenüber bleibt er stumm. Niemand wird ihn jedoch verlassen, ohne daß etwas in des Besuchers Herzen geschah. Loslassen und Hergeben, das gibt ihm die Kraft wahrlich seiner Wurzel zu dienen in der grünen Natur.

19. Der Ginkgo

Im tiefsten Kern der Sonne ruht eine Energieform, die durch ihre Schwingung goldene Kugeln entstehen läßt. Diese Kugeln sind das geistige Abbild. Es sind die Samen, die auf der Erde und in ihr ihre Wiege finden. Zu jedem Samen auf der Erde findet sich ein geistiges Abbild im tiefsten Kern der Sonne verborgen. Die Schwingung des Abbildes ist in ihrer Rhythmik so harmonisch, daß das Abbild selbst absolut rund erscheint. Aber dort, wo die Energie sich mit jener der Erde vermischt, verändert sich auch das energetische Schwingungsmuster, und nichts auf der Erde kann wirklich rund sein. Es ist das Schwingungsfeld der Materie bzw. der Polarität, das von der runden Form abweichen läßt. Jeder Same ist vergleichbar mit einem Ei. Es ist ein Abbild, eine Information, die das, was einmal entstehen wird, als Muster schon in sich trägt.

Der Ginkgo trägt das Geheimnis in sich, daß das Muster im Samen vollendet ist. Sein energetisches Bild ist so rund wie sein Abbild im tiefsten Kern der Sonne. Doch diese runde, in sich vollendete Energie schwingt in der Materie, und deshalb kennt nur das Herz des Samens die Vollkommenheit in ihm.

Diese Vollkommenheit ist wie ein verborgener Schatz im Kerker der Vergangenheit, denn in der Zeit geschieht das Wachstum, und der Baum entsteht, wenn lange schon der Samen in sich gestorben ist.

Des Samens Aufgabe war es, eine Entwicklung entstehen zu lassen. Wenn diese beginnt, sich in der Zeit auszudehnen und sich Form zu geben, ist seine Aufgabe getan.

Die Zeit grenzt uns ab. Alles Leben, welches durch den Ton entsteht, entsteht innen und schwingt über die Grenze der Hülle nach außen. Das Licht vereinigt sich mit dem Ton und läßt Gestalt formen. Genauso, wie die Energie im Samen sitzt, die zur Wachstums- und Formgestaltung beiträgt, ist es mit uns. Als ob wir in einer Kugel sitzen, befinden wir uns abgegrenzt in der Zeit. Sie grenzt uns ab von der Ewigkeit und damit auch von der Ganzheit und von der universellen Weisheit.

Die Zeit hält uns davon ab, die wahre universelle Liebe zu spüren, und wenn wir uns zum Sklaven der Zeit machen, erfahren wir nichts oder nur wenig vom wahren Geheimnis des Lebens. Wir können diese Grenzen nicht wirklich überwinden, aber es gibt eine Möglichkeit, wie wir trotzdem nach außen gelangen. Diese Möglichkeit besteht darin, in den innersten Kern von sich selbst vorzustoßen, denn dort trifft man auf das Abbild des Samens, aus dem sich unser Leben erhob, der Sonne entgegen.

Genauso, wie wir mit unserem innersten Kern verbunden sein könnten, ist auch der Geist des Baums immer mit seinem tiefsten Kern verbunden, während er wächst, zum Licht empor, dorthin, wo sein ursprüngliches Bild, das sein Abbild auf der Erde formte, energetisch steht.

Der Geist des Baumes ist ins Leben orientiert und gleichzeitig in den inneren Kern des Seins. Dies läßt ihn die Zeit vergessen, und dort, wo das Alter schon so manchen Bruder ins Grab der Erde zurückverlangt hat, steht er, noch ewig jung erscheinend, in seiner schönen Gestalt. Er kennt das Geheimnis vom Altern durch Widerstand. Doch mit diesem befaßt er sich nicht. Er senkt das Lied der Vollkommenheit ins Leben durch die innere Schau, die ihm die Nahrung spendet vom Gewahrsein. Beobachten und leben gleichzeitig in der Welt, läßt den Ursprung entdecken, aus dem sich alles Leben gestaltet.

Dort, wo Himmel und Erde sich treffen, entsteht das grüne Gras. Der Baum liebt das Wasser von gefallenen Tautropfen, die die Erde befeuchten und ihn erfrischen, denn sie erzählen ihm die Geschichte, die die Grashalme erfahren haben, als sie sich auf ihrem Weg durch die Erde dem Licht emporgestreckt haben, gleichsam wie er. Es ist die Geschichte vom Widerstand gegen die Materie und vom Sieg, der uns alle befreit. Für ihn sind diese Geschichten der Ausgleich für sein inneres Lauschen während des Lebens.

Das Wasser von gefallenen Tautropfen erzählt von der Polarität des Lebens. Es erzählt von den Gegensätzen zwischen Himmel und Erde, zwischen Licht und Schatten, zwischen Samen und Frucht. Die Frucht entsteht aus den zwei Gegensätzen, die sich für eine kurze Zeit miteinander vereinen, um sich dann wieder voneinander zu lösen. Sie ist die Erinnerung an die Vereinigung.

Deshalb ist also die Frucht das Geheimnis des Lebens. Tief in ihrem Kern

verborgen liegt der Same in der Wiege der Zeit und wartet, bis er das Geschenk der Entwicklung in der Polarität vom großen Geist erhält. Die Frucht steht am Ende und der Same am Anfang der Zeit. Aber wo ist der Anfang und wo ist das Ende in ihr?

Halten wir die Frucht in den Händen, halten wir auch den Samen mit ihr. Wir halten die Vergangenheit und wir halten die Zukunft, aber was wir wirklich halten, ist die Offenbarung des Lebens, ohne daß wir diese ganz in uns erfassen. Halten wir die Frucht und den Samen in dieser Gestalt in den Händen, begreifen wir auch das Abbild von uns, denn wir sind wie die Frucht und der Samen, wie Anfang und Ende in der Zeit.

Beginnen wir uns von der Illusion des Geschehens in der Zeit zu lösen, dann gelangen wir zu der Erkenntnis, daß wir ein Abbild unserer Erfahrungen sind, die entstanden sind und immer da waren und uns durch Anfang und Ende in der Zeit begleiten.

Nichts ist so schwierig, während wir in der Zeit wandeln, wie uns von dieser zu befreien, denn Grenzen zu überwinden heißt auch immer, etwas loszulassen, etwas zu beenden, um etwas Neues zu erhalten und etwas Neues zu beginnen. Zeit und Ewigkeit sind voneinander abgegrenzt und doch untrennbar miteinander verbunden. Nichts kann uns wirklich von der Zeit befreien, außer wenn wir uns nach innen wenden und dort auf unseren Ursprung treffen, auf den Samen, der sein Abbild im Licht für uns verborgen hält.

Polarität ist Gegensatz, und die Gegensätzlichkeit hat den Charakter, der Widerstand entstehen läßt. Doch Widerstand hat ebenfalls einen Gegenpol und der ist das Nachgeben. Vereinigen sich Widerstand und Nachgeben miteinander für einen kurzen Augenblick in der Zeit, so entsteht der Same, der eine Frucht entstehen lassen wird, die an die Vereinigung zweier Gegensätze erinnert. Die Erinnerung senkt sich als Samen in die Erde, beginnt in der Zeit zu schwingen und läßt Form entstehen als Zeichen, daß materielle Begrenzung überwunden wird.

Außen zeigt der Baum durch seine Blätter die Polarität an, doch sein Inneres ist die Erkenntnis über die Einheit außerhalb der Zeit und doch in ihr. Durch das Wispern seiner Blätter im Wind erzählt der Baum vom Geheimnis der ewigen Jugend, die das Altern nur von den Geschichten kennt, die sie vom Gras erfahren hat. Durch das Geheimnis des Grases vom Wissen über das Altern kennt der Baum das Leben, denn wenn er nur seine Jugend erleben würde und kein Altern in der Zeit, dann würden seine Samen nicht wirklich Platz finden in der Erde.

Jugend und Alter sind ein Ausdruck von Anfang und Ende. Da alle Wesen die Vollendung in sich tragen, erfahren auch alle Wesen in der Welt Jugend und Alter. Vereinen sich die beiden Gegensätze zwischen Anfang und Ende in der Zeit, so ist in jener Vereinigung das Geheimnis vom ewigen Leben im Samen des Geistes verborgen.

›Du, der du Mensch bist, wieviel Geist ist in dir?‹

Begegnen wir einem Fisch im Wasser, dann würde dieser uns vielleicht folgendes erzählen:

»Ich schwimme durch das Wasser in jeder Minute meines Lebens, und wenn ich dies tue, bin ich mir darüber nicht bewußt. All die Funktionen, die in meinem Leben ablaufen, geschehen wie mechanisch, sie geschehen, als ob ein Motor läuft. Viele Dinge entwickeln sich in mir, doch auch über diese denke ich nicht nach. Ich nähre mich und regeneriere, bin in manchen Zeiten aktiv und in anderen wiederum still. Das Leben fließt dahin, doch auch dies ist für mich nicht von Wichtigkeit. So wirke ich in dieser Form, die meinem Geist gegeben wurde.

Als ich diese Welt betrat, trennte sich ein Teil des Geistes ab. Dieser Teil war in sich nicht vollkommen, aber das Ganze, aus dem er sich löste, war alles Licht. Er manifestierte sich auf dieser Welt, und um auf ihr zu leben, benötigte er eine Hülle.

Wenn ein Teil des großen Geistes sich entschlossen hatte, in der Materie zu leben, dann brauchte er eine Form, um in ihr zu wirken. Erst wenn dieses Kleid passend war für den ihm innewohnenden Geist, konnte das geschehen, woraus sich die Wirklichkeit zusammensetzte. In der materiellen Welt, in die sich der Geist hineinversenkt hatte, wirkte er in der Wirklichkeit. Dieses Wirken entwickelt Geschehnisse, und diese reihen sich auf wie die Perlen an einer Schnur. Ein Geschehen entstand aus dem anderen. Ein Geschehen löste das andere ab, doch wirkten sie in einer dichten Reihenfolge fest verbunden miteinander, sogar untrennbar miteinander verquickt.«

»Stellt euch eine Perle vor«, sprach der Fisch, »ich kann von ihr erzählen:

Tief verborgen, für eure Augen unsichtbar, liegt am Meeresgrund eine Muschel. Wenn sie das Wasser durch ihre Schleusen fließen läßt, kann sich einmal ein Sandkorn in ihrem Boden verfangen. Dieses eine Sandkorn zieht andere Materie, die im vorbeifließenden Wasser schwimmt, wie ein kleiner

Magnet an. Durch dieses Geschehen beginnt die Materie, die zuerst einsam war, im Innern der Muschel zu wachsen. Im Laufe der Zeit wird das, was einmal ein Sandkorn war, ein immer mehr anwachsender kleiner Klumpen.

Fließt das Wasser gleichmäßig durch die Schleuse der Muschel und ist das Wasser überwiegend rein, dann formt sich die Perle langsam, doch gleichmäßig rund. Fließt das Wasser weniger gleichmäßig durch die Schleusen hindurch, und ist das Wasser nicht überwiegend rein, wird die Perle, die sich bildet, im Laufe der Zeit unregelmäßig. Und auf keinen Fall wird sie rund. Würde man die Muschel fragen, ob sie zufrieden ist mit dieser Entwicklung, dann würde sie uns nicht antworten können, denn sie lebt ihr Leben vollständig in der Hingabe des Geschehens. Sie leidet nicht, noch kennt sie Freude. Sie ist einfach im Laufe der Zeit. Auch in ihr ist ein Geist, der den Körper geformt hat, doch ist ihr Lichtpotential eher gering.«

»Schaue dich nun an«, sprach der Fisch. »Du, der du Mensch bist, wieviel Geist ist in dir? Aufrecht stehst du da auf dem Mutterboden, der dir dein Kleid gebar, und du kennst Sonne, Mond und Sterne, weißt über die Erde, Wasser, Feuer und Luft. Du unterscheidest zwischen Licht und Schatten, jedoch bist du wirklich oder wahrhaftig bewußt?

Kennst du die Wirkung, die aus dem Geschehen entsteht, dann weißt du Einiges und manchmal sogar viel. Bist du wahrhaft ein Weiser, so kennst du nicht nur das Geschehen und die daraus entstehende Wirkung, sondern du hast den Schlüssel, um hinter die Türe zu sehen.

Wenn du mit mir schwimmst unter Wasser, im Wellenmeer deiner Emotionen, dann beginnt dein Schlüssel zu rosten, und irgendwann löst er sich von dir, sinkt hinab und wird dort die Muschel treffen. Für immer wird er verloren sein. Bis du den nächsten Schlüssel als Geschenk erhältst, kann viel geschehen und vieles wirken in dieser Welt, und die Tür bleibt für dich noch lange verschlossen.

Da du nun den Schlüssel hältst, ist für dich die Zeit gekommen, heute die Dinge zu sehen.

Aus dem tiefsten Unbewußten, aus dem tiefsten materiellen Kern, bin ich zum Licht emporgedrungen, durch die Geschehnisse in der Zeit, und irgendwann begann ich bewußt zu wirken. Es geschah in dem Moment, als ich erkannte, daß das Licht mein Ursprung war. Doch auch in diesem Moment behielt ich stets die Ruhe, denn lang war mein Weg durch die Dunkelheit, und als sich die ersten grünen Blätter an meinem Kleide formten, spürte ich auch das klare Wasser, das durch meine Adern floß. Nun begann ich der Erde zu danken für all das, was ich erfuhr im Dunkeln.

Ich erfuhr es im Dunkeln, und ich begann die Wirkung des Lebens in mir zu spüren. Doch als ich mich jeden Tag aufs Neue dem Lichte zuwandte, begann ich langsam auch die Wahrheit hinter den Dingen zu erfahren. Das war mein Schlüssel, und ich nutzte ihn, sprach der Geist des Ginkgobaumes. Widerstand gilt es zu überwinden, aber das ist nur die eine Seite des Lebens. Die andere Seite ist, hinter Dinge zu sehen.

Diese Wahrheit steht in der Form meines Blattes, kaum einer wird sie verstehen.

Gegen den Stand der Dinge zu arbeiten heißt, gegen den Strom zu schwimmen. Und so handelt der unbewußte Geist, der vom Ich, vom Ego, in das Joch genommen wird.

Erkennt der abgetrennte Geist, von welchem Stamm er in die Materie gefallen ist, so wendet sich das Blatt, und die Erkenntnis ist die Brücke zwischen der Wirklichkeit und der Wahrheit. Die Ausrichtung beginnt sich klar zu formieren, und dies ist der erste Meilenstein auf dem Weg zurück zum Baum des Lebens.

Es schickte mich einst der große Geist auf diese grüne Erde, ließ mich gehen durch die Dunkelheit, bis sich das Licht wieder in mir erkennen wird. Und nun bin ich da, um das zu geben, was ein Mensch bedarf, wenn er sich wendet vom Widerstand über die Erkenntnis zur Wahrheit. Das alte, unbewußte Ich wandelt sich in ein weises, verjüngendes Prinzip, das in das universelle Leben hineinführt und dort sein wahres Ende nimmt.

Bleibt munter wie ein Fisch im Wasser und schwimmt den Strom des Lebens, jedoch nicht gegen das Wasser. Dann werdet ihr auch nicht versinken und in euch, in eurer Form begrenzt sein, wie die Muschel. So bleibt ihr auch im klaren Wasser, und euer Schlüssel liegt parat.«

20. Der Mandelbaum

Vieles hat das Blatt des Mandelbaumes uns vom Wind zu erzählen. Der Wind auf der Erde ist wie ein Atem, er kommt und geht. Er ist einmal kräftig, einmal milde, dann wieder durchrüttelnd und manchmal auch stumm. Sein Atem bläst über die Erde und verwandelt. Er ist überall, und doch ist er nicht überall zu spüren. Dort, wo er in sich absolut zur Ruhe kommt, läßt sein Hauch die Erde für den Boden eines Mandelbaumes fruchtbar werden.

Der schöpfende Geist des Mandelbaumes kennt also den Wind in jeder Art. Er kennt ihn stürmisch, er kennt ihn pfeifend, er kennt ihn säuselnd und auch rauh. Aber im tiefsten Herzen ist der Geist des Mandelbaumes selbst dann mit ihm verbunden, wenn der Wind in sich die Ruhe findet. Was der Wind in seiner absoluten Ruhe an Energie ausstrahlt, formt sich in der Gestalt des Baumes. Nichts auf der Welt läßt soviel Ruhe einkehren in jede Struktur, die immer beseelt ist, wie sich mit dem Wind zu verbinden, der, wenn es auch nur für einen kurzen Moment ist, in Ruhe schwingt.

Die Schwingung in Ruhe ist wie das vierblättrige Kleeblatt, es ist in sich ausgewogen, und doch ist es ein Teil vom Leben. Kennt der Geist des Mandelbaumes den innersten Kern des Windes, dann kennt er auch den innersten Kern der Sonne, den innersten Kern der Erde, der wiederum ein Spiegel des innersten Kerns der Sonne ist, und er kennt ebenfalls die Essenz des Wassers.

Weil er diese innersten Anteile der Elemente kennt und weiß, daß im innersten Kern auch das Äußerste enthalten ist, verbindet er sich mit diesen einheitlichen Geistkräften, die die Struktur bewohnen. Es ist so, als ob der Geist des Baumes sein Kleid im Zentrum eines vierblätterigen Kleeblattes gestalten läßt.

Dieses Bild, diese Vorstellung hilft uns zu erkennen, auf welchem Boden der Geist des Mandelbaumes steht. Deshalb ist auch sein Geist in äußerster

Ruhe versammelt, die natürlich eine innere ist und doch ihre Wurzel auf der Erde findet.

Jeder, der sich mit dem Geist des Mandelbaumes verbindet, egal in welcher Form er dies auch in sich verwirklicht, läßt diese in sich vollendete Ruhe, die auf der Erde entstanden ist, in sich einfließen. Die wahre Ruhe nämlich, die sich in der absoluten Mitte, im Zentrum der vier Elemente findet, ist eine Medizin, die jeden unruhigen Geist, der auf der Erde wandert, zur Ruhe führt. Diese Medizin wirkt wie Balsam auch auf unser Herz und unsere Nieren, denn diese Organe sind eingespannt im Rhythmus der Zeit und damit ebenfalls eingesperrt im Wandel.

Der Mandelbaum vermittelt uns durch alles, was er an oder in sich gestaltet hat, immer wieder nur die Ruhe. Es ist die Ruhe, die zwischen der aktiven und der passiven Phase des Lebens, exakt in der Mitte davon, den Platz gefunden hat. Zwischen aktiver und passiver Phase gibt es aber auch noch eine andere Dimension. Wir kennen eine passive Aktivität, und wir kennen eine aktive Passivität, und exakt in dem Schnittpunkt jener vier Energien, die sich dort miteinander vermählen, entsteht diese Medizin.

Das Gegenteil von Ruhe ist die Unruhe, und sie ist der Mutterboden, aus dem alles Unheil entspringt. Es ist jenes Unheil, welches wiederum alle Krankheiten als deren Früchte existent werden läßt. Aber auch das Unheil, das aus der Unruhe entsprungen ist und dort seinen Anfang genommen hat, läßt sich aufteilen oder strukturieren.

Es gibt zum einen das Unheil, das aus der Unruhe des Geistes entsprang. Dafür schenkt uns der Geist des Mandelbaumes seine Blütenkraft. Zum anderen gibt es das Unheil, das aus einem verhärteten Herzen entsprang. Dafür schenkt uns der Geist des Mandelbaumes seine Blätter. Des weiteren existiert das Unheil, das aus einer unruhigen Triebhaftigkeit entstand. Dafür schenkt uns der Baum seine Früchte.

Und es gibt auch ein Unheil, das der Unruhe entsprang und seine Heimat in der Erde findet. Es ist der Mangel an Vertrauen, daß der Geist selbst im tiefsten Winkel der Strukturen wirkt und sie niemals verlassen wird, bis seine Aufgabe in ihr erfüllt ist. Nun erkennen wir, daß das Unheil, das wir im physischen Körper finden, ja, das wir mit unseren physischen Augen sogar sehen können, Mangel an Vertrauen ist, daß der Geist in der Materie wirken könne.

Es ist der Mangel an Vertrauen in das rein irdische Geschehen, welches anscheinend bar jeder Geistkraft sei. Für dieses Unheil, das sich in der Struktur gestaltet und unseren physischen Körper nicht vollendet erscheinen läßt, schenkt uns der Geist des Mandelbaumes seine Rinde und seine Fruchtschalen.

Die Samen des Mandelbaumes sind ein Geschenk an seinen Geist, damit er sich durch die Form gestalten kann und zum Spender wird, zum Diener auf der Welt, denn ein wahrer Diener findet seine wahre Aufgabe im Spenden. Das Spenden steht weit höher als das Geben und Nehmen auf der Erde. Es ist das Empfangen und Weitergeben. Und alles, was durch diesen Geist geschieht, läßt die Ruhe entstehen auf der Erde, die ihren Wohnsitz hat im Mittelpunkt zwischen Geben und Nehmen und zwischen Empfangen und Spenden.

Der Geist des Mandelbaumes ist ein Diener des großen Geistes, und durch sein vollendetes Dienen ist er selbst der große Geist. Er kennt in sich keinen Widerstand, und doch trägt er diese Erfahrung in sich. Wenn wir den Geist des Mandelbaumes in seiner Tiefe erfahren haben, haben wir uns selbst erfahren. Wir werden durch ihn durch ein Feuer gehen, das die Widerstände in uns zum Auflösen anregt. Und wie Phönix aus der Asche werden wir erfahren, daß das Glück im Kern der höchsten Ruhe beheimatet ist.

Das Labyrinth des Nichtwissens

Wir brauchen Zeit, damit sich der Geist in der Materie formen kann. Auch das Wort benötigt Zeit, um geschrieben zu werden. Lassen wir die Feder über das Papier eilen, ist doch das, was wir niederschreiben wollen, schon klar in unserem Geist. Wir brauchen Zeit, damit der Geist sich zeigen kann, sich offenbaren wird in der Struktur. Dieser Vorgang, in dem der Geist sich in die Struktur senkt, durch die sich ein Kleid formt und sich dann zu offenbaren beginnt, ist ein Voranschreiten im Raum und durch die Zeit.

Voranschreiten und dulden, daß ein Schritt dem anderen folgt und daß der Weg das Ziel ist, ist eine der großen Aufgaben, die uns zur Bestimmung wird. Gehen wir einen Schritt nach dem anderen und sind wir geduldig über das Maß in der Zeit, so kommen wir stetig und sicher voran.

Das Kreuz, das wir auf unseren Schultern tragen, läßt sich so nicht wirklich spüren. Geduldig sein heißt, länger, leichter und einfacher zu gehen, und so führt die Zeit die Ruhe mit. Ruhe und Zeit sind wie Geschwister, die uns auf unserem Weg begleiten. Aber wir werden nur dann ihren Beistand fühlen, wenn wir geduldig sind.

Schaffen und Streben in der Zeit auf der irdischen Bühne ohne Ziel, läßt uns in uns die Unruhe finden. Haben wir ihr erst einmal die Hände gereicht, sind wir Sklaven ihres niederen Ziels.

Die Unruhe ist ein mächtiger Bewohner der materiellen Ebene, von Raum und Zeit. Wenn sie uns an den Händen führt, gehen wir auch auf einem Pfad, aber dieser läßt uns unser Ziel vollständig vergessen. Auch hier begleiten uns zwei Geschwister, und doch sind diese ganz anderer Art. Sie entwickeln in uns das, was wir wahrhaft zu überwinden wünschen: den falschen Begriff von Zeit und das Nichterkennen vom wahren Wert des Geduldigseins.

Die zwei Geschwister, die uns auf diesem Pfad zu führen versuchen, sind die Unruhe und die Zeit. Diesmal aber erscheint uns die Zeit in ihrem Schatten. Sie ist ebenso gefährlich wie der Schatten der Ruhe. Geben wir diesen zwei Geschwistern, die uns zu führen wünschen, die Kraft, es zu tun, dann findet sich in ihrer Mitte ein neues Übel, das wie Unkraut durch ihr Wirken in uns gedeiht. Dieses Unkraut ist, wenn man es in seiner Essenz entlarvt, die Mutter aller Schatten.

Geduld in seiner tieferen Bedeutung entwickelt sich erst, wenn wir den negativen Begleitern die Hände reichen. Bleiben wir jedoch auf dem Weg, der bei jedem Schritt voran in Ruhe das Ziel erahnen läßt, so werden wir erkennen, daß es noch andere Pfade gibt, auf denen die Schatten wirken. Doch nichts behindert unseren Gang.

»Was unterscheidet den Menschen von der Ameise«, fragt uns der Geist des Mandelbaumes, und wenn wir weise sind, könnten wir antworten. Er sagt uns, wenn wir uns mit ihm verbinden: »Die Ameise handelt nach Mustern, die streng in der Ordnung gefangen sind. Sie geht vor und zurück in dieser ihrer Gefangenschaft. Doch gib ihr ein wahres Ziel und erleuchte damit ihren Geist, dann wird sie sich aus dem Labyrinth des Nichtwissens und der Unruhe in der Zeit erheben. Ihr werden Flügel wachsen, und sie beginnt zu fliegen. Der Weg, auf dem sie scheinbar noch geht, ist eben, und leicht trägt sie ihr Kreuz.«

Das Kreuz ist hier das Symbol für Leben in der Struktur. Es ist das Leben, das in der Ordnung scheinbar gefangen ist und dabei doch frei.

»Berührt ihr meinen Geist«, spricht der Mandelbaum, »so berührt ihr durch mich die Ruhe. Sie fließt ein in euer Herz wie ein köstlicher Duft, und wie eine fleißige Biene werdet ihr immer wieder nur nach diesem Nektar Ausschau halten, um euch zu stärken und auch besonders, um frei zu fliegen im Licht.

Als Menschen in der irdischen Welt haltet ihr die Hände eurer weisen Begleiter, in der linken die Zeit, die ein Geschenk des großen Geistes ist, und in der rechten haltet ihr die Ruhe, die euch einen Vorgeschmack gibt auf das, was hinter dem Ziel verborgen erscheint.

Denn findet ihr im tiefsten Kern die Ruhe, findet ihr dort mein wahres Gesicht. Vom Ursprung bin ich gekommen, und zum Ursprung bin ich auf dem Weg zurück. Ich trage das Paradies in meinem Herzen, genau wie ihr. Nur mit der Ruhe werde ich es finden, so wie ihr. Der Charakter meiner Essenz, der Essenz des Mandelbaums, ist die Ruhe. Laßt diesen Charakter zu eurem werden, und alles, was getrennt war, wird eins.

Großartig ist der Geist, auch wenn er sein Haus in der Materie findet, aber erst, wenn er von innen nach außen leuchtet, beginnt er sich wieder zu finden, und die Erinnerung an seine große Art läßt in der Hitze dieses Feuers jede Mauer, die ihn von seinem Ursprung trennt, zu weniger als Asche verbrennen.«

21. Die Akazie

Der Geist des Akazienbaumes ist müde geworden, auf dem Staub der Erde zu wachsen. Wenn er mit uns spricht, wird er sich selbst erkennen, weil wir uns durch ihn erkennen, und das ist des Lebens Sinn.

Eigentlich ist der Geist zu müde geworden, zu schwer, um sich noch so spät zu offenbaren. Weil er aber mit uns spricht, wird er sich verjüngen und mit Hilfe seiner Grünkraft, die einen Teil seiner wundersamen Energie durch seine Essenz auf den Menschen überträgt, etwas verwandeln.

Der Geist des Baumes wird eine tiefe Verbindung mit den Menschensöhnen eingehen, und diese werden aus Dankbarkeit den Bäumen helfen weiterzubestehen. Eine Verbindung entsteht, und das, was eine Brücke bildet, nimmt mehr Raum ein, wächst in seinem Geist und wirkt durch dieses Geschehen dynamisierend in der Welt. Denn der Sinn aller Geistkraft ist, sich zu verströmen, zu dienen und zu geben und dann wieder zu vergehen. Sie vergeht dann, wenn die Kraft verbraucht erscheint, durch den Widerstand, der sich ständig neu in der Materie zeigt.

Müde durch ein langes Leben ist der Geist des Akazienbaumes. Einst war er groß und stark auf der Erde, und er hat auch heute noch viele Erscheinungsbilder. Je nachdem, wo dieser Geist des Baumes den Samen in die Erde legt, ist auch sein Kleid voneinander verschieden. Er liebt die Sonne und die Wärme. Das Feuer fürchtet er nicht, weil sein Geist durch das lange Leben auf der Erde eine der wichtigsten Erneuerungen verspricht. Sein Geist richtet sich immer nach der Sonne aus, und er liebt seinen Vater, der ihm das gibt, was er braucht. Sein Geist weiß, daß nur die Sonne mit ihrer starken Energie es vermag, ihn auf der Erde zu erheben.

Die größten Momente im Leben dieses Geistes, egal wie seine Form sich jeweils unterscheidet, sind die Momente, in denen Vater Sonne sich hinter der materiellen Welt am Abend eines Erdentages zu verabschieden scheint. Genauso wichtig ist der Zeitpunkt des Tages, an dem Vater Sonne hinter der materiellen Welt erneut erscheint. Wenn sich alle Wesenheiten nach Sonnenuntergang ausruhen und zum Schlafen legen, harrt der Geist des Akazienbaumes die ganze lange Nacht nur auf ein Ereignis. Er wartet auf das Wiederkehren des großen Vaters, der ihm das Licht gibt zu gedeihen. Er denkt nicht nach über Erde, über Wasser und hat auch keine Angst vor Feuer. Für ihn ist nur eines das wahre Licht. Es ist die Sonne, die er auf seinem Weg durch den Himmel stets begleitet.

Wenn die Sonne sich hinter der Erde versenkt, dann versucht der Geist, sie noch weiter zu begleiten, auch wenn sie schon lange versunken ist. So dreht sich sein Leben wahrlich nur nach der Sonne, doch das ist schwer in dieser Welt, denn die Hälfte der Zeit ist etwas anderes am Wirken, und das nennen wir die Dunkelheit.

Hat der Geist des Baumes die Sonne hinter der Welt verloren, senkt er traurig seinen Kopf. Er sinkt nicht wirklich in den Schlaf des Vergessens, um sich dort in einer anderen Dimension zu erneuern. Es beginnen sein Herz und sein Geist, die doch das eine sind, schwer zu werden über die Entbehrungen in der schattenreichen Nacht. Es gibt nur einen Zeitpunkt in dem Warten der Dunkelheit, wo auch er ins Vergessen hinübergleitet. Dieser Augenblick erlebt sich dann, wenn selbst kein Schatten sich mehr zeigen kann. Dieser kurze Moment im Leben einer jeden Nacht ist der Moment seines Vergessens. Dann trifft er wie alle Wesenheiten den großen Geist hinter dem Raum und hinter der Zeit. Doch nur kurz ist für ihn die Regeneration. Und kehrt er zurück, bleibt ihm nur wieder die Erinnerung an den hinter der Materie verlorenen Vater, der ihm zum Trost jedoch an jedem neuen Morgen für die Geister auf der Erde zurückkehrt. Der Geist dieses Baumes kennt nur die eine Ausrichtung, alle anderen erscheinen ihm fremd.

Für ihn gibt es keinen Kampf, es gibt keine Durchsetzungskraft, es gibt auch nicht wirklich ein Überlebenwollen. Es gibt nur eines, dem Licht zu dienen, und auch das steht nicht an erster Stelle.

An manchen Orten dieser Welt, wo sich sein Geist die Kleider formte, hätte er nicht lange bestehen können. Denn wo Materie wirkt, herrscht auch eine Kraft, die Auseinandersetzung heißt. So schenkte sich der große Geist im Baume die Dornen, die auch seine Schwester vom Anbeginn der Zeit trug.

Die Dornen sind ein Symbol für die Liebe. Es ist jene Liebe, die auf der Erde den Geist bedingungslos verströmt. Doch weil sie in sich so rein ist, diese bedingungslose Liebe, läßt sich nicht jeder seinen Becher von ihr füllen.

Denn in denen, die diese Liebe nicht in ihrem Herzen zu tragen wünschen, erweckt sie den Zorn. Dieser stürzt sich wild und manchmal zerstörerisch auf die Gestalt der Liebe. Und deshalb trägt der Geist des Akazienbaumes wie seine Schwester, die Rose, die Dornen als Geschenk. Sie helfen, das zu verhindern, was wirklich nicht notwendig ist. Wie einst die Dornenkrone den Christus vor Zerstörung im Geiste schützte, so schützt am Tor zum Paradies der Rosenbogen mit seinen Dornen. Er gibt Schutz, um die abzuwehren, die nicht reinen Herzens sind.

Der Geist des Akazienbaumes hat an manchen Orten auf der Welt sein Dornenkleid, das ihn vor der übermäßigen Zerstörung seines Gewandes durch andere schützt. Die Nahrung, die der Geist des Baumes zu geben wünscht, ist nicht die Nahrung durch seine Blätter, sondern es ist die stille Stimme der Liebe, die durch sein großes, offenes Herz alles verströmt, was wahrhaft Nahrung geben könnte.

Da sein Geist dem Vater so nahe ist, ist sein Herz auch offen für das, was die Welt in großem Maße benötigt. Der Geist des Akazienbaumes beobachtet stumm die Welt, und manchesmal, wenn das Licht hinter dem Schatten seinen Platz findet, senkt sich sein Haupt, und Trauer entsteht über den Mangel an Erkenntnis, der im Dunkeln seine Wohnung hat.

Nur wenn sein Herz im Lichte unter der Sonne verströmen darf, an die, die ihn auch schützen, beginnt er wieder von neuem das Leben zu lieben und weiterhin zu dienen, weiterhin zu geben, an jedem Tag wieder neu.

Wenn der Geist des Akazienbaumes noch länger auf dieser Erde seine Kleider formen kann, dann nur, wenn das Menschenkind beginnt, den Geist in ihm zu schätzen. Gleichwie die Menschen einst Christus die Türe gewiesen haben, beginnen wir nun der Grünkraft dadurch die Türe zu weisen, daß wir sie nicht wirklich verstehen, nicht wahrhaftig schätzen.

Ein Gast bleibt nur in deines Vaters Haus, wenn du ihn einlädst, an deinem Tische alles, was du hast, mit ihm zu teilen. Weist du ihm die Tür, so wird er gehen, doch gleichzeitig entschwindet auch das Licht, das durch ihn dein Haus erleuchten würde.

Der Geist des Akazienbaumes wünscht, weiter seine Aufgaben zu pflegen, um zu dienen. Doch wo läßt sich dies tun, wenn kein Herz für die Liebe wirklich offen ist? Dem Geist des Baumes wurde schon oft die Tür gewiesen, und doch kam er wieder zu seiner Zeit. Dies hat er mit dem Sohn eines Vaters gemeinsam. Die Liebe auf der Erde kann nicht wirklich vergehen. Sie wirkt in der Welt, und sie wirkt durch die Wahrheit in ihr.

Viel Trauer auf der Erde entsteht durch das Nicht-angenommen-sein, und wenn die Trauer auf der Erde zu groß wird, schickt der große Geist einen, der mit uns diese Trauer teilt. Im Geist des Akazienbaumes haben wir eine Kraft, die die Trauer mit uns teilt, die wir so manchesmal in unserem Herzen tragen, die Dunkelheit das Licht nicht annimmt.

Die Essenz dieses Baumes hilft uns, unser Herz wieder neu zu öffnen, wie die Tür zu unserem Haus, für jene, die Eingang finden wollen und die statt Finsternis Licht bringen. Die Essenz hilft auch gegen das Ermüdetsein durch das Aufrichten zum Licht, denn dieses Licht ist nicht immer gleich im Leben der Polarität. So manchesmal verbirgt es sich hinter der Dunkelheit.

Betreten wir irgendwann wieder das Tor zum Paradies, werden wir erkennen, was der Geist in der Materie, der sich grün kleidet durch sie, für uns einmal war. Und der Geist der Akazie wird geehrt werden, wenn auch fast schon zu spät.

Es ist wie mit seinem Bruder, der einst am Kreuze seine Dornen trug. Viel opfert sich dem Nichterkennen, um dort trotz allen Widerstandes den Samen der Liebe zu pflanzen, der einst erblühen wird wie eine Rose, deren Duft uns vom Paradies erzählt.

Taufe im Rosenwasser

Leben erneuert sich immer wieder aufs neue. Deshalb ist der Prozeß des Lebens eine Verjüngung und nicht ein Altern. Das Altern ist für uns in der materiellen Welt nur ein Spiegel dieses Prozesses, den wir als Leben in uns fühlen. Atmen wir ein und atmen wir aus, dann schwingen wir in der Polarität, und das, was wir daraus schöpfen im Geschehen durch die Zeit, läßt etwas Neues in ihr entstehen. Aber auch das, was sich neu geboren hat in der Welt, bleibt nur einen kurzen Moment in der Einheit bestehen, und kaum hat es die Bühne des Lebens betreten, beginnt es zu leben zwischen Licht und Dunkelheit. Auch hier geschieht wieder alles, was sich neu entwickeln wird, durch das Hin und Her, und läßt etwas Neues gebären.

Stellt euch vor, spricht der Geist des Akazienbaumes, ihr führt mit der rechten Hand ein Pendel und laßt es in die Bewegung fallen, dann schwingt es für den Betrachter in einer liegenden Acht. Immer wenn das Gewicht eures Pendels die Seite wechselt und in der Mitte die Pole kreuzt, habt ihr das entstehen lassen, was Gebären heißt. Der Vorgang des Zeugens war das, was im Geistigen am Anfang des Weges stand. Doch erst dort, wo es geschah, hier auf der Erde, ließ die Zeugung etwas Neues auferstehen.

Zeugen und Gebären sind ein und dasselbe, doch die Zeit oder das, was ihr Leben nennt in der Welt, läßt eine Brücke entstehen. Sie ist unsichtbar, und doch ist sie keine Illusion. Sie steht sicher und verbindet das eine Ufer mit dem anderen, wie eine Brücke, die die geistige mit der materiellen Seite zusammenführt.

Betreten wir das, was zwischen Zeugung und Geburt liegt und wandeln auf dieser Verbindung, dann reichen unsere Möglichkeiten in die geistige und auch in die irdische Ebene hinein. Wir dürfen auf dieser Brücke sogar wählen, welcher Verbindung wir näher zu sein wünschen, und wenn wir dies immer wieder von verschiedenen Standpunkten aus zu meistern wünschen, dann beginnt die Verbindung zwischen den zwei Ufern kürzer zu werden.

Die Brücke ›wächst‹ zu einem kleinen Steg, und wenn wir irgendwann durch das Leben die Meisterschaft im Erkennen erfahren haben, sind beide Ufer in sich erstorben, und es gibt auch keine Brücke mehr. Nun ist das geschehen, was am Anfang im Buch der Wahrheit stand und was wir am Ende unseres Lebens in ihm wieder zu finden wissen, nämlich, daß das eine Ufer und das andere Ufer nicht wirklich voneinander getrennt sind.

Die geistige Dimension, die Heimat, in der unsere aller Seelen geboren sind, trägt die irdische Dimension, in der wir als Menschenkinder mit unserer Seele leben, in sich.

Lassen wir unser Pendel schwingen in der Zeit und zeugen hinter ihr und gebären in ihr, im Leben der Polarität, dann werden wir durch immer wieder sich erneuernde Früchte, die aus uns herauswachsen, erkennen, daß wir uns verjüngen, erneuern, wiedergeboren werden in der Zeit. Unsere Wurzel beginnt dann, in uns wahrhaft Raum zu fordern. Dies jedoch ist ein stilles Wachsen, ohne für sich etwas wirklich nur zum eigenen Nutzen in Anspruch zu nehmen.

Dieser raumfordernde Prozeß auf der Bühne des irdischen Theaters läßt wahrhafte Nützlichkeit entstehen, die nur und ausschließlich dem höchsten Ziel zu dienen scheint. Es scheint deshalb nur, weil es, während es dient und noch wirkt in der Welt, schon das Licht des Vollkommenen in sich verborgen trägt. Auch dieses Wirken nach höchstem Vorbild läßt, wenn sein Pendel in der Polarität hin und her schwingt, gebären, was vorher, oder besser, in einer anderen Dimension gezeugt war.

Hier in der irdischen Welt, in der die Elemente wirken und die Polarität ihr Gesicht zeigen kann, existieren die Brücken zwischen Licht und Dunkelheit. Doch dort, wo unser wahres Seelenbild seine Heimat erkennt, weil die Gegensätze eins miteinander sind, sind keine Brücken nötig.

Das eine möchte ich euch sagen, spricht der Geist des Akazienbaumes zu uns: Rollt nicht eure Finger zusammen zur drohenden Faust gegen den Himmel und alles, was er für euch vertritt, sondern öffnet eure zorngeballten Hände, betretet die Brücke und reicht eure Hände hinüber in die andere Welt. So wird euch die Hand entgegengereicht, die doch in euch schon lange verankert war. Vereinigt euch mit ihr durch und über die Brücke. Und die Ufer, die Himmel und Erde durch den Fluß des Lebens voneinander trennen, werden sich auflösen. Nachdem sie sich vereinigt haben, werden sie das in euch neu gebären, was wir den Geist der Bäume, das goldene Herz nennen.

Dieses Herz, das schon lange vor der Zeit in euch gezeugt worden ist, wird geboren werden und in euch auferstehen, und wenn das geschehen ist in der Zeit, in eurem irdischen Zuhause, dann erkennt ihr, daß das Kreuz, das euch an Christus erinnern soll, auch die Wohnstatt ist, in der ihr die wahre Liebe findet.

Das Zeugen in der geistigen Welt ist eine universelle, größte Freude, und das Gebären im Spiegel, in der irdischen Welt, kann so manchesmal mit Schmerzen beladen sein. Ist der Schmerz vorhanden, dann ist die Brücke von einem Ufer zum anderen lang, und versucht ihr, sie durch Erkenntnis kürzer werden zu lassen, so erstirbt auch der weltliche Schmerz.

Reicht mir die Hände, spricht der Geist des Akazienbaumes. Laßt uns die eine Dimension in Verbindung mit der anderen Dimension in uns bewußt erschaffen. Laßt uns vereinigen, und euer goldenes Herz wird geboren sein. Wenn dem Kind in euch dann aus diesem goldenen Boden heraus seine wahre Heimat bewußt wird, obwohl seine Füße immer noch den irdischen Boden berühren, dann wird seine Taufe in Rosenwasser sein. Dort in jenem Wasser schwingt das Lied der Rosen, das alle Geschichten vom Leid und von den daraus geborenen Dornen vergessen hat. Was vergessen wurde, verliert so auch seine Schwere, denn diese gehört nicht ins Paradies, das auch auf der Erde zu finden wäre, wenn viele Menschenkinder ein goldenes Herz hätten.

Vergeßt nicht, daß das Kreuz die Vereinigung der Gegensätze ist. Dort wo sie sich kreuzen, wo sie sich aber auch und gerade deshalb miteinander vereinen, wird gezeugt und irgendwann durch die Zeit geboren werden, was heute noch im scheinbar Dunklen weilt.

Diese Wahrheit spricht der Geist des Akazienbaumes aus seinem goldenen Herzen, das durch das Kreuz geboren wurde, zu uns, den Menschenkindern, während er hofft und weiß, daß jeder den wahren Sohn in sich erkennt. Wird er dort in sich wahrgenommen und wächst zu einem Aufrechten heran, beginnt sich auch die Tochter zu formen, und das Polare wird sich im Menschenkind vereinen, es wird zeugen und wiedergeboren durch Ihn. Die Zeit ist dabei nur ein guter Freund, der uns im Wandel erkennen läßt, was das eine vom anderen unterscheidet und durch die Brücke irgendwann zur Einheit werden läßt.

Es gibt so viele Wahrheiten in der Wirklichkeit. Es hängt allein nur davon ab, aus welchem Winkel wir sie zu betrachten wünschen. Haben wir einmal die Einsicht aus der wahren Dimension heraus, dann beginnen wir zu begreifen, daß die Welt, die wir kennen, wie ein Kind im Mutterschoß des Universums seinen Platz erhält. Diese große Mutter, die allumfassend ist, ist auch der universelle Vater, denn aus dieser Sicht betrachtet sind Mutter und Vater in sich vereint, und kein Unterschied, der geboren wird in der materiellen Welt, kann sie jemals voneinander trennen. Am wenigsten könnte es eine geballte Faust, die ihr in einem feurigen Zorn gegen den Himmel streckt, denn das Feuer, das ihr in euch entstehen laßt, bewirkt anderes, als daß es zeugt. Es läßt ersterben und wieder auferstehen, doch dazwischen wirkt der Geist, auch wenn ihr diesen alles andere als in euch begrüßen wollt.

Feuer bleibt Feuer, es nährt sich immer aus der Quelle des Lichtes. Nur wirkt es im Geist anders als auf der Erde, wo es das verzehrt, was es durch das Alter, das durch den Widerstand geboren wird, entstehen läßt.

Seid ihr auch noch so zornig, nichts kann das Wahre, das sich in euch entwickelt, aufhalten, und der große Geburtshelfer, den ihr an eurer Seite habt, und dem ihr so manchesmal zornig begegnet, führt den Namen Gegensatz.

Habt ihr den Zorn in eurem Herzen und wisset doch von meinem Geist, dann zeigt einmal nicht die Fäuste, sondern öffnet sie und streckt sie mir entgegen. Das, was vorher im Begriff war, Leid und Schmerz zu gebären, wird sich wandeln in Freude und Dankbarkeit. Nun werde ich denn euer Diener sein, und das ist mein wahres Leben in dieser Dimension. Sucht nach einem, der auch in dieser Welt geboren war, und erkennt, ich bin wie er. Zwischen ihm und uns gibt es nicht wirklich eine Brücke, wenn ihr ihn gefunden habt.

Die Essenz meiner irdischen Manifestation läßt erkennen, daß Tod und Geburt, die zwischen sich, wie alles in der Polarität, die Brücke entstehen lassen durch die Zeit, ein und dasselbe sind. Der Tod entsteht durch den Widerstand in der Materie, so wie das Gebären oder das Geborenwerden dasselbe ist, wie das Zeugen ohne die Zeit. Der Tod entsteht oder wird gelebt in der materiellen Ebene des universellen Seins, und dadurch entsteht auch das Bedürfnis nach Erneuerung, das sich immer wieder neu formt durch den Tod. Die Existenz der Seele ist ohne Unterbrechung und ohne Trennungen. Es gibt in sich weder Tod noch Wiedergeburt, weder Zeugen noch Geborenwerden. Diese Geschehnisse sind lediglich Zeichen, daß wir von einem Raum in den anderen gehen, durch eine Tür hindurch, die im Leben existent erscheint.

Christus ist immer da. Die Frage ist nur, ob er die Tür offen in uns findet. Die Verschlossenheit entsteht dadurch, daß wir glauben, in einem anderen Raum zu leben als in dem einen, alles enthaltenden, universellen.

22. *Die Eibe*

Ich fühle mich, so wie ich bin, ganz wohl, spricht der Geist des Eibenbaumes zu uns. Der Boden, auf dem ich sitze, die Kraft der Erde läßt mich gedeihen. Das ist alles, was ich brauche, um wirklich glücklich zu sein. Meine Wurzeln sind stark in der Erde verankert, und alles, was mir fehlt, erhalte ich durch sie. Natürlich suche ich mir einen kräftigen Boden, denn Nahrung benötige ich, um zu bestehen. So wachse ich im Laufe der Zeit sehr kräftig und gediegen, und alles, was mich stört dabei, bleibt schnell und für immer weit weg von mir.

Im Grunde bin ich gerne allein. Ich brauche niemanden, der mir hilft, noch brauche ich jemanden, der in meinen Zweigen wohnt. Ich selbst bin mir mein bester Freund und möchte auch, daß es so bleibt. Mein Geist in mir geht nur so weit, wie er sich in mir dehnen kann. Er weitet sich und drückt sich aus, doch am liebsten immer durch die Erde.

Ich weiß, daß die Sonne auf der Erde wirkt, doch von ihr möchte ich nicht viel wissen, und allen Geschichten, die es geben soll auf der Welt von Sonne, Wind und fallendem Wasser, höre ich gar nicht gerne zu. Mein Geist lauscht höchstens der Erde. Doch am liebsten lauscht mein Geist dem Gesäusel meiner kräftigen Zweige. Eigentlich spreche ich sonst mit niemandem, denn Unterhaltung lenkt mich nur ab von mir selbst, und in meiner ureigensten Gesellschaft erscheint das Leben mir angenehm.

Sollte sich dennoch einmal ein Besucher in meinen Zweigen einfinden, wird es diesem nicht gut ergehen. Laßt ihr mich jedoch in meiner Ruhe, dürft ihr ein Geheimnis von mir erfahren.

Von den Vorfahren unserer Eibenfamilie wurde erzählt, daß wir in einer dunklen Nacht geboren wurden. Tiefe Wolken flogen schwer über das noch dunklere Land. Blutgetränkt war die Erde von jenen, die sich auf ihr bekriegten. Feuer und Rauch der Zerstörung, furchtbares Wehklagen und Schreien fegte über das Land. Als die Erde schwarz geworden vom erlöschenden Schmerz und getrocknetem Blut, entluden sich die Wolken, und der Himmel weinte über ihr. Die Tropfen benetzten die Erde und wuschen den Staub ab, doch der Schmerz und die Zerstörung waren nicht von ihr zu tilgen.

In dieser Nacht, so heißt es, wurden unsere Samen gesetzt, und wir wuchsen auf dem Schmerz, der sich einst in die Erde gesenkt hatte. Unsere roten Früchte sind die stummen Zeugen des frischen Blutes. Wenn dieses sich zur Erde senkt, weil es in Schmerz erzeugt wurde, ruft es nach Vergeltung, und manchmal hören wir es in der Nacht, wenn dunkle Wolken über das Land fegen. Aus diesem Grunde ist denn alles, was wir gestalten, giftig an uns. Auch heute noch sind wir Zeugen, wenn auch stumm und in uns gekehrt, von dem, was einst geschah.

In unseren Zweigen fließt keine Erkenntnis von Frieden, noch wissen wir, was Freiheit wirklich ist. Wir sind nur, um zu zeugen. Doch könntet ihr mich fragen, wie wir lebende Zeugnisse sein können, wenn doch unser Geheimnis, das innen liegt, nicht nach außen dringt.

Viel Gift fließt in unseren Adern, und dies sollte Zeugnis genug sein. Wir sind nicht da, um zu vergelten, nur um zu warnen. Wir sind die Krieger längst vergangener Kämpfe, in denen Leid und Schmerz geboren worden sind, und wenn sich auch längst schon viel Staub und Erde über das verlorene Blut gelegt hat, nähren wir uns doch heute noch von dieser Energie.

Alter Zorn nährt heute noch unsere Wurzeln, und in diesem Zorn leben wir. Erst wenn alles auf dieser Erde vergolten ist, werden auch wir vergehen. Es ist nicht das Geistige, das im Kampf seine Ehre verlor, sondern es ist das Blut und der Schmerz über verlorene Ehre, die hier noch immer ihren Tribut fordern wollen.

Hat der Täter erst einmal seine Zähne in sein Opfer versenkt, so wird es bluten bis zum Ende. Doch da kehrt sich etwas im Opfer um, und nicht sein Tod wird die Ruhe bringen, sondern erst der Moment, wenn der Kampf erneut beginnt. Doch ihr könntet mich fragen, ob es schön sei, auf diesem Schmerz zu wachsen.

Es macht stark, klug und mächtig. Aber sicher bringt es keine Veränderung. Gibt es noch ein besseres Leben, frage ich euch?

Eine weitere Geschichte wußten unsere Urahnen zu erzählen, doch an diese können sich nur wenige unserer Geister erinnern.

Eines Nachts, als die Felder und Äcker wieder voller Blut waren, lief ein junges Menschenfräulein laut schluchzend über die verbrannte Erde. Und als sie ihren Geliebten unter den Toten fand, schwor sie bei seinem blutigen

Herzen, nur noch zu leben für das Land. Sie begann jeden Morgen die Sonne zu bitten, das Licht zu senken in die traurigen Menschenherzen. Auch bat sie den Mond, am Abend die Wahrheit zu sprechen über sein Licht. Dies tat sie von jenem Tag an, bis an ihr Lebensende.

In der Nacht, als ihre Seele beim Übertritt den verlorenen Geliebten wieder in die Arme nahm, ruhte sie sich für einen kurzen Moment unter der großen, grünen Eibe aus. Noch einmal dankte sie der Erfahrung, die sie auf der Erde durch das Leid machen durfte, und begann den Weg ins Licht zu wandeln, und ein Eibenzweig blieb liegen auf diesem, ihrem Weg.

Nun erlebten die Eibengeister durch die Geschichte einmal mit, wie es ist, wenn Licht und Schatten sich miteinander vereinen, denn das war ihre wahre Aufgabe im Leben. Aber den Sprung zu schaffen vom Schatten ins Licht, diese Grenze zu überwinden, ist nicht eines jeden erste Pflicht.

Großartig ist des Lebens Sinn. Doch nichts wird uns helfen, ihn zu erkennen. Erst wenn wir unser vergiftetes Herz zu öffnen beginnen, kann das, was unser Eigen war, sich wirklich wandeln. Dieses Gift, das verströmt und seine Opfer fordert, ist wie das Gift einer bösartigen Schlange, die schon längst ihre Heimat verloren und doch nicht ganz vergessen hat. Sie kriecht herum unter den Steinen und weiß nichts von ihrem wahren Ort. Erst wenn sie unter den Wurzeln eines grünen Baumes nach innen zu lauschen beginnt, wird sie erkennen, daß nur ein Weg nach oben führt.

Hat sie die Krone erreicht, dann schaut sie von oben auf das Leben, und alles, was Schöpfung heißt, zeigt sein wahres Angesicht. Nichts in ihr ist sinnlos oder vergebens, nur jedes hat ein anders Gesicht. Auch die längst vergangenen Tränen, die einst die Erde benetzt haben, führten eine Botschaft mit. Es war die Botschaft vom Schatten im Leben. Dieser Schatten ist auf der Erde genauso mächtig wie das Licht. Beginnen wir jedoch in uns zum Licht zu streben, verliert er Schritt für Schritt an Gewicht.

Um sich von der Erde im Schatten dem Licht zuzuwenden, wird ein Schlüssel gebraucht, damit wir die Tür öffnen zu einem Weg, der über das Herz, über die Liebe hindurchführt. Wenn wir die Schwelle dieser Tür überschreiten, verwandelt sich unser ureigenes Gift.

Der Weg von der Dunkelheit ins Licht

Lang ist es her, da verbanden wir Menschen uns immer, wenn wir Feuer machten, mit dem Geist der Bäume, denn er gab uns alles, was das Leben leichter machte. Durch sein Feuer konnten wir uns wärmen, durch sein Licht uns erhöhen und zu anderen Ufern kehren. Selbst wenn wir im Boot des Lebens saßen, wurden wir von seinem Holz getragen. Wir mußten uns nicht nur auf den Wind, auf die Wellen und die Strömung des Wassers verlassen, sondern wir hielten auch ein Zeugnis seiner Kraft in der Hand. Dadurch begaben wir uns auf die Mitte des Wassers und fanden, wenn wir dem Himmel so nahe waren, das Tor zur anderen Dimension. Auch dann, wenn wir die Pfeife rauchten, war es wieder das Holz, das uns alles gab, um den Rauch des Vergangenen emporzublasen. Und wenn wir uns dann in der tiefsten Tiefe, in uns selbst verbargen, dann fanden wir uns wieder in Frieden an der Wurzel eines großen, mächtigen Baumes. Wir grüßten seinen Geist und mit ihm das Universum und wußten auch, sie waren eins.

Doch Trauer umfließt mein tränendes Herz, spricht der Geist, wenn ich erkenne, was heute ist. Lange schon vergessen scheint es, und doch wirkt heute noch jenes, was damals in unseren Herzen täglich immer wieder aufs neue geboren war.

Die große Liebe zur Mutter Natur und zu Vater Baum scheint heute in den Menschenherzen so tief versunken zu sein wie ein goldener Schatz am Grunde eines tiefblauen Sees. An seinem Rande stehen die grünen großartigen Zeugen einer längst vergessenen, wunderbaren Zeit. Sie spiegeln sich wie damals im See der Vergangenheit. Und dort, wo ihre Spitzen sich miteinander vereinen, dort, wo sie sich treffen, wurde einst das Geheimnis versenkt.

Tauchen wir hinunter bis auf den Grund dieses tiefen Sees unserer Emotionen, finden wir wie in einem Sarg aus längst vermoderten Balken ein Geheimnis. Das Holz ist das eines Eibenbaumes. Unendlich lange liegt es schon im dunklen Wasser verborgen.

Es gibt niemanden, der diesen Schatz, der umhüllt und fest verschlossen ist, wirklich vermißt. Öffnen wir die uralte Truhe des Verborgenen, so leuchtet und glänzt in einem roten Tuch ein goldenes Schwert aus ihm hervor. Doch hier am Grund des Sees kann sein Geist, der in ihm wohnt und schon so lange verschlossen und versenkt am Grund des Sees lag, nicht wahrhaft zu uns sprechen. Bergen wir es vom tiefsten Grund, gibt es nur einen Ort, an dem wir es, schwer geworden, aus unseren Händen legen. Es ist dort, wo wir die goldene Wurzel des einen Baumes finden, die in sich die Welt umschließt. Hier in der tiefen und doch alles erkennenden Stille wollen wir Zuhörer sein.

Zwei Seiten hat meine Klinge, und jede ist so scharf, daß sich wirklich alles voneinander trennt. Wirst du sie durch etwas führen, was vorher eins war? Alles, was mich berührt, wird voneinander gelöst. Das Los, das jeden trifft, der mich einmal in seinen Händen getragen, wird auch das meine sein, denn so, wie der Menschensohn durch mich handelt, so handelt es durch ihn.

Das, was wirkt und in der Welt geschieht durch die Hand des Menschensohnes, die mich führt, wirkt im gleichen Maße zurück auf ihn und durch ihn. Hier erkennt ihr, wenn alles wieder in euch gewirkt hat wie ein Echo aus einer längst vergangenen, geschlagenen Schlacht, daß der Geist durch euch wirkte, durch eure Hände das Schwert hielt und durch es loslöste, was zu lösen war, verwandelte, in euch wieder vereinte und die Erkenntnis gebären ließ. Als das geschah, befreiten sich die Hände erneut, um sich dem Geiste zu reichen, der über allem und in uns dient.

Meine Klinge trennt. Alles scheint verloren. Und in der Verzweiflung, die daraus geboren wird, sind wir einmal wahrhaft abgetrennt. Aber dieser kurze Moment in unserem irdischen Leben läßt uns tief aus unserem Herzen den Schrei zum Himmel senden, den Ton gebären in der materiellen Welt, die im Reich der Schatten liegt, der etwas wieder zusammenführt. Das, was vorher getrennt war, wird wieder vereint.

Der tiefste Kern des Schattens öffnet sich und läßt das Licht ein. Von innen beginnt dieses zu wirken und läßt alles im Außen erkennen, was Geist ist. Seht ihr nun das, was ich getrennt habe, und was sich wieder durch mich vereint?

Konzentration ist der Schlüssel aller Dinge. Konzentriert sich etwas, ist es auf dem Weg, sich miteinander zu verbinden, verbindet sich etwas, ist es der

Vereinigung nah. Aber Konzentration kann erst entstehen, wenn vorher etwas voneinander getrennt war. Konzentration verdichtet etwas, und Verdichtung in der Materie versperrt dem Licht scheinbar die Tür. Damit dies nicht wirklich geschehen kann, gibt es auf der Welt, in der wir leben, Trennung.

Ist also Trennung letztendlich der Schlüssel, um die Tür für das Licht ins Dunkle zu öffnen? Ist das Schwert, das ich bin und das in euren Händen alles voneinander getrennt hat, schließlich das Werkzeug, das wieder alles miteinander vereinen wird? Wir vermögen dies zusammen und als Freunde miteinander zu erkennen, wenn wir im tiefsten Bereich der Spaltung, im tiefsten Bereich des Getrenntseins den Schmerz erfahren.

Ich spreche von Erfahrung, nicht vom Erleiden müssen. Schaut offen in die Welt und seht, was Leid ist, und ihr werdet erkennen, daß es Getrenntsein bedeutet. Getrenntsein heißt, daß das Licht vor verschlossener Türe um Einlaß bittet. Und erst, wenn ihr ›Ja‹ sagt zu ihm, den Schlüssel in das Schloß versenkt, das die Tür öffnet zu eurem Haus, verwandelt sich der Schmerz des Getrenntseins.

Der Geist betritt durch seinen Schlüssel, der auch der eure ist, die Tür, die Einlaß gewährt zu eurem Herzen. Ist euer Herz, wenn die Türe sich öffnet, voller Licht, wird jeder Winkel der Dunkelheit verwandelt, das Leid erstirbt und Einheit, Freude und ein glückliches Herz werden wieder geboren werden.

Schaut ihr weiter auf den Schmerz und das Leid, dann senkt sich auch das Licht durch euer eines Auge, durch euer Herz filtriert, auf diesen Weltenschmerz. Der Ton wird erklingen, wie er immer schon erklungen ist, geboren aus dem Schmerz. Doch sein Hall über die Zeit wird mit eiligen Füßen sein Ziel erreichen, und das Echo wird noch schneller sein.

Nun entsteht in euch der Diener, der sich zu Boden neigt und dabei seine goldenen Füße erkennt. Lange schon habt ihr mich zu euren Füßen gelegt. Niemals werdet ihr mich erneut in euren Händen tragen. Die Wirkung durch mich im Innern verhallt, und die Erkenntnis durch das, was in der Welt geschehen ist, läßt euch erfahren werden, und die Erkenntnis in euch wächst.

Gleich wie sie wächst, wird die eine Konzentration, die die wahre ist, euch bei offener Tür zu eurem Herzen, zum Lichte führen. Der Geist meiner trennenden Seite ist tief in der Wurzel der Eibe verborgen. Doch wer weiß davon, und wer weiß wirklich vom Geheimnis des Lichtes? So, wie die

Menschenkinder das eine nicht wissen, wissen sie das andere nicht. Nur einer kann euch wahrhaft davon erzählen, und das ist der Geist im Weltenbaum. Er schenkte einst der Mutter Erde ihr Gesicht, und als Zeichen für ihr Antlitz, das sich durch Trennung gestaltete, schenkte der Vater der Mutter mich.

Nun lag ich denn tief verborgen in einer ihrer vielen Tränen, die sich sammelten, zu einem großen Wasser. Und erst als ihr begonnen habt, mich zu suchen, habt ihr mich gefunden.

Mein Geist kennt sie alle, die Geschichten vom Leid, vom Schmerz, von der Trauer, die durch die Trennung entstanden ist. Aber vergeßt nicht, mein Herz kennt auch alle Geschichten, die die Liebe auf der Erde schreibt.

Scheinbar süchtig geworden sind eure Ohren und eure Augen nach dem Leid. Doch beginnt eurem inneren Ohr und eurem inneren Auge auch die Nahrung zu spenden, die die einzig wahre ist.

Hört ihr lange genug den Geschichten über das Geheimnis der Liebe zu, dann werdet ihr mich irgendwann einmal fragen: Wie können wir den Ton erzeugen ohne den Schmerz? Dann werde ich euch von einer Wissenschaft berichten, die ihre goldene Wurzel im Geiste hat und diese wiederum auf der Erde ihren Spiegel. Für die Welt bleibe ich weiter tief am Grund im Meer der Tränen verborgen. Aber für jeden, der nach mir sucht, bleibe ich, wenn er mich einmal gefunden, ein offenes Buch. Dort, wo der Geist der Eibe einst durch den Schmerz seinen Samen gebar, dort wurde nicht nur er versenkt, sondern auch ich war ihm nah.

Dort, wo sich das tiefste Dunkel konzentriert, ist auch das andere, das Gegensätzliche von ihm vor ihm verborgen. Suchet es, so werdet ihr es finden, und alles wird sich aus dem Dunklen durch das Licht befreien.

Zuerst wird der Geist aus dem Dunkel in das Licht treten und nichts in ihm sehen. Jedoch, wenn er sich die Zeit gibt, wird sein inneres Auge alles, was einst ist, darin sehen. Alles wird seinem Auge offenbart, und nichts wird ihm entgehen. Doch gerade das, was noch dunkel erscheint, wird durch das Auge ebenfalls verwandelt werden.

Es ist wie die Geschichte des Schlüssels zur Tür des Herzens. Das Licht dringt in das Dunkle und erleuchtet es von innen.

23. *Der Lebensbaum*

Der Geist des Baumes steht am Anfang und am Ende einer Entwicklung. Zwischen diesen beiden Polen wirkt seine Energie ebenfalls, doch sein ganzer Einsatz gilt dem Anfang oder dem Ende. Dort beginnen Raum und Zeit, oder dort enden Raum und Zeit.

Wir befinden uns, wenn wir uns mit diesem Geist befassen, an der jeweiligen Grenze, einem Übergang, der ins Nichts führt. Raum und Zeit sind eine Ebene, eine Dimension, in der Geheimnis um Geheimnis immer neu aus sich heraus gebildet wird. Aus diesem Bereich heraus wird auch die Wirklichkeit geboren. Es ist das, was wir Menschen unter Realität verstehen. Es ist das reale Leben, das wir durch unsere fünf Sinne zu erfassen vermögen.

Irgendwann hat der Mensch mit seinem Energiefeld diese Dimension derart ausgefüllt, daß er die Grenze berührt, die wie eine Hülle um Raum und Zeit liegt. Der Mensch wurde durch seine Entwicklung vom unbewußten Zustand in den bewußten Zustand hineingeformt und berührt nun die Grenze seines irdischen Seins. Vielleicht glaubt der Mensch, der nun nach der Wahrheit zu suchen beginnt, er wäre an der Grenze der Dinge angelangt, denn er stößt auf den Widerstand, den jede Grenze zunächst einmal bietet.

Jeder Widerstand ist ein Geschenk des großen Geists, der die Vielheit in der Einheit geschaffen hat, denn dieser Widerstand, den wir täglich im kleinen und im großen überwinden, läßt uns im Körper und im Geiste erwachsen werden. Jede Grenze stellt in der Vielheit der Welt eine gerade Barriere dar, die Krankheit von uns fernhält, denn sie entsteht nur und ausschließlich, wenn wir beginnen, uns rückwärts zu orientieren. Anstatt vorwärtszugehen, immer unser Ziel vor Augen, und einen Widerstand nach dem anderen wie Hürden zu überspringen, beginnen wir zu hadern, zu trotzen oder zu scheuen, wie ein ängstliches Pferd vor dem Sprung.

Es ist unser Gemüt, das uns einflüstert, der Widerstand, der als nächster zu überwinden wäre, sei zu hoch zu jener Zeit unserer Entwicklung. Das

Pferd, das die Hürde überspringt, ist unser Geist. Der in uns wirkt in der Zeit, ist der Reiter, der seinem Pferd die Zügel hält. Verbindet sich das Pferd mit der inneren Stimme seines ihn leitenden Meisters, so wird es jede Hürde zu überwinden versuchen.

Der Versuch macht das Leben in Wahrheit attraktiv. Doch die Wirklichkeit, die in der Welt der Polarität ihre Wurzeln gründet, hat auch eine Stimme, gleichwie der Geist dem Ohr des Pferdes sein Vertrauen schenkt.

Die Wirklichkeit in der Vielheit der Welt hat zwei sich voneinander unterscheidende Gesichter. Es sind die zwei Seiten einer Münze oder die zwei Seiten der Polarität. Weil alles im Gleichgewicht zwischen diesen beiden Seiten hin und her schwankt, so daß keine Seite gegenüber der anderen verliert, gibt es Zeiten, in denen auch die dunkle Seite wirken muß. Sie flüstert unserem treuen Gefährten, der den Weg über die Hindernisse zu gehen versucht, ins Ohr, daß die Wege, die Widerstände bieten, es nicht wert sind, gegangen zu werden.

Auf dem Weg der Widerstände, der unser Weg ist, weil wir auf der Erde wandern, voranzuschreiten, heißt, immer das Ziel im Auge zu behalten, denn wenn uns unser Geist das Ziel im Leben bewußt machen kann, treten die Widerstände, die zu überwinden wir gekommen sind, zurück und werden unscheinbar. Sie werden durchsichtig wie eine glasklare Scheibe, die einen Raum von dem anderen trennt.

Da unser Pferd, dem wir die Zügel halten, nicht wahrhaft sehen kann, springt es über die Grenze und spürt erst, während und nachdem es die Grenze überschritten hat, den Widerstand als Widerhall in sich.

Doch nun hat sich bereits etwas neues für Geist und Gemüt eröffnet. Der Mut, der durch den gelungenen Sprung über eine Grenze gewachsen ist, läßt den Hader und den Mangel an Vertrauen weit hinter sich zurück.

Nicht immer, spricht der Geist des Baumes, ist den Wesenheiten auf dieser Erde das Glück so treu, denn der Geist des Widerstandes fordert, weil er in der Polarität wirkt, seinen Tribut. Immer dann, wenn der Fall einen in die Knie zwingt und der Mangel an Vertrauen seine Kraft zu entfalten wünscht, verschenkt sich die Kraft des Lebensbaumes durch seine Existenz. Die Essenz seiner Kraft läßt den Triumph, der am ersterben war, nicht wirklich ganz zu Boden gehen, sondern beginnt ihn aufzurichten, aber erst dann, wenn die Demut wirkt.

Nun hält der Mensch ein doppeltes Geschenk in seinen Händen. Das Pflänzlein, die Demut, bekam die Kraft zu wirken, und wies das Ego in seine Schranken. Aber die Hürde wurde wider allem scheinbaren Leid nichtsdestotrotz überwunden. Wer hier zwischen den Zeilen liest, erkennt den wahren Geist des Lebensbaumes, denn es ist die Essenz des Lebens, Hindernisse anzugehen, sie mutig zu überwinden, trotz der Erfahrung, die im Mißlingen liegt, und mit dem Wissen, daß beides sein muß, um im Leben stark zu werden und eines Tages erwachsen zu sein. Wenn wir dann kurz vor dem Ziel an die eine Grenze, die die Tür zur anderen Dimension ist, gelangen, dann reicht uns der große Geist, der sich nun deutlich zu erkennen gibt, über die Grenze hinweg die Hand.

Dieses Hindernis zu überwinden ist eine wahre Freude. Sie ist auch gleichzeitig die Bilanz unserer Endabrechnung über die Geschichte unserer Siege und unserer scheinbaren Niederlagen, die uns in Wahrheit nur noch schneller gewinnen ließen. Der Sieg erfährt sich im Ziel, und hinter dem Ziel ist er sogleich erstorben, denn dort stirbt auch und gleichzeitig mit ihm das Licht. Dieses ist jedoch nicht wirklich ein Sterben, sondern es ist das großartige und für manchen Menschen noch im Geheimen liegende Wiedergeborenwerden.

Nehmt das Geschenk, das ich euch gebe, reichlich und immer öfter an. Wenn ihr Hindernisse zu überwinden habt und durch Mangel an Vertrauen oder Trotz, Hader oder sonst einer schwächenden Kraft Hilfe nötig habt, bin ich für euch da. Damit gibt euch mein Geist die Essenz, die euch von innen stark macht, und wenn ihr dann springt mit eurem treuen Gefährten, dann geschieht dies oder das, je nachdem, was euch auf eurem Weg zum Ziel eine Lehre war.

Ich reiche euch die Hände und schenke euch, wann immer ihr es wünscht, meine Kraft, und kein Widerstand kann meinen Geist, der im grünen Herzen auf der Erde sein Zuhause hat, daran hindern.

Wahre Partnerschaft

Ein Feuer brennt in allem, was irdischer Natur ist. Es lodert in jeder einzelnen Form, die Gestalt angenommen hat. Dieses Feuer spendet Wärme, und es verbrennt. Damit es existieren kann, braucht es die Erde, die sich geformt den Flammen opfert, und es benötigt die Luft, die der Flamme Nahrung spendet, die nicht wirklich sichtbar ist. Das irdische Feuer, das in allem enthalten ist, was lebt, nährt sich von zweierlei Quellen. Die eine Quelle speist das Feuer durch irdische Anteile, die andere nährt das Feuer durch nicht wirklich sichtbare Anteile. Ist das Feuer ohne die irdische Quelle, verlöscht es sofort, denn ohne seine irdische Nahrung kann es nichts verbrennen, was die Flamme existieren läßt. Versiegt die andere Quelle, die Nahrung, die wir mit unseren irdischen Augen nicht wirklich sehen können, dann erstirbt das Feuer in kürzester Zeit.

Hier erstirbt es, dort wäre es verhungert. Beides läßt das Lebenslicht, das innere Feuer, das im Irdischen lodert, sterben. Das Feuer steht zwischen zwei Polen, von denen es sich in gleicher Weise nährt. Wenn beide Quellen gleich viel und reichlich Nahrung bieten, spendet sein Licht ein wunderbares Leuchten. Hätten unsere irdischen Augen die Kraft, in das helle Licht zu schauen, dorthin, wo die Mitte ist, dann hätten wir den Spiegel des Lichts gefunden, das in Wahrheit der Schöpfer aller irdischen Flammen ist.

Wenn wir in dieses Licht hineinsehen könnten mit unserem inneren Auge, das nicht für diese Welt, die einen grünen Mantel trägt, geschaffen ist, dann würden wir erkennen, daß beide Quellen, die das Feuer nähren, aus ein und derselben Energie entsprungen sind.

So nährt das große Licht das kleine. Doch damit sich das im materiellen Bereich Lebende von ihm nähren kann, muß die göttliche Energie aufgespalten werden. Denn die Flamme selbst in ihrem irdischen Kleide ist in sich polar. Sie ist in sich gespalten wie die Zunge einer Schlange. Erst, wenn der Geist, der sich einst in die Materie versenkt hat, in seiner irdischen Gestalt zu begreifen beginnt, daß das Höchste nicht wirklich greifbar ist, verwandelt sich sein Denken, und die Realität, die scheinbar die eine Quelle ist, beginnt zu offenbaren, daß sie einen Zwillingsbruder hat, der ebenfalls nährt.

Das, was nicht greifbar war, beginnt sich im Geist zu formen, und seine Nahrung ist die Erkenntnis, die in der irdischen Quelle der Erfahrung die Hand reicht. Erfahrung und Erkenntnis beginnen miteinander zu verschmelzen. Sie werden eins, geschmiedet im Feuer des Lebens. Aus dieser Vermählung entsteht ein roter Ring, der auf dem Grund des irdischen Feuers wie ein Magnet als Spiegel sein goldenes Original zu finden versucht.

Geben wir unserem inneren Feuer aus beiden Quellen Nahrung, ohne das eine oder das andere zu bevorzugen oder zu vergessen, wird das Licht in der Flamme so hell und die Flammen so leuchtend, daß der irdische Ring am Grunde der Flamme zu Gold wird.

Ist dieser von unserem Feuer, das sich durch das geistige Licht speist, hinter dem irdischen Licht zu Gold geworden, trägt ihn der Geist, der im Körper wohnt, an seiner rechten Hand. Und wenn er einst die Türe öffnet, wird sein wahrer Partner ihm die Hand reichen. Er enthält alles, was sich einst durch Trennung scheinbar gespaltet hat. Durch ihn werden wir unsere goldene Schlange in uns als das ewige Feuer erkennen. Auch sie trägt die gespaltene Zunge in sich, doch nur als Zeichen der Erfahrung, die einst mit der Erkenntnis vereint wurde.

Reicht uns der Geist des Lebensbaumes seine Hand und nährt unser Feuer durch seine Erkenntnis, daß die irdische Flamme das Kind des großen Lichtes in der Polarität ist, beginnen wir, die Dualität zu lieben und ihre Polaritäten miteinander zu verbinden.

Überall, wo wir gespalten und die zwei Seiten nicht miteinander im Gleichgewicht sind, erinnert uns der Geist des Lebensbaumes an unsere wahre Partnerschaft, die in der Einheit ihr Ziel findet. Ein Mensch, der aufrecht auf seinem Wege wandelt und ein wahrer Partner des großen Geistes ist, ist der Geist, der hier auf der Erde ohne Hindernisse sein Ziel im Auge hat.

24. Die Erle

Um den Erlengeist in uns zu erkennen, dürfen wir ihm zuhören, wenn er aus seiner Welt und von seinem Leben erzählt.

Die Erde, sprach der Geist, ist meine Geliebte, und um mir zu gefallen, trägt sie ein rotes Kleid. Es ist so rot wie das Blut der Menschen, und innig sind wir miteinander verbunden, schon seit langer Zeit. Diese Verbindung knüpft sich von Herz zu Herz und von Kern zu Kern, von Same zu Same und vereinigt das Feuer unserer Herzen miteinander zu einem einzigen Feuer.

Da meine Liebe zur Erde so innig ist, habe ich vergessen, wie ich einst entstanden bin und wer mich auf der Erde gezeugt hat. So müßte ich gestehen, wenn ihr mich nach meinem Ursprung fragtet, daß ich durch sie entstanden bin. Ich glaubte mich weise in der Welt, und während ich wirkte und mich durch die Erde schuf, glaubte ich auch, daß ich und die Erde eins wären. Doch weil ich meinen Vater nie erkannte, nicht einmal wußte, daß es ihn gab, war ich gleichsam von meiner Geliebten, der Erde, die mir auch Mutter war und mir alles gab, getrennt. Ich lebte auf der Erde und gebar mich immer neu. Ich fühlte mich stark und meinte zu wissen.

Ich, die Erde und unsere Liebe zueinander, die gleichzeitig eine Abhängigkeit war, waren das Universum. In dieser Zweisamkeit schien es für mich und damit auch für meine geliebte Mutter Erde nichts anderes zu geben. Großartig leuchtete das Feuer meiner Liebe, und nichts anderes schien ich zu sehen. Weil ich ohne Kenntnis lebte, denn ich kannte meinen Vater nicht, war ich mir nicht bewußt, daß das Feuer uns den Weg bereitet für das Licht.

Und es entwickelte sich zu einer Zeit auf der Erde zu einem für mich so schrecklichen Geschehen, daß der Boden mir nicht mehr wirklich die Wiege schenkte, die ich brauchte, um auf meiner geliebten Mutter Erde derart zu gedeihen, wie ich es vorher konnte. Das Feuer zwischen meinem Geist und meiner Geliebten loderte nicht mehr in der gewohnten Fülle. Einsam wurde es in meinem Herzen, und als ich meinen Geist in stille Trauer versenkte, besuchte mich an meiner Wurzel ein wundervoller Geist.

Aber wie jeder verlassene, enttäuschte Geliebte wies ich ihm im Trotz zuerst meine Tür. Er ging, doch etwas von ihm blieb tief in mir zurück. Ich spürte es in meinem blutenden, verletzten Herzen, und als ich es tief im Inneren von mir schaute, sah ich zwei goldene Balken. Diese nahm ich in meine alten Hände und spielte mit ihnen lange Zeit.

Zuerst legte ich sie nebeneinander, dann legte ich sie übereinander, stellte sie auf wie ein Dächlein und drehte es um. Jedesmal, wenn ich ein neues Bild gestaltete, begann ich zu versinken, zu schweben und zu gedeihen. Als ich dies spürte, begann ich zu ergründen, daß jedes Gefühl, das in mir klang, einem bestimmten Bild von mir zugeordnet werden konnte. Dadurch holte ich Fragmente aus längst vergangener Zeit aus der Tiefe meines Lebens empor.

Auch begann ich, das Gefühl in der Welt zu sein und in ihr zu handeln zu studieren. Ich spürte die Weisheit, die nun in der Stille zu wachsen begann. Doch als all dies in mir geschah, vergaß ich nie das innere Feuer, das mich immer gewärmt hatte, als meine Geliebte und ich uns so nahe waren. Während ich mich nun so verlassen und einsam in der Welt erlebte und mein inneres Feuer weiter zu erlöschen begann, lebte ich weiter und studierte die einzige Aufgabe, die in mir wirkte.

Eines Tages, als die Sonne hoch am Himmel stand und ich das erste Mal ihre Strahlen fühlte, erlebte ich wie in einem Traum, daß die zwei Balken, mit denen ich schon so lange gespielt hatte, wie von wundersamer Hand vor meinen Augen zu einem Kreuz geformt wurden.

Seitdem ich fühlte und seitdem ich litt, spürte ich etwas, was ich schon zu kennen geglaubt hatte, aber diesmal war das Feuer neben dem alles Verzehrenden auch ein großes Glück. In diesem Moment begann ich zu erkennen, daß nichts, was sich durch den Samen und die Erde formt, ohne den Vater ist.

Nun gebar ich mich selbst das erste Mal wirklich und erkannte, daß ich nur der Spiegel war, der durch die Vereinigung von Licht und Schatten, von Mutter Erde und Vater Licht entstanden war.

Ich war der Spiegel, und das Licht in mir kannte den Geist und war Geist. Genauso ist es bis heute geblieben, täglich studiere ich weiter und beginne den großen Geist in mir zu begrüßen.

Einst wird mich der große Geist dann fragen:
»Was schenkst du meinen Kindern?«

Worauf ich ihm antworten werde: »Liebe im Geist.« Und euch Kindern werde ich sagen: »Begrüßt das Feuer. Lebt in ihm. Schaut tief in seine rote Farbe und laßt euch verzehren und wisset, nachher kommt die Stille, in der ihr das Geheimnis des Lebens studiert. Macht ihr eure Aufgabe gut, so lernt ihr mich kennen, mich und die Liebe im großen Geist.

Vorher bleibe ich euren Augen verborgen, denn die treue Liebe zur Mutter Erde wünscht sich in meinem Herzen, daß ihr Berührung findet mit ihrem feurigen Kern. Habt ihr keine Berührung mit diesem wundervollen roten Herzen meiner Geliebten, wer schützt mich dann vor der Kälte der Welt? Vergeßt nicht durch meine Geschichte, daß auch ich mich gewehrt habe, als der große Geist mein kleines Haus betrat. Selbst wenn ihr ihm die Türe weist, kommt er ein zweites Mal zu euch.

Und von dem Zeitpunkt an, wenn er ein zweites Mal erscheint, wird er in eurem Herzen einkehren und diese Wohnstatt nie wieder verlassen.

Von dem Zeitpunkt, wenn der Geist geht, weil ihr ihm die Türe gewiesen habt, bis zu der Zeit, wo er wieder eintritt in euer inneres Haus, und in allen Zeiten, in denen ihr euch einsam fühlt und ohne Licht, ja selbst verlassen scheint vom Feuer, welches uns leben läßt, spende ich euch meine Hilfe. Das Erleben speist sich durch das Feuer, doch das wahre Leben speist sich durch das Licht. Endlich werde ich zum Diener durch euch, durch den Vater, das Licht, und meine Geliebte, die Mutter Erde.«

Die Botschaft des großen Geistes

Ich sah Berge und Hügel, Täler und weite Fluren, und an vielen Bächen ließ ich mich nieder, um zu gedeihen. Manch Wanderer, der über die grünen Matten seine Füße setzte, fand mich stehend im grünen Kleide. Besonders an Bächen und dort, wo das Wasser reichlich vorhanden war, gestaltete ich mich immer wieder neu. Kaum einer sah mich wirklich, und ich war eigentlich auch von ihnen frei. Wer an mir vorüberschritt, war meist selbst mit sich beschäftigt, und auch mein Geist war nicht wirklich interessiert.

Im Sommer war ich grün in meinem üppigen Sommerkleid, und im Winter schlief ich dahin. Nur die Samenzäpfchen, die braun und trocken an meinen hohlen Zweigen hingen, zeugten von meiner inneren Freude, die an der Wurzel ihr Zuhause hatte, mich immer wieder zu vermehren. Viel Zeit verging auf der Erde, und alles schien, wie es immer war, nur der Wechsel im Leben spielte weiterhin sein getreues Lied. Wären mir in dieser langen Zeit die Augen weit und offen gewesen, dann hätte ich gar manches wahrgenommen, was sich verändert hat, was sich verwandelte in jener Zeit. Aber einzeln und abgetrennt war ich in mir selbst und war mir auch genug. Ich spürte kaum, daß ich begann, mich von dem immer wieder neu sich entwikkelnden Geschehen auszuschließen. Die Evolution, die in allem wirkte und sich immer wieder neu wie ein Schmetterling wiedergeboren erhob, war für mich nicht wirklich vorhanden. Ich wurde alt auf der Erde und merkte es wohl nicht. Jedoch blieb die Weisheit, die sich zum Alter gesellt, von mir weit entfernt. Was ich spürte, war nur der Wechsel im irdischen Geschehen, und alles Erkennen, was sich dazugesellte, schien an einem anderen Ort zu geschehen. Aber kurz bevor meine Zeit auf der Erde die Grenze in sich fand, erkannte ich das Neue, was sich doch schon immer in mir befunden hatte.

Eine neue Freude entsteht nun und bewohnt nicht mehr die Wurzel, sondern ab jetzt mein grünes Herz. Haltet ihr, um mich zu spüren, meine Samenstände fest in eurer Hand, dann erkennt ihr mich und mein neues und doch altes Gewand. Auch der Wanderer, der nun an mir vorüberschreitet in

zukünftiger Zeit, wird mich grüßen und nicht mehr übersehen. Mein Herz wird sich ihm gleichfalls zuwenden und ihn spüren lassen, daß der große Geist durch mich, ihn und alles, was wächst und gedeiht, seine Botschaft, auch wenn sie nicht erhört wird beim ersten Mal, immer wieder erneuert.

Für mich beginnt nun die Zeit des bewußten Erlebens, und diese Erkenntnis macht mich bereit. Jeder Wanderer, der meine Blätter beim Vorübergehen streift, wird das gleiche Geschehen in sich erkennen. Von dem Moment an, wo sich so zwei Geister berührt haben, verwandeln sich die Schritte der Menschenkinder und werden so leicht und schwerelos wie der Flug eines Schmetterlings an einem lichten Sommertag.

Mein Herz wird erkennen, was durch meine Hilfe geschah. Und der Sinn meines Lebens wird auch mir endlich offenbar. Groß wird mein Dank an die Kraft sein, die hinter mir steht und die durch mich im Sinne der Natur und im Licht wirkt.

25. Der Walnußbaum

»Seht mich an«, spricht der Geist des Baumes. »Groß ist meine Gestalt, und mächtig wiegt sich meine Krone im Wind. Meine Wurzel ist stark, und viel hat mein Geist der Erde entnommen, um sich durch sie die Form zu geben, die auch das Kleid ist. Die Gestalt ist immer auch das Maß aller Dinge, und es ist der Kelch, der seinen goldenen Grund dem Himmel schenkt.

Goldener Nektar, wie Honig so süß, fließt in ihn ein und füllt ihn bis zum Rand. Alles Wahre, alles Geistige wird in der Welt gehalten, damit es sich darbringen kann in der Zeit. Der Geist, der sich herniedergesenkt und den Becher gefüllt hat, findet in ihm einen angemessenen Ort, einen Raum, durch den er zu wirken vermag in dieser Welt. Wie ein kostbares Kind wird der Geist, der auch die Essenz allen Lebens in sich trägt, von der für ihn bestimmten Form, die sein irdischer Spiegel ist, empfangen. So wird der lichtvolle Bewohner, der aus dem Geist entsprungen ist und ihn vertritt, ein Gast in seinem eigenen Hause sein. Weil alles einen Anfang hat in der Welt der Gegensätze, ist der Raum, in den der Geist einkehrt, um in ihm zu leben, zunächst ein kleiner. Sein Seelenleib, der sich auf die irdische Ebene herniedergesenkt hat, um einen Platz in ihr zu finden, nimmt am Anfang einen kleinen Raum ein. Jedoch im Laufe der Zeit, in der der Geist auf dem irdischen Plane lenkt und gestaltet, verwandelt sich immer mehr Erde, um sich und damit auch dem Raum zu geben, der die Form als Same geboren hat.

Nun kehrt er immer mehr hinein, um sich ganz in seine Wohnstatt zu versenken. Und je größer diese wird, je mehr Raum, Form und Gestalt sich zu bilden vermag, um so größer ist die Fähigkeit des Geistes, durch veränderte Grenzen, durch Großzügigkeit, die er sich im Laufe der Zeit selbst gegeben hat, zu wirken.

Die Form paßt sich im Laufe ihrer Evolution, im Laufe ihrer irdischen Entwicklung immer mehr dem ihr innewohnenden Geiste an. Wenn der

Geist beginnt, sich auf den Weg zu machen, um der Erde zu dienen und damit dem Licht, dann erhält er ein Geschenk von seinem großen Vater, der auch seine Seele ist. Diese Gabe, die auch eine große Gnade ist, kennen wir. Wir nennen sie Geduld.

Geduld ist eine Eigenschaft, die uns die Größe gibt, zu verstehen, daß der Geist die Materie formt und daß der Faktor Zeit sein Helfer ist. Viele Äste sind im Laufe der Zeit an meinem Stamm geboren worden und haben sich in den Raum hinaus entwickelt. Lieb waren sie mir, wenn sie an mir wuchsen, wie meine teuren Kinder, und traurig war mein Herz, wenn sie im Winde brachen oder im Schnee durch seine schwere Last zu Boden fielen.

Viele harzige Tränen wurden im Laufe einer irdischen Entwicklung geweint. Doch auch die Freude, wenn der Frühling die neuen Kinder aus mir entsprießen ließ, war der Dankbarkeit meines Herzens geweiht.

Viele starke Äste fielen dem Boden, auf dem ich stand, als Tribut zurück. Und kam ein Wanderer des Weges, dann half der Stock ihm, sicherer zu sein auf seinem Weg. Hätte der, der unter meiner inzwischen mächtigen Krone sich an meine Wurzel gesetzt hatte, mit Dankbarkeit den Stab betrachtet, der als goldenes Kind so lange an mir wuchs, dann hätte er erfahren, daß Geduld ein großes Geheimnis in sich trägt.

Groß werden wir dadurch, daß wir der Zeit als unserem treuen Helfer die Hände reichen und akzeptieren lernen, daß in dieser Ebene, in der wir unsere Wurzeln schlagen, nicht alles sofort geschehen kann.

Wenn meine grünen Brüder euch Menschenkindern unsere Essenzen schenken, damit ihr wachst, dann wird euer Geist sie sofort in Dankbarkeit als große Gnade und Geschenk in sich begrüßen.

Bis eure materielle Hülle jedoch die Auswirkungen dieses ätherischen Geschenks in der Außenwelt zu zeigen vermag, braucht ihr Geduld. Habt ihr sie nicht, so wie Amor den goldenen Pfeil an seinem goldenen Bogen bereit hält, dann vergeht die Wirkung, aber trotzdem berührt sie euer Herz.

Die Wirkung ist wie bei einem Samen, der in die Erde gelegt worden ist und wartet, bis das Wasser als Vermittler zwischen Himmel und Erde, zwischen Licht und Dunkelheit kommt. Habt ihr aber bereits erkannt, daß Geduld zu kultivieren ein goldener Prozeß des ureigenen Schöpfens ist, dann geht ihr einst weise auf einem goldenen Pfad mit einem goldenen Stab, von meinem goldenen Baum geschenkt, dem Licht entgegen.

Dankbar werdet ihr wissen, daß der goldene Stab eurer reinen Intuition

der wahrhaftigste Führer war, denn dort, an dem Stamm, an dem er einst gewachsen und ein goldenes Kind meines Herzens war, befindet sich auch das goldene Herz des All-einen, welcher Vater und Schöpfer über uns alle ist.«

Das Herz als Zentrum der Welt

Das Herz ist das Zentrum der Welt. Um dieses drehen sich alle Geschichten, die im großen goldenen Buch, das über die Erde erzählt, geschrieben stehen.

Der Mensch trägt sein Herz innen, sein großer Bruder der Baum jedoch, trägt sein Herz außen. Es bringt sich dar durch seine immer wiederkehrende und manchmal auch bestehende Grünkraft. Das Herz bringt sich auch durch seine Blüten und Früchte dar, in denen wiederum die Samen ihre Wohnstatt haben.

Hingabe an das Leben, ohne Widerstände, läßt das Herz von seinem tiefsten Kern aus vibrieren, so daß es sich wandelt, immer wieder verwandelt und von innen nach außen strebt in die Welt. Es verliert dabei aber niemals den Kontakt zu seiner goldenen Wurzel. Es ist innen und gleichzeitig außen und bestimmt die Welt. Das Herz meines Menschenbruders ist gleichsam golden, wie das aller grünen Brüder, die im großen Ganzen ihre goldene Wurzel finden. Das goldene Herz des Menschensohnes, der auch die Tochter ist, liegt wie ein Same tief im Zentrum seiner Körperlichkeit geschützt. Im Laufe seiner Entwicklung, deren Ziel ihn zum aufrechten Menschen werden läßt, beginnt er, diesem Samen Wasser zu geben durch das Licht. Das Wasser, das den Samen benetzt, stammt aus dem großen Meer der Emotionen. Sie enthalten alles, was die Erde lebt. Gefühle sind es, die uns in Bewegung halten, wird das goldene Herz einst dem erfahrenen Wanderer, der über die grüne Erde geschritten ist, zu berichten wissen. Sie leuchten farbig wie die Kinder des Lichtes und sind in ihrer Vielfalt ungezählt. Dieses leuchtende, farbige Licht, das sich immer wieder wie die Wogen des Meeres wandelt im Laufe der Gezeiten, umhüllt unser ganzes Menschsein, so weiß es dann unser goldenes Herz zu berichten, wenn es zu uns spricht.

Blau und Rot, Gelb und Grün vermischen sich, und das, was sie vorher voneinander abgegrenzt hat, verwandelt sich zu neuem Licht. Unendlich groß sind die Möglichkeiten, sich immer wieder neu miteinander zu vermischen, Grenzen zu verwandeln, Verbindungen zu erschaffen und wieder Neues geschehen zu lassen. Unendlich viele Gefühle entläßt das Menschenherz vom Zentrum seines Innern, dort, wo die Liebe in der Wiege liegt, um sich dem Erstaunen des Abenteuers Vielfalt zu öffnen, ihm entgegenzuschreiten und mit seiner Hilfe hinter der Vielfalt die Ganzheit als das goldene Maß aller Dinge zu erkennen.

Das goldene Maß ist der Spiegel. Oder ist es das Original aller irdischen Gesetzmäßigkeiten, die in ihren Essenzen den Geist der Grenzen vertreten?

Betrachten wir das Maß über die Dinge hinaus in seinem Urgrund, der golden ist, dann erkennen wir die Grenzenlosigkeit, die in sich die Ganzheit vertritt. Mit dieser Ganzheit, die auch in jedem goldenen Herzen eines Menschensohnes zu finden ist, meinen wir grünen Brüder die Vollkommenheit, die hinter allen Reflexionen verborgen ist. Ihr Menschenkinder habt ein irdisches Herz, aber es ist nur der Spiegel, nur die Reflexion in der Welt der Grenzen von eurem goldenen Herzen, das euch als Samen in der Mitte eures Seins als Geschenk auf euren Weg mitgegeben wurde. Habt ihr dann mit euren Gefühlen, die das Wasser des irdischen Lebens sind, den Samen getränkt, entstand langsam in euch unser Spiegel. Oder ist es das Original?

Es entstand der goldene Baum der Erkenntnis, an dem die Schlange, die euch vom ersten Tag eures irdischen Lebens an begleitet hat, hinaufsteigen kann. Die Schlange war ein treuer Begleiter. Zunächst zeigte sie euch durch ihre gespaltene Zunge oft eure Grenzen auf, aber dann lerntet ihr im Laufe der Zeit, Grenzen als Verbindungen zu erkennen, sie zu Brücken zwischen Gegensätzen zu verwandeln, und eure Farben in eurer Aura leuchteten hell. Sie strahlten das aus, was ihr in eurem Inneren, auf eurem Weg zur Erkenntnis erfahren hattet. Nun verwandelte die Schlange ihre gespaltene Zunge und sprach weise flüsternd als lichtvoller Ratgeber in euer inneres Ohr. Ihr lerntet ihr zu lauschen, und Früchte wuchsen so reich durch euer Handeln im geistigen wie im irdischen Sein. Sie waren so vielzählig wie die Früchte an einem großen Walnußbaum. Ihre Schale war hart, um den kostbaren Kern, der hinter ihr verborgen lag, zu schützen, denn der Mensch hatte auch gelernt, vorsichtig zu sein, um sich an dem Feuer des irdischen Lebens nicht mehr allzu oft die Finger zu verbrennen.

Reich war die Ernte seiner fruchttragenden Zeit, und der Mensch wußte, daß sie nur durch die Bereitschaft entstehen konnte, sein Herz zu öffnen, es durch den Ton der Liebe zum Schwingen zu bringen und das nach außen zu kehren, was vorher im Innern dunkel im Verborgenen lag. So war das goldene Menschenherz entstanden, und so wie bei den grünen Brüdern war es im Äußeren des Menschen zu sehen. Es war mit dem inneren Auge jedes Betrachters zu erkennen. Das Wasser des Lebens, das auch aus den Gefühlen bestand, war der hilfreiche Helfer, der dem Samen zum großen inneren Baum im Laufe der Zeit Raum gegeben hatte. Durch ihn, der gewachsen war im Menschensohne, war es der niederen Schlange, die gefallen war, um die Ganzheit hinter den Gegensätzen, die Erkenntnis über Licht und Schatten, über Krone und Wurzel zu erforschen, gelungen, alles über die Vollkommenheit in sich zu erfahren.

Als sie ihren Weg von der Wurzel über den Stamm zurück in die Krone wieder gefunden hatte, waren Anfang und Ende im Menschensohne, der auch den Gottessohn vertritt, wieder eins geworden.

Die Farben, die Kinder des Lichtes, waren nun in ihm erwachsen geworden und leuchteten golden im Sonnenlicht. »Groß ist meine Freude«, spricht der Geist des Walnußbaumes, der seine goldene Wurzel im großen Geiste findet, wenn der Mensch beginnt, in sich seine aufrechte Seite zu sehen. Denn schaut er sie an anstatt seinen Schatten, wird es in seinem Herzen Licht.

Der große Geist des Walnußbaumes ist auf die Erde gekommen, um uns Schatten zu spenden, aber besonders sein Licht. Die Wahl der Dinge ist das Geheimnis seiner Essenz. Und haben wir uns für die wahren entschieden, dann schenkt er uns noch die Gnade, die Geduld heißt, hinter diese lichtvollen Dinge zu sehen.

V. Schluss

Schlußbetrachtung

Weißt du von dem mächtigen Zauber
deines grünen Bruders, des Baumes?

Mit seiner Magie spricht er durch die Stille,
und doch spricht er nicht.

Hört dein von ihm berührtes Herz seine leise Stimme,
auf daß der Zauber das eine in dir
verwirklichen kann?

Der Mensch besitzt geistige Kräfte. Diese setzt er täglich ein. Er bedient sich seines Werkzeuges Geist, um alles das in die Tat umzusetzen, was ihm von Bedeutung ist. Wenn der Mensch Geist ist im Körper, ist es nicht die natürlichste Sache der Welt, daß alles in der Natur vom individuellen Geist bewohnt wird? Der Geist besitzt die Form und handelt durch sie. So ist es das Gesetz des universellen Geistes, der hinter der Vielheit seine ihm ureigene Einheit innehat. Wie erhaben ist der Mensch wirklich, wenn er meint, nur er sei geistiger Natur? Ist er wahrhaft wissend, wenn er die geistige Kraft nur in sich erkennt?

Viele Völker gab es unter der Sonne. Sie standen auf und vergingen. Viele Sprachen wurden durch ihre Stimmen geformt. Ist nur der Mensch fähig, eine Sprache zu sprechen, um zu hören, was der Vermittlung, der Vereinigung dient?

Es gibt Sprachen, die den Ton nach außen schwingen, und es gibt Sprachen, die nach innen ihr ewiges Lied singen. Da wir Menschen nur wenig Vorbilder haben, die ihr inneres Ohr mit dem inneren Lauschen verbinden, verstehen wir viele Sprachen nicht. Wir verstehen sie nicht nur nicht, sondern wir erkennen auch nicht, daß es sie gibt, daß die gesamte beseelte Natur sich ihrer täglich bedient, so wie wir unsere Sprache sprechen.

Geist wohnt in jeder Form, und jeder Geist in der Natur hat seine ihm ureigene Sprache. Viel gibt es für uns Menschenkinder zu erfahren, beginnen wir zu lauschen nach den noch nicht gehörten Liedern in der beseelten Natur. Genauso, wie wir in manchen Dingen wissend wurden im Laufe unserer Evolution und von Erfahrungen zu berichten vermögen, lernen wir von der beseelten, geistigen Natur.

Ein schöpferischer Akt der Vermittlung würde durch das Verbinden entstehen. Das Geheimnis aller Mittler, allen Vermittelns, allen Verbindens durch den Geist in der Schöpfung läßt die grosse Kraft der Liebe entstehen, und diese wiederum gebiert in uns die Dankbarkeit. Gelebte Dankbarkeit ist wiederum der Schlüssel, um das innere Ohr in seiner Fähigkeit zu lauschen, zu kultivieren. Ein einziges in Dankbarkeit gepflücktes Blatt eines grünen Baumes vermag uns die Geheimnisse der Schöpfung zu erklären. Diese Information, die alles in uns berührt, Geist wie Körperlichkeit, vermittelt zwischen den Welten, zwischen den Geistern und auch zwischen den Formen. Sie führt uns direkt in das Zentrum des universellen Geistes.

Das Blatt eines Baumes singt das Lied durch seinen ihn beseelenden Geist und schenkt allem in uns die Gewißheit von der Existenz der Liebe in der Schöpfung. Es öffnet unser inneres Ohr für alle Sprachen dieser Welt, die uns, haben wir sie erst einmal erlernt, zur Vermittlung, zur Kultivierung der Liebe dienen. Gesundheit liegt im Kern unseres Herzens für uns alle bereit. Sie ist der Schlüssel zur Versöhnung im Kampf mit all unseren Widerständen, noch andere Sprachen zu erkennen als nur die unseren.

Es existiert umfangreiche Literatur über Bäume. Es gibt auch Literatur über die medizinische Anwendung der Baumheilkunde, diese ist aber fast ausschließlich begrenzt auf die Volksheilkunde.

Das Heilen mit Original-Baum-Elixieren (nach Richter) ist eine neue von den Autoren entwickelte Methode der Naturheilkunde. Diese Methode wird schon seit etlichen Jahren mit nachweislichem Erfolg bei Heilsuchenden eingesetzt. Ihr großer Nutzen ist deshalb so elementar, weil sie die Ebene des geistigen Heilens nicht nur mit einbezieht, sondern zur wichtigen Säule des spirituellen Heilens werden läßt. Zuerst entsteht die Krankheit im Geist und schreitet dann bis in die Körperlichkeit hinein vor. Ein neuer Ast am Baum der Naturheilkunde ist so zum Nutzen aller gewachsen.

Die Heilkraft der Bäume ist in den Baum-Elixieren rein geistiger Natur. Dies unterscheidet das Heilen mit Baum-Elixieren von der bekannten volksheilkundlichen Anwendung. Diese neu entstandene Medizin, die für den Gesunden wie auch für den Kranken ein Balsam sein wird, wirkt rein energetisch. Es befindet sich keine Stofflichkeit des verwendeten Blattes in dem Mittel.

Das Original-Baum-Elixier ist ähnlich einem Homöopathicum ein rein energetisches Heilmittel. Es ist ein Werkzeug für den Heiler, oder für den, der heil zu werden wünscht. Der Einsatz der Baum-Elixiere ist kein in Konkurrenz stehendes Werkzeug zu anderen Heilformen, (z. B. das Heilen mit Bach-Blüten, das Heilen mit homöopathischen Arzneimitteln etc.). Auch wenn das Heilen mit Baum-Elixieren anderen Heilmöglichkeiten ähnlich ist, ist es dennoch nicht mit diesen gleichzusetzen. Das Studium der Botschaft der Bäume durch ihren Geist (Literatur: Der Geist in den Bäumen spricht . . ., Baumheilkunde-Seminar) ist ein unabdingbares Fundament zur Heilung des nach der Wahrheit strebenden, aufrechten Menschen.

Als Kind kletterte ich in deine Krone hinauf
und du nahmst dabei manch abgebrochenen Ast in Kauf.
Deine Früchte hab ich immer geschenkt bekommen,
obwohl ich selten gab, nur viel hab genommen.
Deinen Stamm gabst du mir als Heim für Frau und Kind
und hieltest mich beschützt von Wasser und Wind.
Dein Holz hast du ins Feuer gegeben
und halfst mir manch kalten Winter zu überleben.
Die Luft, die ich atmete, hieltest du frisch und klar,
auch wenn dieser Dienst mir selten einen Dank wert war.

Jetzt im Alter stützt mich dein Ast,
denn meine Beine sind müde unter der Seele Last.
Wieviele deiner Brüder starben für mich auf der Erde?
Meine Undankbarkeit ist es, die meine Seele beschwerte.
Dein Geist hat mich so oft berührt,
hab ich ihn auch nicht bewußt gespürt.
Schon fast am Ende meines Weges angekommen,
hab ich meinen Wahn durchbrochen und deinen Geist vernommen.
Beinahe zu spät hab ich mein Herz geöffnet und deinen Geist gespürt.
Hab Dank für alles, denn du hast mich so oft geführt.

Bezugsquellen der Original-Baum-Elixiere nach Richter

Alle Produkte rund um die Original-Baum-Elixiere nach Richter erhalten Sie:

In der Schweiz:	In Apotheken und Drogerien unter Angabe der Vertriebsadresse
Vertrieb:	Arbosana Natura GmbH 8001 Zürich, Rennweg 46 Telefon: 01 / 3 91 88 03 Fax: 01 / 2 11 50 78 E-Mail: th.brum@swissonline.ch
In Deutschland und Österreich:	In Apotheken unter Angabe der Vertriebsadresse
Vertrieb:	Dorothée Leitner Handels KG Hasenhöhe 110, D-22587 Hamburg Telefon: 0 40 / 8 70 01 01 Fax: 0 40 /8 70 02 02 E-Mail: DLeitner@t-online.de

Über den Fotografen

Bruno Blum lebt und arbeitet als freischaffender Fotograf in Zweisimmen/Schweiz. Die Naturfotografie ist sein bevorzugtes Thema. Seine Bilder werden in Kalendern, Büchern und Zeitschriften veröffentlicht. Einen Schwerpunkt seiner Arbeit bilden auch die Multivisionsschauen, die in verschiedenen Orten öffentlich zu sehen sind. Er ist, wie er selber sagt: »Fotograf aus Leidenschaft zur Kamera wie aus Freude und aus Sorge um die bedrohte Natur«.

Über die Autoren

Doris und Sven Richter sind beide in Deutschland ausgebildete Heilpraktiker. Seit 12 Jahren führen sie zusammen die Praxis für Gesundheit und Prophylaxe in der Schweiz und betreuen dort Ratsuchende von nah und fern aus naturheilkundlich orientierter Sicht.

Ebenfalls leiten sie ein Ausbildungszentrum, das »Zentrum für Gesundheit und Bewußtsein«, in dem Seminare für Homöopathie und spirituelles Denken in der Homöopathie sowie Kurse für das Heilen mit Baum-Elixieren durchgeführt werden. Ihr Bestreben ist es, an dem praktischen Aufbau der Gesundheit des Menschen zu arbeiten und in allen gesundheitlichen Störungen, die auch Krankheiten genannt werden können, die Chancen zu sehen, in jeder Beziehung daran zu wachsen.

Wir sind aufgerufen, Verantwortung für uns selbst zu übernehmen, um die Erkenntnis zu erlangen, daß die Ursachen aller Erkrankungen im seelischen Bereich liegen. Wir dürfen bewußt den Prozeß des Gesundwerdens kultivieren, wie es schon im alten China, im antiken Griechenland sowie bei den indianischen Völkern als wichtiger Bestandteil des Lebens geschehen ist.

Anfragen bezüglich des Ausbildungs-Programmes für interessierte Laien und Therapeuten senden Sie bitte an:

Zentrum für Gesundheit und Bewußtsein
Doris und Sven Richter
Rebenstrasse 4
CH-6312 Steinhausen
Telefon: 00 41 / 41 / 7 41 41 79
Fax: 00 41 / 41 / 7 41 70 92
E-Mail: joy-edition@bluewin.ch

Es besteht die Möglichkeit, eine umfangreiche individuelle Auswertung des Baumfragebogens von den Autoren zu erhalten. Folgendes wird hierfür benötigt:

Alle ausgefüllten Komponenten des Baumfragebogens wie Farbe, Tier, Jahreszeit, Fortschritt, Element, ausgewähltes Wort und der Baum, sowie das individuelle Problem in kurzen Worten (z. B. Hautausschlag, Traurigkeit, Nägelbeißen, Rauchzwang etc.) für das der Fragebogen ausgefüllt wurde. Der Leser erhält dann eine schriftlich ausgearbeitete, persönliche Hilfe zur Bewältigung seiner Belastung.

(Siehe auch im Internet: Homepage WWW.JOYEDITION.CH)